China Moving Ahead 大国不易

胡锡进 著

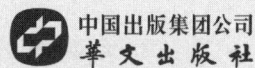
中国出版集团公司
华文出版社

图书在版编目（CIP）数据

大国不易 / 胡锡进著． －－ 北京：华文出版社，2016.1（2022.4 重印）
  ISBN 978-7-5075-4445-9

  Ⅰ．①大… Ⅱ．①胡… Ⅲ．①国际关系－研究 Ⅳ．①D81

中国版本图书馆CIP数据核字(2015)第280140号

大国不易

作　　者：	胡锡进
责任编辑：	杨艳丽
出版发行：	华文出版社
地　　址：	北京市西城区广外大街305号8区2号楼
邮政编码：	100055
网　　址：	http://www.hwcbs.cn
电　　话：	发行部 010-58336262　编辑部 010-58336191
经　　销：	新华书店
印　　刷：	三河市龙大印装有限公司
开　　本：	787×1092　1/16
印　　张：	26.25
字　　数：	450千字
版　　次：	2016年1月第1版
印　　次：	2022年4月北京第8次印刷
标准书号：	978-7-5075-4445-9
定　　价：	58.00元

版权所有，侵权必究

序 大国不易

中国是大国，而大国的最大宿命是不容易，而不是很牛，感觉超好。

超级大国地位给美国带来了好处，但不要忘了，美国是冷战后军人战死最多的发达国家。美国和美国人往往是国际恐怖主义的顶级目标，包括美元体系在内的美国种种特权不是免费的。美国现在最怕自己衰落，非常敏感，它是"高处不胜寒"的典型。

中国是个超级复杂的大国，现代化元素进入我们的古老体系，总要在互不相同的介质里回响。对这些回响的性质，我们和世界都是陌生的。有些人断言自己看得很清楚，那是吹牛。

当前的中国大社会进入了多元时代，构成了国家运行崭新的人文基础。中国同时作为一个大块头在世界上崛起，深刻改变了亚太地区的地缘政治结构。这可不是好玩的，在生活中我们知道，每一次变化都会让人感觉很累，稳定在多数情况下是众望所归。

这篇序言我想集中谈一下多元化的问题，因为它与中国现阶段的不易密不可分，围绕它的争议也似乎最多。我们经常把它作为时代的骄傲成果谈论，但它同时也带来困惑，被看成是诸多问题的源头。

一个直率的问题是：社会多元化的下一站是什么？是中国国家现有

制度的瓦解吗？这个直愣愣的问题似乎每天都在像笤帚一样把舆论场形形色色的争论扫走，最后只留下它自己。

我想说，如果真如那样，多元化就是中国走向灾难的起点。因此这个国家的人民一定要对此问题有更具创造性的回答。

我个人认为，中国多元社会的发展指向应当是更高意义上的"和"。我们以往对和的认识基于了传统的社会治理，和谐大多被理解成各种建设性的环环相扣。而当下的社会多元表现打破了我们对传统"建设性"的理解，在舆论场上不难发现，一些对抗性因素已经公开存在于我们的社会，它们不像是能够轻易被全面、有效地予以控制或屏蔽。

在国际上，中国崛起走到了这样的位置上：我们无论做什么，有多少善意，对中国的戒备都被一些国家不加克制地展现出来，通过给我们下马威来警告中国"守规矩"的念头也在付诸实施。

然而"和"似乎是必须的。支持是朋友，拆台也不能轻易搞成敌人。好话好说的建议能促进团结，带有恶意的指责甚至挑衅也不应轻易就把大国的内外节奏搅乱。无论我们多讨厌打擦边球的"麻烦制造者"，除了在直接应对的同时争取社会形成更多弹性和承受力，我们似乎别无选择。

《环球时报》处在中国乃至世界舆论场的一线，我每天执笔撰写社评和"单仁平"文章，触及的都是中国及世界多元的最突出表现，深感自己有时努力跳到多元之上，有时又深陷其中一元特定的立场和阵线中。国内外舆论场上充满博弈和斗争，我知道没有真正的超脱者，但提醒自己要客观，至少清楚自己的看法会受到价值观的局限，增加一些换位思考的努力，还是会有效果的。

多元化是这个时代的要义之一，它给国内事务领域带来一些冲击，如何评估它们，应对它们，中国社会面临意义深远的摸索。我认为这种摸索不光是官方的重大任务，民间意见活跃人士对这种摸索的成功也负有不可推卸的义务。必须承认多元化对中国社会包含了一定风险，积极化解这种风险和放任这种风险爆发，其结果很可能完全不同。

举个例子，我曾一再主张，很喜欢微博这一表达工具的人，应当有对所发微博内容自我克制的意识。大家都这样做，会促进微博的繁荣，提升微博在中国舆论场的价值。遗憾的是，一些人拒绝承认任何底线，后来的情况大家都看到了。

中国多元时代的"和"是什么样，要由大家共同慢慢塑造。比如经常有人进到我的微博里攻击我，很多网上达人都受到过人身攻击。这样的攻击无疑不好，但舆论场现阶段就这个样子。有的人适应了，比如我的脸皮就被磨厚了。也有些人不适应，关掉评论，或者干脆不说话了，走了。我有时说，至今仍在微博上活跃谈论时政的人，无论他们持什么观点，都对维持微博这个多元舆论平台做出了贡献。

多元时代的和首先是共存的能力，此外各种力量所组成的合力应当是正面和建设性的，与国家前进的大方向一致。每一种力量同时也是一个角色，它们都不应试图在突破角色本身的限制方面走得太远，给社会运转造成难以承受的破坏。

主张"多元之和"或许会"两头都不好讨好"。一些舆论活跃人士只希望发展多元，一些政府人士则更青睐对和的突出。实际上在我出版《论复杂中国》那本书之后就不断有人批评我是"墙头草"，舆论场似乎更欢迎激烈、鲜明的东西，左右派都在同对方的论战中被逼得"更左"和"更右"，谈论"和"常常显得不合时宜。

然而如果说多元化不可避免的话，和是唯一安全的着陆场。和既是境界，也是底线。这恐怕不是什么崇高的口号，而是一句大实话。

如果我们的社会能够就多元达成质量较高的共识，那么中国作为大国的难处就不再是小社会各自难处的总和，更不会成为它们相乘的积数。这些难处就有可能形成相互牵制乃至部分相互抵消的神奇关系。中国的大国治理就会有具体忙乱之上的从容。

我知道这有些理想主义，但如果化解不了一个对手，形成有法律支持的彼此共存秩序就变得很关键。秩序到头来是各种自由主义的落脚点，理想主义与现实主义在大多数时候不是天敌。

本书收录的文章都是我在环球时报2014年以来撰写的社评和"单仁平"文章，它们的观点有些很尖锐，有明确的批评目标，但我想在这里做一个总的说明：在我们发出这些批评的同时，不意味着我们认为自己的声音应当是唯一或者压倒性的。我们只是促成合力的一个元素而已，我们期待的就是那个最终的"和"。

（原书名出版社定为《多元之和》，后出版社希望改为《大国不易》。我实在无力重新起序，故对原序做出修改。如果尊敬的读者感觉这篇序有点"飘"，"跑题"，诚望海涵。）

胡锡进

2015年9月9日写于从宁夏回北京的飞机上
2015年10月15日修改于从北京赴纽约的飞机上

目 录

第一章 **中国自信** /001

中国社会存在历史悲情，真实的历史原因是什么？中国怎样从传统文化中找到自己的大国情怀？中国的自信来源于哪里？中国经济的走向将如何？中国最终会成为世界第一大经济体吗？应该如何看待十八大以来，中国的变化？今天的中国经济是最难时期吗？一个正在崛起的中国，有自信，还有情怀。

第二章 **大国太极** /061

中国如何在美国"枪杆子"和"笔杆子"间穿行？中俄友好握握手，西方如何反应？21世纪，属于谁的世纪？如果2016年希拉里当选，会有什么样的对华政策？美国如何忽悠缅甸：宁要美国草不要中国苗？中国的"和"如何赢了美国的"斗"？中美俄的关系怎样在太极中走向平衡？作者用观察者的眼光来分析中美俄的大国关系，给出一个犀利的主张。

第三章　**共赢新思维** /099

　　安倍一系列反常举动的背后原因是什么？德国的反思衬托日本哪些输理之处？中日关系能真的走向和善吗？日本为何要斥巨资与"亚投行"较劲？日本政府将会采用怎样的对华政策？中日之间不单纯，中日之间有逻辑；而逻辑的指向，是如何谋求共赢之路。

第四章　**多元之和** /125

　　欧洲乱了，对谁有和好处？法国等欧洲国家如何反恐？美防长为何要抹黑中国来吓唬东盟？美国使了哪些手段来挑拨中国与缅甸的关系？菲律宾为何一心扑向美国的怀抱？世界的秩序要由谁来定？在这一章中，作者通过列举中国及周边国家对美国的态度，以及欧洲国家与中国的关系，向读者呈现一个多元、复杂的世界，并给出发人深醒的答案。

第五章　**自由的背面** /171

　　某些人一直鼓吹的"言论自由"，到底想干什么？对于那些所谓的"民主和自由"，该如何应对？"港独"分子的真正目的是什么？香港处在一个什么样的十字路口？到底是哪些居心叵测之人要分裂国家？中国大陆该如何面对台湾方面的一系列举动？"藏独"分子为何要故伎重演，谁在背后使绊子？

第六章 　一带一路 /209

"一带一路"与马歇尔计划有着怎样的天然之别？亚投行动了谁的奶酪？英国为何要违逆美国的意图加入亚投行？亚投行会给中国经济带来哪些好处？美国为何要反对亚投行？中国真的会引领世界经济潮流吗？"金砖和上合"，西方为何看到什么都说是对抗？世界已经不是冷战时期，新的经济秩序正在形成，没有人能阻止历史的车轮。在这一章，作者通过分析多种现象，向读者呈现一个新经济的世界秩序。

第七章 　谁在南海搞小动作 /259

南海，因为各种力量的介入和博弈，成为了一个敏感的让世界瞩目的地方。到底是谁，到底哪些力量，让南海不平静。但不管谁在忽悠南海周边国家，中国义无反顾地完成了南海岛礁建设，给世界亮出一个答案："中国能行"。

第八章 　文化有硬度 /299

当前的中国进入多元时代，构成国家运行崭新的人文基础。中国同时作为一个大块头在世界上崛起，深刻改变了亚太地区的地缘政治结构。这可不是好玩的，在生活中我们知道，每一次变化都会让人感觉很"累"，稳定在多数情况下是众望所归。多种文化的碰撞，不是什么坏事，反而会成为历史进步的推动力。

第九章　**舆论是个场** /353

互联网时代的声音，交织成为"火力网"，更形成了话语的权力场。为什么有人说，中国大学都是分院？出租公司、司机、乘客为何是利益共同体？防火墙带给中国互联网哪些影响？为何骂计生者比当年批马寅初还疯狂？等等。虽然各种声音混杂，但是头脑清醒之人都会对事情有一个清晰的判断。

第一章

中国自信

中国人，让我们对历史悲情说再见／中国自信有充分历史和现实理由／中国是和平国家，但不是"巨型宠物"／外长自信是中国社会自信的缩影／中共94年，中国人和世界几多感慨／大阅兵将把中国在二战中的地位立起来／西方"政治渗透"，中国开放与安全同重／中国军队反腐败，西媒全当腐败报／勤政有为，同样是对反腐败的支持／"最低增长率"考验几经唱衰的中国／从全球视角客观看中国生态得失／7%左右展现中国最宝贵的确定性／经济建设和社会建设须齐头并进／"一带一路"的天时、地利、人和／十八大以来两年半，中国变化几许／从民间的角度看"四个全面"／中国经济企稳迹象拉升社会信心／中国经济下行似在围绕7%筑底／指责7.0%是造假的西方媒体太轻佻／日本马桶盖不是中国制造的目标／抓住政策机遇，民族品牌车得争气／横比竖比今天的中国经济都非最难／领导亚投行，中国需学会挨骂和妥协／当前股市更像"猴市"，规律终将形成／莫因股市暴跌轻易掉入"阴谋论"／巴菲特盛赞中国经济有几分可信／救人质很不简单，智慧比强硬重要／向新疆广大干警和群众致敬并致谢

中国人,让我们对历史悲情说再见

中国人,让我们对历史悲情说再见。我们真诚地发出这道呼吁,怎么想,就怎么说。

中国社会是存在一定历史悲情的,这无需否认。这种悲情有它的合理性:自近代以来中国积贫积弱,饱受侵略和欺凌。这个曾对人类文明做出卓越贡献的民族,后在列强的宰割下几近亡国亡种。近代的悲惨历史不可能像盲肠一样从民族记忆中剪去,屈辱感因此代代相传。

然而生活在继续,中国几经曲折,奇迹般走到民族伟大复兴的关键当口,回到世界舞台的中央。中国与外部世界互视的基础在变化,我们需要跟上这种变化。

我们须厘清一些基本事实,我们已从历史悲情的出发地向前走了很远。包括:中国已是世界第二大经济体,我们最终成为世界第一大经济体也非遥不可及。中国同时是世界第二大军费国,我们的整体军力以及国家综合竞争能力都已位居世界前列。任何外部力量希望像19世纪下半叶或20世纪上半叶那样用实力威逼中国,都已是幻想。

但是中国的成长必然引发了世界的一些格局性变动。这会造成某种外部的不适应,我们也会从外部感受到难以区分临时性或者战略性的排斥和挤压。这必然让我们不快,刺激我们的诸多联想。但有一点我们需要搞清:这些外部压力的出现不是因为中国太弱了,而是因为我们在逐渐成为世界性力量。

外部干涉如今已无法直接影响中国,因此它的形式不再是传统帝国主义式的，而做了面向全球化及互联网时代的嬗变。更准确说，它变成了"渗透"。21世纪国际关系的总态势不是谁压倒谁，而是旧要素老化新要素勃兴的复杂状态。这时候每个国际行为体最需要的是能够提供清醒和定力的精神强大。

当我们仍然存有较浓厚的历史悲情时，很容易在自卑和自负，或者"失败主义"和"胜利主义"之间摆动，一些东西在我们眼里有可能变形。我们会发现外部的更多傲慢，更多遏制中国崛起的野心，也会对是否应进一步对外开放产生犹豫。

需要指出，当下世界各大国都有各自思想及意识形态的软肋，比如美国社会对西方中心主义不切实际的迷恋，日本社会对中国崛起的极度失落感，俄罗斯社会围绕大国情结的患得患失，等等。在这个时代，哪个国家的主流社会善于反思，它就有可能在下一步的世界竞争中先行一步。

中国的对外社会心态一定要加快"正常化"。不能不说，这些年中国社会的心态已在逐渐平和，全民族意义的自我调整已经开始。然而已有的成果远远不够，中国的社会心理需要迅速与我们的大国地位形成对接，并且要尽可能走到国家实力进一步崛起的前头。中国这方面做得越好，国家对外战略的弹性就越大，中国崛起的前沿也更容易润滑。

2015年是世界反法西斯战争胜利暨中国抗战胜利70周年，中国将举行包括阅兵在内的盛大纪念活动。忘记历史就意味着背叛，铭记历史是为了面向未来的超越。在这个时候同近代以来不断积累的历史悲情做告别最有意义，它将塑造中华民族新的自尊，向世界展现我们从内到外的自信。

中国发起创办亚投行，到3月30日已有44个国家申请成为意向创始成员国，台湾地区也表态将申请入行。中国提出的"一带一路"发展战略赢得瞩目。1840年以来，中国历尽苦难，沧海桑田，今日中国与一个半世纪前中国的对比令人感慨万千。最重要的是这个国家走过来了，我们告慰先人的最好方式就是继续向前走得更远。

中国必须有力量，同时豁达、宽厚，对新时代的国际纠纷及摩擦就事论事，既不轻视、也不夸大它们的实际意义。摆脱历史悲情的中国人会以平常心看待种种问题，这对整个地区平和处理纠纷将是重要引导。中国是什么样，我们周围的世界就可能是什么样，我们不妨这样走着试试看。

（环球时报2015-03-31 第3572期第14版｜国际论坛）

中国自信有充分历史和现实理由

最近一个时期西方主流媒体上唱衰中国的声音变得频繁起来，它们大多抓住中国经济下行压力这个焦点，强调中国面临严重经济乃至政治危机，进而宣扬中国"即将崩溃"。这些声音通过种种渠道渗透进中国社会，有可能对部分国人的信心造成削弱。

中国的确面临不小的经济下行压力，但这是否意味着中国"不行了"呢？此外，应如何定义中国的"行"或"不行"呢？

中国发展的参照系非常复杂，但大体说来有纵向及横向两大方面。纵向来说，中国的发展速度在换挡，从高速增长变为中高速增长。这种变化是中国经济总量登上十万亿美元级别时发生的。

没有永远高速增长的经济体，这一点全世界都明白，但中国告别两位数增长，仍被一些人看成是"政治问题"。需要指出，这种看法是逻辑混乱和不自信的。

中国总体上处在新中国60多年的最好时期。我们经历过战争、灾荒、紧缺经济、政治动荡等各种严重问题和灾难，类似的迫切威胁今天都没有。今天中国从调结构到反腐败的经济、政治目标都是"改善型"和"励志型"的，是我们建设更美好生活的自我加码，而不是中国已经混不下去情况下的"背水一战"。

中国长期没有出现严重危机，我们对自己的承受力多少有些"没底"。社会习惯了稳定，对各种不稳定因素高度警惕，不断想象。西方舆论时而大夸中国，时而预言这个国家不堪一击。由于只有实践才是检验真理的唯一标准，中国到底多坚韧，或者多脆弱，只能由时间来证明。

但是一个简单的道理是，中国有过一些严重的危机，但都闯过去了。当这个国家变得空前强大时，它有什么理由比过去更脆弱呢？

再来横向看。目前全球都面临"治理危机"，大国可谓一家一本难念的经。从西方发达国家到新兴经济体，中国调整后的经济增长率仍是主要国家中最高的。中国政府的调控资源和能力也是其中最强的。美、俄、欧洲都经历过严重金融危机，印度的发展比中国落下一大截，这些国家都"挺过来"了，并保持着各自的骄傲。凭什么中国应当是"最有崩溃危险"的那一个？

一个事实是，中国社会对未来的期待很高，我们生活在高速发展的惯性中，对稍微慢下来充满了敏感。但这应当是中国的优势，而不应成为我们的负担。

中国连续几十年在全球发展中做到了当突出的优等生，我们深知不进则退的道理，保持着持久的危机感，力争今后也做得很好。但中国毕竟不是"发展之神",我们有弱点和局限,我们需要接受未来的某些曲折,不妄自菲薄,而是集中精力构建克服新问题的能力。

中国的全面深化改革是对安逸的主动放弃。我们在调动自己的"野性",逼自己敢拼,敢面对挫折,我们在做新的开创,而不是坐在前人为我们创造的惯性上。

实际上这些年还是有不少意外和变数的,比如新疆暴恐事件相对集中爆发,邻避效应造成重大公共事件,等等,这在过去都不可思议。但它们来了也就来了,中国并没有被绊倒,国家和社会的承受力在一轮轮增强。

只要中国目标明确,以经济建设为中心的路线保持稳定,我们前进就是挡不住的大趋势。出现问题往往是拓展这个国家承受力的契机,带来我们对国家稳定的新思考和新认识。我们常说中国有巨大潜力,潜力不仅是资源、机会,它还包含着我们消化各种问题及危机的弹性和韧性。

(环球时报 2015-03-12 第 3556 期第 15 版 | 国际论坛)

中国是和平国家,但不是"巨型宠物"

前往新加坡参加香格里拉对话会的美国防长阿什顿·卡特宣称,中国在南海的行动将促使区域国家以新的方式团结在一起,那些国家对美方介入亚太的要求更加高涨,"美国会满足它们的要求"。他说:"美国(舰机和军队)可以在国际法允许的任何地方飞越、航行和行动。这一点不要搞错了。"

中国显然将会以国际法为基础,抵制各种外部势力不利于中国在拥有主权岛礁上建设的活动。南海的航行自由不会包括美国军机和军舰直接对中国的合法工程项目发动挑衅，中国必将确保这些合法工程顺利完成。作为美国防长的卡特不应对中国社会向政府及军队的这一授权和要求有任何误读。

美国像是要在南海设计一场危险的赌局，美军的强势介入让世界开始对中美可能在这一地区爆发军事冲突议论纷纷。美国显然希望这一切能够转化成对中国的压力，它未必指望中国会在扩建岛礁等核心争议上让步，但或者会认为这样的压力能够消磨中国的意志，增加中国走向海洋的心理负担。

这是美国公开以军事挑衅制造纷争，同中国进行高风险博弈的开始吗？一些中国学者认为，美国眼下举动还具有试探性，它在测试中国反制其挑衅的决心和策略。美国军界和外交界的意见也可能尚不一致，美方将评估中方反应，再做定夺。

但美国对华展现强硬军事姿态的这一步已经迈出，它今后抛出更多的强硬军事姿态大概会是中美关系的一个趋势。如果中国将对外扩张设定为基本国策，华盛顿这样做无异于走向战争。然而中国的国家目标是发展，因此珍惜和平，美国的鹰派势力自以为可以通过压迫和恐吓让中国乖顺、屈从。

一些美国人对中国军事战略白皮书对海洋的侧重充满警惕，但他们最好对不安和忧虑保持克制。请问，中国作为世界第二大经济体、第一大贸易体能不重视海洋安全吗？中国能不把建设行动向离大陆较远的本国岛礁上推进，增强在远海开展经济活动及维护各种安全的能力吗？

中国已经宣布在建岛礁将成为南海区域和平发展与合作的立足点和支点，华盛顿不相信，担心它们可能成为中国的军事前哨，被北京用来对抗美国的海洋霸权，美国的这种担忧有能让人看懂的逻辑。但这些岛礁不仅是中国固有领土，而且处于中国实际控制之下，美国出于担心和想象就出手试图阻止中国的合法行为，这是对国际法、国际关系准则以及大国外交规则的悍然践踏。

中国不需要在国家发展和谋求"一带一路"对外合作最需协调互动的时候，营造一个吸附注意力的军事前哨。美国应当有观察中国实际行动的足够耐心。华盛顿如果根据最坏预期提前对中国发动危险的挑衅，是亲自动手把一个想象的危险垒砌成为现实冲突的愚蠢、野蛮的行动。

中国从未"逼"美国，中国的经济成长和崛起是一个自然过程，中国军力发展对应的是每一阶段保卫国家安全的最低要求。看看中国的核力量就清楚了。中国对强化、扩大核威慑一直是克制的。中国的军力增长与以经济增长为核心的国家实力增长相比，显然不处在超前的位置。

美国不断把它对中国的担心转化成行动，试图逼中国的成长出现异化，让这个庞大的经济体像大型宠物一样配合美国的利益，遵从华盛顿的每一个指令和脸色。但是对不起，中国不会那样做。

我们注意到，美白宫发言人使用了南海"商业通行自由"这个表述，与五角大楼的蛮横表态有些差异。我们相信中国的战略温和是不难看明白的，我们期待华盛顿作为一个整体，在对华问题上最终表现出应有的理性和务实。

（环球时报 2015-05-29 第 3619 期第 14 版 | 国际论坛）

外长自信是中国社会自信的缩影

在 8 日王毅外长的记者会上，日本 NHK 记者问到中国今年的阅兵式会不会邀请安倍首相,并且进一步提出"不少日本民众"的疑问:中国是不是在把历史问题作为武器,"贬低日本战后对世界和平的贡献",还会"中伤日本在国际上的信誉"?他甚至提出中国作为大国应更有"大国胸怀"。

这一串问题除了中国邀请安倍与否,其他的都相当不客气。王毅部长的回答很自信,平和而不失原则。他指出"只要诚心来,我们都欢迎"。在评价中日之间的历史问题时,他强调了"加害者越不忘加害于人的责任,受害者才越有可能平复曾经受到的伤害"这个道理。他说,"70年前日本输掉了战争,70年后日本不应再输掉良知"。

王毅外长的回答受到中国舆论的高度赞扬。值得注意的是,王毅自始至终没使用激烈措辞,没对日本搞"大批判",而是一直在讲道理。中国公众欣赏外交部长的这一态度,侧面反映出这个国家的舆论在跟上国家力量上升导致的种种环境变化。人们不再像10年前中日就历史问题严重冲突时那样冲动,中国人在珍视原则的同时,越来越重视对理性逻辑的坚守。

王毅外长面对不少尖锐问题,他一个也没回避,且回答得都很清楚,不模棱两可。可以看得出,中国外长在回答那些问题时做到了"怎么想就怎么说",国内舆论场对他挑选措辞似乎没形成什么压力。

对一个崛起的大国来说,这是难得的境界。外界常说中国"民族主义"有多么严重,如果真是那样的话,王毅就不可能对NHK记者"绵里藏针"的提问回答得如此轻松、豁达,他大概就要为迎合那些激进力量的口味而说些很容易辨认的"重话"。

我们想说,中国整个国家都越来越平和,发展带来的自信成为这种外交平和的不竭源泉。王毅说中国要走一条合作共赢的"中国特色大国外交"之路。这既是中国最高领导人的主张,也已成为中国民间基础十分雄厚的主流信仰。

中国社会对日本的意见很大,但这种意见并非针对日本整个国家的表现,也不是为日本定性的一种态度。我们就是反对日本在历史问题上逆潮流而动的做法,反对其对华政策中那些狭隘偏激的东西。那么多中国人在中日政治关系紧张的时候赴日旅游,大量购买日本产品,这些都是中国社会对日态度的组成部分。

外界如今不时有侵犯中国利益的挑衅性言行,但中国人越来越不容易被"激怒"。处理这些麻烦如今被当成司空见惯的事情,中国社会在对外问题上的承受力有了惊人的韧性,这实际是中国作为大国"承担国际责任"的特殊表现。

中日在历史问题上摩擦不断,但不能不说,中国在这方面的耐心越来越多,日本方面则显得更加焦虑、患得患失。如果中日摩擦久拖不决,肯定是一种"双输"局面,但中方的适应力将远远大于日本。因此是否继续要背着历史包袱不放,的确要由日本做出选择。

中国的整个对外关系都已形成保持稳定的强大基础。当合作共赢精神被中国这样的大国坚决倡导时,它的生命力很可能被外部一些力量低估了。中国的这一战略设计是打不倒的,少数反对中国对外战略的力量恐怕迟早要做出自我调整。一些人或许不相信我们的这一判断,那么走着瞧吧。

(环球时报 2015-03-09 第 3553 期第 14 版 | 国际论坛)

中共94年，中国人和世界几多感慨

今天是中国共产党94岁生日，前些天没什么庆祝活动的预告，因此今天很可能是平实的一天。

然而很多中国人都记得今天是党的生日，互联网上一定会有人提到它，议论它。毕竟今天几乎中国的一切都与这个党的执政有关，七一庆不庆祝，都是中国最重要的纪念日之一。

有人说，中共威望最高的时期是新中国建国之初的那几年，如今出现了负面议论，党的威信遇到"危机"。怎么看这样的评论呢？

中共经过28年的浴血奋战建立了新中国，那是中共的第一个历史性、且几近完美的成就。从那时起，中共进入领导国家的漫长考验。由于新中国的社会发展起点极低，中国该如何实现发展，以及发展什么，今天回头看当时都不是十分清楚。世界的两极阵营将中国卷入，对中国社会的认识产生复杂影响。

六十几年后，中共的声望在世界范围内形成全新格局。中国社会的多元化导致批评声音的出现，但在世界上中共成为最受瞩目的执政力量。中共的执政能力和业绩得到全球性承认，西方从防范中共影响力向周边的扩散变为与中国做社会发展模式的竞争。

中共如今是全球最大、行动力最强的政治组织，与当年的苏共相比，中共的联系群众能力、自我修正和改革能力都明显胜出一筹，这使得中共总能克服党建和国家发展面临的困难，带领国家前进。

今天中共的党建和国家改革都像是处在少有的紧迫期，但无论纵观历史还是横看世界，这样的紧迫都有相当一部分来自中共面向未来的危机意识。中共和国家受到的外部威胁在很长时间里非常突出，而当下是新中国应对外部威胁最有把握、力量最充裕的时期,中共和国家因此可以更集中地应对国内问题。

国内舆论多元化打破了中共形象在中国社会的完美局面,谈论执政党的问题不再是禁忌,但人们评价执政党的尺子也不再是简单的。人们会把中国的成就与其他发展中国家的成就默默对比,把中共对待问题的态度与世界上其他政党对照,从而在新的基础上建立对中共的信任。

中国肯定不是世界上腐败最严重的国家,但中国肯定是最近这些年全球反腐败最为坚决、猛烈的国家。还有一点也是确定无疑的:那就是中共在危机离临界点还有一定距离的时候就敲响了"腐败可致亡党亡国"的警钟。

中共是现代世界最积极、勤奋的执政力量,它对自身和所领导国家的每一个现实及潜在问题都很敏感。苏共的前车之鉴,西方舆论的一些恶意预言,以及国内多元化所释放出的批评都客观上增加了中共的清醒,这个党不仅在忙今天,也从来没停止过筹划未来。

新中国有过一些错误,中共未辞其咎,也勇于直接面对。所有错误都有无可挽回的一面,但历史最清楚每一个时代错误的来龙去脉。历史的眼光比具体人的眼光和感受要宽阔得多,历史选择了中共,并且继续支持中共带领中华民族实现伟大复兴的梦想,大历史的这一态度正变得越来越坚定,而不是相反。

一个陷入争议漩涡的党员干部是代表不了中共的,中共形象是一代代全体党员前赴后继在人心中的总折射。中国从1949年连汽车都生产不了的国家成为今天的世界第二大经济体,中国人物质和精神生活面貌发生天翻地覆的变化,这些都已化成中共永恒的勋章。然而这些不是句号,中华民族对中共还有更高的期待,中共对实现世界永久和平等全人类层面的使命也才刚刚开始。

（环球时报 2015-07-01 第 3645 期第 15 版 | 国际论坛）

大阅兵将把中国在二战中的地位立起来

上月下旬媒体爆出中国将于今年举行纪念抗日战争胜利 70 周年阅兵式。中国官方对此消息既未肯定也未否定，世界舆论的兴趣则越来越高。

如果这场阅兵最终得以举行，它将是新中国历史上国庆节以外的第一次国家级大阅兵，也将是作为世界反法西斯战争重要战胜国的中国首次举办这样的阅兵，它献给了抗战胜利暨世界反法西斯战争胜利 70 周年这一庄严理由。

中国曾是二次大战的东方主战场，中国在反法西斯侵略中付出的牺牲，尤其是我们的死伤人数或者是那场战争中最高的，或者是最高的之一。中国抗日战争的艰苦卓绝，我们对整个亚太战场乃至世界反法西斯战争的贡献足以震撼世界。然而长期以来，外部对这一切的了解很少，西方史书和教科书对东方主战场的提及相当有限。这次阅兵将强有力地把中国在二战中的地位立起来，把我们的受害程度和所获成就也在人们对那场战争的记忆中立起来。

为纪念反法西斯战争胜利举行阅兵和其他盛大活动，这已成为欧洲很多国家的传统，它们展示了力量，更表达了各国人民祈望世界永保和平的愿望。中国今年的阅兵也会是这样，它将让人们看到中国的强大，更会让国际社会了解中国人民对和平热爱之强烈。

历史证明，强盛的中国比孱弱的中国更能促进亚洲的稳定与安宁。

从 19 世纪中叶到 20 世纪中叶，是世界历史进入近代以来中国积贫积弱的时期，那一个世纪的东亚也最动荡，战乱频仍。

抗战胜利阅兵也将促进团结与和谐。各国的反法西斯胜利阅兵通常会邀请其他国家领导人莅临，有的还会邀请外国军队前来单组方阵。中国会怎么做尚不得而知，但阅兵很可能也会突出国际性。这样的庆典被证明非常有利于国与国之间的沟通，拉近各国社会。东道国尤其会获得主场外交的舞台，促进世界对它的了解。

在中国国内这是个鼓舞民众、凝聚人心的大好机会。欧洲的反法西斯胜利阅兵大多都有老兵方阵，从形式到内容都有较高的社会参与性。它会让所有中国人重温中国的深刻涵义，回顾我们从几近亡国边缘走向繁荣富强的伟大历程。中国是所有中国人根本利益最外部的那道屏障，它的破碎或强盛与我们每个人的命运息息相关。

阅兵不是炫耀武力，更不是要针对谁，它如果举行将成为中国与世界之间的新纽带。今年世界上的反法西斯胜利阅兵和其他盛大活动肯定少不了，欧洲大概最多，中国的阅兵将填补东方的一项空白，它会极大丰富国际社会对二次大战的理解。

希望台港澳民众以及世界各地的华人社会也都关注大陆今年的抗战胜利庆典。从那场战争到今天，中国大陆经历了中华民族历史上前所未有的一次跃升，这是中国梦相当扎实的一段历程。它可歌可泣，带来史诗般的回响。如果中国现代国防与抗战时代的元素一起汇入天安门广场，那可太棒了。

（环球时报 2015-02-15 第 3540 期第 7 版 | 国际论坛）

西方"政治渗透",中国开放与安全同重

　　西方是否在威胁中国?中国在意识形态领域对西方渗透的抵制是否真的很必要?这些经常在中西舆论场响起的问题有些问得准确,有些则问得不太准确。一段时间以来西方媒体上多有中国在"收紧"的指责,宣称对外开放的中国正在"逐渐关上大门"。

　　"西方在威胁中国",这是个很不准确的描述。中国从上到下都不认为西方是"敌人",中国同西方在全球化时代的高度融合前所未有。中西在经济上尤其你中有我,我中有你,同西方开展合作是中国现代化的重要推力。泛称西方对中国构成整体性威胁,既不符合中国改革开放三十几年的现实,也与中国社会的实际认识对不上号。

　　中西放到一起时,中国人最强烈的感受是差异。这种差异导致的中西关系的长期复杂性远远超过了人们的朴素分析。这种复杂性包括西方对中国国家安全的某些实际"威胁",它们与来自西方的建设性因素不断交织、对冲,涤荡着中国人对西方一言难尽的感受。

　　随着中国硬实力的不断发展,传统领域的中国国家安全持续得到巩固。然而全球化是中国内部对外洞开的过程,它比通常意义的"对外开放"更加深刻。西方政治价值观有在中国社会长驱直入之势,它带来以西方历史经验、甚至西方政治利益为出发点审视中国政治制度的视角,对部分中国人围绕国家道路的信心造成侵蚀。

　　西方处在全球政治软实力的上游,在西方主导的全球化条件下,这一优势自然形成对下游国家的冲击力,引导西方的制度和价值体系在后发国家复制。关于这一点,西方早于发展中国家形成了认识,中国是在改革开放进程中逐渐搞清楚其中奥秘的。

在国门洞开的情况下巩固社会的政治凝聚力，这是中国未来国家安全的重大课题，如果不是"头等重要"的话。而西方的意识形态力量恰恰在这个领域扰乱中国最为方便。我们不认为西方对华的"政治渗透"全都是国家行为，也不认为来自西方的所有这些行动从属于一个完整、连续的计划。它们有些是有财政支持的"颠覆活动"，有些是西方体制在与中国交叉时的"自然"表现和反应。

然而西方在身为中国合作伙伴的同时，释放了一些有损中国国家政治稳定的因素，这种判断是真实客观的。我们需要抑制这些因素对中国的实际破坏力，这种防范的动机也是正当、清醒的。

中国看到了问题，但并没有因此而"怨恨"西方。反过来西方也不应为了中国采取一些针对性措施就大喊大叫，它们的大惊小怪至少有一部分是不真诚的。

诚然，抵制西方的对华政治渗透是高度复杂、困难的工作。世界上大量发展中国家在这方面都不够成功，或者国家放弃抵制而走向动荡，或者采取简单、极端的做法，导致与西方关系紧张。

由于西方的"渗透"往往与它们的对华交流混合在一起，或者是同一个行为的正反两面，这对精确抵制这些渗透行为、避免负面的连带效应提出了挑战。客观说，完全的"精确抵制"是做不到的，在有些时候，我们不得不选择负效果相对最小的那个方案。

中国各领域存在不同程度的官僚主义，这会导致一些抵制行动的精细化水平不足，操作者只注意"政治正确"，轻视了实际效果。这种情况有可能加重中方所受到的压力和损害，需要特别注意。

中国将国家政治稳定放在重中之重的位置，这种态度是务实、理性的。不希望国家"乱"也是全社会的最大共识。在这方面我们决不能屈服于西方舆论的攻击。与此同时，西方是多元的，我们对其负能量的规避手段也应是灵活多元的。效果和立场同样重要，这应是我们对待中西"博弈"的坚定原则。

（环球时报 2015-06-16 第 3634 期第 14 版｜国际论坛）

中国军队反腐败，西媒全当腐败报

中国军队的反腐败备受国人关注，郭正钢等 14 名军级以上军官不久前被宣布立案调查或移送军事司法机关依法处理，既是军队反腐的重要成果，也预示了这一反腐败进程必将继续下去。

国外也在紧盯中国军队揪出了哪些贪官，《华尔街日报》近日对几名中国现役和退役军人的媒体谈话进行整理，掐头去尾，宣称中国军人说，过去十年中"所有的军衔岗位都被贴上了价格标签"，买官卖官"席卷了整个（中国）军队"。该报以此为由，质疑中国军队的机器将"腐烂掉"。

反腐败总会面临一个悖论：它展现了党和政府清除腐败的决心，同时它让人们看到腐败问题的严重性。

中国军队的腐败问题看来的确很严重，军方今年两次公开宣布的处理名单包括了 30 名军以上干部。这种触目惊心的情况在新中国军队历史上前所未有。

然而如果说中国公众因此对军队丧失了信心，这不是事实。中国军队反腐败的整体效果是加强了人民对国家政权的信任，这是这个时代的真实方向。

中国军队就像这个国家一样，在遭遇问题的情况下从来没停止过变得更加强大。这是中国人以及全世界的客观感受，也是亚太地缘政治一个颇具影响的元素。抓了30个贪腐将军，中国军队的战斗力被进一步夯实，中国的强军建设也更加可信，这是中国军队反腐败的主流线索，其他都是支流性的。

腐败已是中国重大问题，我们对此给予了正视。但横看全球，中国最突出的无疑是反腐败的坚决态度，它位于无可争议的全球第一，有些国家的军队腐败一直捂着盖子，不敢揭露，不等于他们的腐败比中国的程度轻。

西方舆论报道中国反腐败的兴趣更多落在了腐败的严重性上，在他们那里，所有"反腐败"都仅仅是"腐败"的印证，中国越反腐败，"中国崩溃"就有了越多证据。必须指出，它们认识中国反腐败的方向与中国社会的认识方向大体是相反的。

这当中显然有不少表达的是西方一些人的愿望，他们很乐意把中国发生的各种事情都看成"中国不行了"、而西方则"前途似锦"的信号。

中国人不必过于在意西方解读。中国军队在自揭家丑，让我们看到了军队刮骨疗毒的决心。与此同时，我们看到每当大灾大难关头也都有人民子弟兵挺身而出的身影，我们很多人的亲朋好友中都有军人，包括各级军官。我们不会相信"所有的军衔岗位都被贴上了价格标签"这样的夸张论断，就像我们不相信中国所有公务员都是通过花钱买来了他们的晋升一样。

中国这些年毕竟创造了世界性的经济发展奇迹，中国军队战斗力的提升亦是世界公论的。腐败问题在中国走到这一步，非常令人遗憾、痛心。但中国的发展一定有更全面的逻辑，也一定有干部队伍的大量正面素质和表现起了支撑作用。中国社会对此大体是有辩证认识的，我们既看到腐败的严重，也没有被它一叶障目。否则的话，中国社会的总体面貌决不会有今天的这些积极面。

中国军地的反腐败能够继续深入开展下去，除了舆论的支持，社会的信心也在发挥着关键作用。世界大国里还没听说过有哪个国家是被反腐败"反垮的"，那些希望中国将把自己"反垮"的人和力量终究要失望。把中国"反腐败"当成"腐败"来报道的西方媒体，有些或许是没看懂中国，有些则是故意要这样自欺欺人。

（环球时报 2015-03-13 第 3557 期第 15 版 | 国际论坛）

勤政有为，同样是对反腐败的支持

国务院 2 月 9 日召开第三次廉政工作会议，李克强总理向政府系统提出五点要求，其中一点是勤政有为，推动重大决策落实。他提出领导干部要敢于担当，主动作为，重大任务要明确分工、严格时限、确保完成。他要求开展督查落实专项行动，对懒政庸政怠政、不作为的严肃问责，让有能有为的"千里马"竞相驰骋。

中国各地有大量廉政勤政的好干部，由于反腐败打掉老虎苍蝇更吸引眼球，前者没能得到足够的关注。实际上，这是个除恶务尽的时代，同时也是勤廉之官大展宏图的时代。人间正道是沧桑，舆论应分一部分注意力给那些勤廉之官，鼓励他们成为脱颖而出的"千里马"。

中国需要涌现一批"改革之星"。我们相信他们在现实生活中本就存在，他们可能是村官、县委书记、市长等，也可能是企业领袖。全面深化改革已在中国各地各行业拉开帷幕，他们是把改革从蓝图变为现实的先导性力量。

反腐败已是中国的"新常态"之一。社会环境和为官环境都已深刻变化，舆论对反腐败的支持坚定而强烈。改革开放与反腐败相辅相成，除了抓贪官、定制度，尽可能多地促进社会经济发展，推动依法治国，同样是对反腐败的真实支持。

一个官员对反腐败是什么态度，不仅要看他怎么在会上说，还要看他对自己所承担的其他任务怎么做。越是巡视组去的地方和部门，那里的正常工作越应有成绩，这应被视为各地对反腐败实际态度的指标之一。

美国《华盛顿邮报》新近发表一篇文章，宣称中国的体制离开了腐败就会失效。一些西方主流媒体近来不断给中国反腐败吹冷风，成绩是我们对它们的最好回答。中国去年 GDP 增长 7.4%，经济下行压力虽然增大，但从世界范围看，这样的中高速增长堪称好成绩。

西方舆论近来起劲唱衰中国 2015 年的经济，但我们确信它们的预言将破产。中国的反腐败和经济社会发展都在路上，中国政府的强大调控力必将再次深化外界对我国体制的认知。

不时有人夸大当前中国面临的困难。困难当然有，而且不小，但中国这么多年什么时候轻松过？不同的历史时期有不同的挑战，如果说有什么不同的话，那就是我们现在的公开透明度和公众参与度前所未有。

反腐败决不仅仅是党中央和中央纪委的事，它是整个中国社会的伟大事业。事实上我们所有人都是反腐败的参与者，有人在直接打老虎拍苍蝇，有人汇入支持反腐败的舆论大潮。与此同时，我们每个人又都是支撑反腐败这一新常态的建设者，我们大家的辛勤努力将确保反腐败在时间的延续上从容不迫。

优秀的勤廉干部是中坚力量，也是闪耀社会信心、凝聚民间力量的关键锁钥。我们相信,他们的数量在庞大的中国社会里要比那些贪腐恶人多得多。让我们更认真地发现他们,鼓舞他们。

(环球时报 2015-02-13 第 3539 期第 15 版 | 国际论坛)

"最低增长率"考验几经唱衰的中国

中国 2014 年全年 GDP 增长 7.4%,国家统计局 20 日公布的这个数据引起世界媒体潮水般的议论。"这是中国自 1990 年以来最低的增长率",一些评论用这一强调来证明中国经济风光不再。

欧美多家研究机构近来预测 2015 年中国经济增长将继续滑落到 6.5% 左右,有的甚至宣称 2015 年将是中国经济最后一次有 6% 以上的增长。上周末英国《金融时报》的一篇专栏文章认为今年印度有可能实现增长率超过中国的梦想,成为"万众瞩目的焦点",甚至有可能"推动民主再度成为一种时尚",启动"德里共识"的议论。

当中国 GDP 增长高居 10% 以上时,舆论大谈高增长的危害。中国下决心调整经济结构,主动适应新常态时,喝倒彩的人显得更加来劲,对中国前景的描述也更危言耸听。如果我们缺少定力,就会慌神,被逼回到"以 GDP 为中心"的经济工作老路上去。

GDP 永远是媒体的宠儿,因为它直观简单,像"傻瓜相机"一样好用。但中国社会已经过了只能看懂 GDP 的年代,中国人如今对"经济发展"的期待有了大量新内容。就个人来说,我们依然十分看重有钱,但我们同时开始强烈追求安全、环保,以及与机会均等和规则明晰有关的心情舒畅,等等。我们希望钱挣得更干净,更有尊严。

中国经济和社会发展进入了多目标管理时代，这种管理的实际效果肯定好于单目标管理。但这些好处会有不少是隐性的，"藏富于民"的，不像 GDP 那样容易拽出来衡量成就。GDP 犹如一个人找对象时最能满足面子的外在条件，而多目标管理要求的却是真正的"好日子"。

外在条件当然也重要，但找对象的人都知道不能为了那些条件而不顾一切。中国如今的状态是已经真的明白了这个道理，但难免也有患得患失的时候。

印度的情况尚与中国不可比。它还有较强的身份自卑，急于想尝尝"世界第一"的滋味，以此自我鼓舞。印度国民经济和社会发展的绝大多数指标都严重落后于中国，他们的确在中国的阴影里生活太久了。他们需要印度并不比中国差的能自圆其说的证据。

如果印度 GDP 速度增长有一天超过中国，中国舆论大概会有某种触动，但是这种触动会远远小于它对印度社会的强刺激。印度好像等待这个时刻已经很久了。

有趣的是，西方舆论好像也对这个时刻长期期待着。一些西方媒体好像铆足了劲准备为印度对中国的超越"敲锣打鼓"一番。它们对印度 GDP 增长有可能超过中国所赋予的意义，比中国社会所认为的要高得多的多。

中国 GDP 增长率不可能永保世界大经济体第一，我们对此有很清醒的预判。我们多少总会有点恋恋不舍，但我们决不会为了保这个第一而修改社会经济发展业已确定的总方向。我们的表情中或有犹豫、虚荣闪过，但我们的脚步将越来越稳健，理性会不断把我们带向最正确的那个选择。

中国经济的新常态不是停滞、更不是衰退，而是中国社会见了大世面、拿了很多"第一"奖状后，对高质量和可持续发展的战略性整理。中国的基础设施现代化远未完成，社会层面和地区间的很多差距有待超越，人民追求美好生活的参照系逐渐瞄准发达国家，我们有那么多发展空间，"停滞"何从谈起！

中国能在经济体制和社会规则大调整时期保持7%左右增长，它的意义大概不小于粗放增长时的10%。中国政府有充裕能力刺激出更高的增长率，我们对它的放弃比我们得到闪光的数字更值得骄傲。

千万别被各种唱衰吓着了。自冷战格局垮塌后，中国发展从未得过西方的热烈掌声，我们这方面可谓千锤百炼。让我们再坚强一回，全面深化改革就是中国的彼岸。

（环球时报 2015-01-21 第 3519 期第 14 版 | 国际论坛）

从全球视角客观看中国生态得失

中国是对生态高度敏感的大国，中国社会如今关于生态的议论，恐怕比全世界发展中国家这方面的议论加起来还要多。中国的敏感及讨论的热烈比任何发达国家也不逊色。

结果是，中国的生态问题本来就很严重，但社会的"零容忍"进一步增加了我们对问题的痛感。与此同时，这种痛感为我们向解决生态问题投入力量提供了强大的积极性，中国现在对生态的绝对投入和相对投入都在快速增长。

中国承诺在 2030 年之前尽快达到碳排放峰值，成为第一个做出上述承诺的发展中国家。这是一个涉及真金白银的决心，美国政府在同中国达成气候协议后，国会立刻表示反对，而中国社会却对政府的这一态度给予了支持。

中国决不是在生态保护上缺少努力或不作为的国家。然而由于这些成绩仍远未达到决定性或"有充分显示度"的水平,在我们继续奋斗的时候,谈论它们常被认为不合时宜。我们的意见是,既清醒认识问题又不忽略成绩,更有利于准确把握未来的方向,坚定保护生态的决心和信心。

一些人提出,中国为现有发展所付出的生态代价极其高昂,这使得发展得不偿失,用"失败"定义之可也。不能不说,这是情绪化的气话。世界对中国发展成就相对于生态损失的总体性评估是正面的,世界舆论对中国发展的真实打分很高,并且非常稳定,而对中国生态损失的看法则是变动的,见仁见智。

比如对中国雾霾的性质及它与发展的关系,中国治理的难度究竟有多大等,世界学术界均没有定论。

污染问题虽有不少全球性技术标准,但却缺少世界可比的评价方式。比如中国如果作为一个发达国家,我们的污染问题就显得十分突出。但如果中国被看成一个发展中国家,那么中国又做得"相当不错"。

其实中国最可比的国家是印度。中国以目前的污染代价大体完成了工业化,印度的污染水平和中国差不多,有些方面比中国还严重,但印度的发电总量只是中国的1/5,基础设施建设落后中国20年,百姓生活中的现代化元素都远远低于中国。

环境保护是多维度的社会工程,中国一二线城市大多完成了清除城市建设初期脏乱差的任务,城市变得清洁有序。这种情况正逐渐向三四线城市延伸。但中国农村的水污染和城市的大气污染仍是现实的存在。有能力解决前一个问题的中国社会,不应当被接下来的问题难倒。

舆论对雾霾等问题有些急躁,这完全可以理解,甚至从一定意义上说,这样的急躁提供了解决问题的有益压力。但我们终究要清楚，急躁本身并不产生解决问题的手段，它有时也会对我们制定战略形成困扰。

中国并没有在保护生态问题上原地踏步。以全世界绝无仅有热度讨论这个问题的社会，并有一个被公认领导力极强的政府，怎么可能在我们最关心的方向上一事无成呢？尽管依然不时面对讨厌的雾霾，我们同样不应气馁，不可妄自菲薄，我们需要以科学的态度看待雾霾，评价我们同它的斗争。

中国已是全球发展清洁能源最快的国家，各种环保宣传无处不在，逐渐深入人心。中国新通过的《环保法》被普遍认为"非常严厉"，这一切都在把中国的环保努力带出发展中国家的范畴。我们生活在一个污染形势不容乐观的国家，我们同时生活在环保大踏步前进的国家。我们没理由对依然存在的问题唉声叹气，我们和我们孩子的未来注定是光明的。

（环球时报 2015-03-05 第 3550 期第 15 版 | 国际论坛）

7% 左右展现中国最宝贵的确定性

中国 2015 年经济增长率预期 7% 左右，李克强总理昨天政府工作报告的这一宣布引来全球舆论的如潮评论。李总理的许多话都让众媒体津津乐道，但"7% 左右"受到的关注量显然拔得头筹。

这一增长目标符合中国内外大多数人的预期，也可以说，它是围绕中国经济各种意见和看法的最大公约数。对今天的经济界和舆论界来说，7% 左右总体上"既不高也不低"，它的确同时关照了中国对经济增长的实际需要和可能，属于"最顺理成章的"那个数字。

尽管也有国际组织预测中国 2015 年的实际增长只有百分之六点几的，但 7% 左右被绝大多数人视为"可完成的"目标。换句话说，尽管中国经济的下行压力仍在增加，但对守住 7% 左右这个区间，当下的中国社会颇有信心，世界对此也是看好的。

昨天的中国舆论普遍对 7% 左右这个最新目标给予了好评，这种好评与社会真实心态高度对应。中国社会在过去几年围绕 GDP 问题开展了大量争论，这些争论先是扳倒了唯 GDP 论，接着又批驳了去 GDP 论。7% 左右既是新的增长目标，也是中国全社会针对 GDP 去除各种激进态度、巩固科学认识的写照。

中国人平静、积极地接受 7% 左右增长目标，这是一次真正意义上的"软着陆"。软着陆决非只是经济要素摆动幅度的衔接，更是社会心理和态度的平稳过渡。像中国这样的大型发展社会，很难说究竟百分之几的增长率"最合理"。最重要的或许是一个现实的增长率受到主流社会的接纳和认同，它能最大限度契合人们的预期与要求，并与社会的其他节奏环环相扣。

7% 左右作为经济新常态的核心内容之一，与新常态本身一起注入中国社会未来种种认识的基础部分。人们对 7% 的落差性感受已逐渐经历过了，接下来大家将有更多兴趣发现中高速增长的真实好处，并通过开发、利用它们而让我们的未来充满生机，把新常态变成中国经济发展货真价实的升级版。

中国经济增长两位数的那些年，舆论大谈发展速度降下来的好处。等到经济下行压力真的来了，一些人又变得一筹莫展。这是个反复锤炼的过程，现在或许可以说，中国社会真的"成熟了"。

有过连续多年两位数增长"曾经沧海"的经历，中国社会对 7% 左右的"平常心"才是真实的。中国人如今看重环保、社会公平、可持续发展，等等，都不是矫揉造作。中国社会对"什么是发展"的认识受到了时代的洗礼，这或许是我们长期平稳发展的最重要保障。

李克强总理昨天的报告中有一句话：我们必须毫不动摇坚持以经济建设为中心，切实抓好发展这个执政兴国第一要务。这个"硬道理"可谓几经风雨，至今屹立在党的路线政策核心位置，屹立在13亿中国人的心头，它本身就预示了伟大的力量。

近年来，"潮流"这个词很时髦，对它的解释五花八门。平心而论，中国执政党和老百姓齐心协力做的事情，就是这个世界的最大潮流。想想看，世界千变万化，但最核心最深刻的变化都跟中国有关。7%左右无疑是当今世界最有牵动力的国家年度发展指标。

中国人的信心比我们通常认为的要高，这个国家的巨大潜力仍像热泉一样在向上喷涌，与社会更理性、科学的发展计划融为一体。确定性在中国仍很牢固，它在透过各种崭新的现象和曲折呈现自己，构成中国最为意义重大的可持续性。

（环球时报2015-03-06 第3551期第14版 | 国际论坛）

经济建设和社会建设须齐头并进

十二届全国人大三次会议15日闭幕，总理记者会昨天时隔一年后再与公众见面。一个强烈的印象是，昨天的问题大约一半都围绕中国经济展开。中国经济下行压力有多严重，如何看待7%左右这个预期增长目标，等等，成了世界关注中国的突出焦点。

这使一些人确信，发展经济是中国永恒的核心任务。把经济搞好了，中国的一切问题迎刃而解。经济搞不好，把什么搞好了也没用。中国这几年抓了大量社会建设，但经济一有下行压力，舆论的注意力就全回来了。保持令社会满意的经济增长才是中国最应集中面对的那道坎。

这种看法在相当程度上是对的。坚持以经济建设为中心，这是中国政府和社会这些年从未动摇的路线。但是不能用经济建设来否定中国近年的社会建设进程，尤其不能因为经济有了下行压力，就把问题都怪罪到其他建设上来。

只抓经济、只要高增长率的发展方式在中国已经维持不下去。经济上去了人们当然欢迎，但如果腐败变严重了，社会公平没有得到照应，环境损失也很严重，事实证明老百姓是不会干的。中国调整经济结构、加大社会建设力度都是很实际的紧迫任务，人们对依法治国的期盼与国家经济增长的要求已经放在同一个篮子里。

因此在出现经济下行压力的时候，切不可轻易怀疑我们这几年完善社会领域建设所做的那些投入，把我们对"以经济建设为中心"的理解拉回到改革开放初期的单纯角度。

然而，经济发展的确是中国一切发展的基础方向。李克强总理的本次政府工作报告中写道："我们必须毫不动摇坚持以经济建设为中心，切实抓好发展这个执政兴国第一要务。"这可视为本届政府对经济发展重要性的明确宣示。

一个显而易见的现实是，经过几十年的进步，中国社会对发展的要求越来越丰富，愿望越来越相互交叉。大家都希望明天比今天更有钱，综合环境也更优越。我们要蓝天，但不能因此而减少工作机会和对现代生活方式打折扣。我们要法治，但社会不能因此而损失效率，出现不可控制的变故。

如果中国只要经济高增长,或者只要社会建设优先,那么都比较容易做到。李总理昨天说了,中国这几年没有搞短期强刺激,我们"工具箱"里的工具还比较多。如果重走粗放发展的老路,相信不难把 GDP 增长率迅速顶起来。如果只要蓝天和依法治国,那么就可以把经济下行压力抛在脑后,把社会评价体系也翻个个儿。但是单要一样都不行。中国的挑战就在于要实现经济发展和社会建设的最佳搭配,获得国家的全面、整体前进。这既是中国改革与发展的顶层设计,也是中国社会巨大实践汇聚而成的指向,它称得上是中国现阶段的唯一选择。

昨天的总理记者会清晰告诉了我们,保持经济的中高速增长到底有多重要,它将在什么程度上塑造世界对中国的认识,并影响中国人的自我认识。与此同时,我们也不必被各国记者围绕经济潮水般的提问搞懵了,从而对我们加强社会改革的举措产生怀疑。

中国已经站到没有现成榜样、必须自我探索今后发展之路的崭新节点上。这样的探索充满挑战,困扰迭出,让人费神而纠结。我们拥有强大的意志和对临时困难的承受力将比任何时候都更加重要。

(环球时报 2015-03-16 第 3559 期第 14 版 | 国际论坛)

"一带一路"的天时、地利、人和

中国是善于搞经济社会发展规划的国家,我们有年度计划,五年计划,乃至全面建成小康社会以及到本世纪中叶的长远规划。

"一带一路"是中国提出的第一个面向亚非欧等广大地区的发展战

略,是一个地地道道的国际经济社会发展规划。它与中国的国内计划不同,具有多边性,不是中国单方面说了算的。因此它有不断展开的天然属性,其意义和效应将会一波一波地生成和释放。

"一带一路"迄今最清晰的信息是它的方向和原则,它至少在今天不是具体工程项目的总汇。但这个规划的务实性有其独特的支撑,它的有利因素有些是现成的,有些将是今后"滚雪团"越积越多的。

最重要的是,围绕"一带一路"已经形成天时地利人和的基本态势,它不是中国的心血来潮和逆水行舟,而是顺势而为借风扬帆之举。做这件事不会"费力不讨好",合作共赢原则为它注入举重若轻的愉快因素。

今天从西方到中国等新兴国家积累了大量资本,"一带一路"堪称是一个超级发展计划,让所有潜在投资者都眼前一亮。在全球经济复苏普遍乏力的时候,"一带一路"来得恰逢其时,它对国际投资界的鼓舞刚开了个头,这一"天时"为成功打下了基础。

"一带一路"借古代丝绸之路和海上丝绸之路的启发,让现代人类社会发现了一个拥有无限发展潜力的地区,以及与此相关的更宽广的辐射面。"一带一路"把一些彼此有种种阻绝的地区连在一起,展示了它们在现代化路上的内在关系,这是一种全新意义的"地理大发现",凝聚东方哲学特别看重的"地利"。

亚欧很多国家突破种种"不同"加入中国发起的亚投行,激发了它们参与"一带一路"的更多积极性。西方一些人曾以地缘政治论"一带一路",如今沿线国家从各自角度评论对本国的好处成为主流。开始时中国需要动用外交资源帮助人们理解"一带一路",今后"一带一路"本身将成为促进地区友好、和谐的杠杆,这是极其可贵的"人和"。

过去中国一些海外投资大项目受到当地政党政治的困扰,可以预期,随着亚投行及"一带一路"的不断推广，这种困扰将会逐渐失去"政治合理性"，中国与各国的合作将有更多稳定性。

亚投行、"一带一路"让人嗅到当今世界的某种新气息，它既非挑战，也不是煽动，它就是新元素在原有体系中的成长，预示了改良的顺理成章。中国远非世界最强大的国家，但中国倡导的合作共赢原则却最受欢迎，带来无限想象力。

然而，中国的信心多了，却也不必让已有的成绩成为负担。我们要把事情做得尽可能好些，但也要能平静对待今后的各种周折，不必把亚投行的"开门红"当成今后事事顺利的自我强迫。相信路线和大目标，对具体挫折能够承受，这才是大国自信的完整版。

各国参加"一带一路"，不是为了捧中国，而是为了实现各自利益。摩擦是合作中断难避免的因素，中国社会对此需要适应，切不可把对外合作看成我们的对外施舍，要求对方的投桃报李及时而绝对。"一带一路"是中国人国际观继续成长、成熟的过程，可以肯定的是，我们的心胸有多大，共赢的善意有多大，我们未来的空间就有多大。

（环球时报 2015-03-30 第 3571 期第 14 版｜国际论坛）

十八大以来两年半，中国变化几许

十八大过去两年半了，中国社会有了一些显而易见的变化。如果以普通百姓的眼睛看这些变化，它们都是些什么呢？

这些变化大体处于政府呼应百姓关切的范围。十八大之前，舆论抨击最多的是腐败、房价高企、环境污染、食品安全事故和重大生产安全事故，等等。很多人对国家解决这些问题很悲观，认为中国在很长时间里可能"就这样了"。

这些问题很多至今都还存在，但这两年多里，它们是"死结"的印象被打破了。如果说今天的中国同十八大以前相比"有些不同了"，这是个基本线索。

反腐败带来的变化最强烈，这方面的现象已经比比皆是。对于中国未来的官场能够清廉到什么程度，以及那样的清廉能够多稳定，人们尚无概念。但腐败是可以治的，胆大的官员可以肆无忌惮贪污索贿、将公权力大张旗鼓私用的时代结束了，这一信念正逐渐在中国社会确立起来。

房价稳定住了，也没有出现断崖式下跌，相对的稳定和小区间波动符合大多数人的利益。希望房子能保值的人和希望今后能买得起房的人各有期待。

我们依然在骂雾霾，骂问题食品，但雾霾最严重的华北地区居民仔细想想，这两年雾霾出现的频次是不是在逐渐减少，有点像个趋势呢？还有我们最痛恨的另一类事情，即"有毒食品"事件，是不是也比前些年少了一些呢？食品安全仍是重大挑战，但是为牟利而故意制造问题食品的犯罪行为受到沉重打击，法律的震慑力在起作用。

前些年重大生产责任事故频出，动辄几十人遇难。不知是国家的制度杠杆硬了起来，还是因为煤炭生产走低，或者就是因为这两年的运气好，总之近来我们听到的这类悲剧明显少多了。

中国这两年最突出的消费现象之一是出国游火爆起来。在国内，高铁从备受指责转眼间崛起为沿线人们出行的主力交通工具，这对很多人的生活及工作偏好产生了影响。再有就是看电影的人群迅速膨胀，中国人的"消费层级"似乎在悄然上升。

中国像是在朝着更现代、更规矩的社会前行，一些令人鼓舞的趋势有的已清晰可见，有的正隐约形成。比如全面依法治国是浩瀚、庞大的使命，但它不再是个口号，而转化成中国社会的坚决实践，以及可信的愿景。

当然，今天也有了几年前不曾想到或者不突出的问题，比如一些官员懒政怠政，经济下行压力严峻，等等，它们实际都反映了这个社会的深层次问题。但我们看到，中国的问题是"流动的"，你来我往，都非固化的"不治之症"。当一个问题被全社会深恶痛绝时，它决不可能不被触动，国家形成解决它的决心和力量都不可避免。

客观说，虽有上述诸多好的变化，但人们的不满意依然存在。回顾改革开放史，我们发现，几乎每一段时间中国社会都有各种牢骚。也许沧海桑田的变化感只存在于回忆中，现实中人们最通常的感受就是好变化来得还不够快，不够立竿见影。

一个时代的成功在于它能朝着未来方向积攒下高于历史平均水平的变化量，并且能处置好有可能干扰社会正常进程的各种情绪，尽可能减少前进途中的各种代价。

历史评价一个时代通常首先注重它可被量化的经济社会发展成果，但那个时代里知识分子的感觉如何，往往会发挥微妙的作用。因为他们的"嘴"厉害，能把自己群体的感受在相当程度上扩大成整个社会的意见，并向后世传播。知识分子的这种能力会部分转化成他们所处时代的压力。因此知识分子保持客观性和真正的公益心，以全社会的利益为自己利益，对每一个时代都至关重要。

（环球时报 2015-05-06 第 3599 期第 14 版 | 国际论坛）

从民间的角度看"四个全面"

习近平时代要完成什么任务,"四个全面"给出了绝大多数中国人乃至国际上都能明确读懂的回答。

"四个全面"最早由习近平总书记2014年12月在江苏调研时提出,近日受到官方媒体的隆重解读。它的内容是:全面建成小康社会、全面深化改革、全面依法治国、全面从严治党。

有意思的是,"四个全面"的提法不是一次成型的。全面建成小康社会最早提出于十八大报告,全面深化改革是十八届三中全会的主题,全面依法治国是十八届四中全会的核心要义,全面从严治党是群众路线教育实践活动的总结升华。最后一条也是习近平对治国理政的最新总结和补充。

此外,小康社会、深化改革、依法治国、从严治党都曾反复出现在十八大之前的官方文件里,但把它们都贯以"全面"二字,紧密结合在一起,是历史性的第一次。它既是继往开来,又是战略性飞跃。中国的事情既难在开头,更难在善始善终,全面推进到底。过去我们说"进一步""大力推进",但一说"全面",就成了不留死角和退路的庄严承诺。

"四个全面"是重大理论突破,属于高屋建瓴的顶层设计,但它不是凭空想出来的、推导出来的,它有着十分庞大、深厚的实践根基。没有十八大以来一系列治国理政上的推进,没有三中全会四中全会的铺垫,大概就不会有"四个全面"的面世。正因如此,中国普通人也能比较顺利地搞懂"四个全面"与中国现实以及它们彼此之间的逻辑关系。

全面建成小康社会是战略目标,后三个全面是实现这一目标的战略举措。这强化了全党全国人民一段时间以来对小康社会的新认识。以往人们对小康的理解主要是经济物质上的，而现在人们同时渴求公平、法治和廉洁，等等。习总书记的"四个全面"肯定了小康社会新的定位，给执政党压了更多担子。

让全社会都能搞懂，并且得到全国各族人民的一致支持，这样的治国大纲最有生命力。"四个全面"既深邃、严整，又十分朴实，体现了习近平总书记论述治国理政的一贯风格。

我们还注意到，"四个全面"从总目标开始，越往后越具体，越触及难点的核心。十八大以来的反腐败轰轰烈烈，它是从严治党的关键步骤和突破口。把执政党管严管好了，推进依法治国就有了全新局面，改革也就可以避免各种利益集团的干扰。

"四个全面"的推进、落实有着很高的可信度，因为党中央当下就在这么干，全国人民眼看着国家在朝这个方向前进。这可不是一时的政治口号，它们是全体中国人都感同身受的历程和潮流。今天在很多贪腐官员落马之后谈依法治国和从严治党，与几年前这样说，是完全不一样的。

"四个全面"是对中国当下发展阶段及未来一段时期改革方略的本质认识，很多人在第一时间认为它是习近平的标志性理论，如同以前的重大理论创新一样可能在未来载入党章。党的宣传机构并未做类似的暗示，民间却已有强烈的预期。这显示了"四个全面"理论与中国现实的高度契合，以及它的深得民心。

十八大以来中国经历了一系列变化，这些变化逐渐理出了脉络，形成了体系，现在又有了高度总结。中国既大兴改革，又牢牢把握着确定性。此乃国之幸，人民之幸。

（环球时报 2015-02-27 第 3545 期第 14 版 | 国际论坛）

中国经济企稳迹象拉升社会信心

中国昨天公布了 6 月份的进出口数据,它传递出的总信息是中国经济呈现企稳迹象。其中出口增长 2.1%,是 4 个月来的首次正增长。进口下降 6.7%,下降幅度收窄。外需有好转,内需有改善,进出口形势整体上好于预期。

昨天的股市保持了上星期四以来的反弹趋势,沪市涨 2.39%,沪深两市 1500 多只个股涨停,股市承受住了第一批 359 只停牌股票复盘的考验。在经历了短时间的暴跌之后,股市正在逐渐恢复信心。

一段时间以来,一些人之间流传着对中国经济相当悲观的看法,股市暴跌期间这样的情绪达到高潮。未来的中国经济和股市都仍有不确定性,但是在今天这个节点上,人们有一种这样的信念:过度的恐慌是不必要的。中国的长期信心会这样不断历练、积累。

中国暴露了不少问题,但国家改革的战略主动性犹在。中国经济仍处在积极调整的进程中,而并非一个疲于应付、听天由命的局面。中国经济下行压力不全是经济节奏性波动的结果,其中至少有一部分是改革的自我倒逼。这样的经济"低谷"仍比其他多数经济体刺激出来的增长"高峰"要好得多。世界上所有国家都有忧患,我们知道了自己不是例外,但也了解了与其他经济体相比"中国不更糟糕"的真正价值。

中国经济前些年证明了它的快速增长能力,眼下它必须证明自我调整和防控危机的能力。一个国家经济长期发展的"大牛市"必须来源于上述双重能力的交叉推动。

回过头来看，中国政府和主流经济学界这些年对经济形势的评估大体是客观、准确的，政府说的基本都做到了。严重看衰中国经济的人都在声誉上跌了跟头，由此主导的投资策略也大多是失败的。中共定义了"新常态"经济，以中共定义为基础开展相关经济活动，总体上会比相信中国行将"崩溃"来制定投资计划，大概要稳妥得多。

一个令人欣慰的情况是，中国的社会心理正在快速适应经济新常态，对未来的预期乐观而实际。对于经济下行压力的种种表现，人们总的来说接受了，并且相信中国这样走下去，个人生活和国家实力都会不断改善。社会心理的这种调适对国家长期稳定至关重要。

中国太大，它的今后无法上保险，不确定性还会接踵而至。然而中国在世界同等条件下会是做得最好的国家之一，这一点经历了一轮又一轮的验证。作为预判中国未来的基础，它或可成为帮助我们验算这种预判对错程度的一个"定律"。

（环球时报 2015-07-14 第 3656 期第 15 版 | 国际论坛）

中国经济下行似在围绕 7% 筑底

国家统计局昨天上午公布最新经济数据，二季度 GDP 增长 7.0%，上半年增长 7.0%，这一数据高于相关国际著名机构预测的二季度 6.8% 或 6.9% 的增幅预测，也高于国内一些经济学家的预期。二季度数据显示，中国经济出现企稳回暖的重要迹象，这是在世界经济不确定性增加背景下的一个积极信号。

支撑二季度 7.0% 增长的内在结构比较扎实，投资、消费、进出口三驾马车都有触底反弹的态势。其中，消费对经济增长的贡献上升到 60%，比去年同期增长 5 个多百分点，尤其令人鼓舞。此外第三产业占比继续上升，私营经济增长活跃，"互联网+"的模式快速成长，小微企业创业踊跃，这一切都在说明调结构的效果正逐渐显现，稳增长的措施也已发挥作用。

7% 是否就是中国经济此轮调整的谷底呢？这样预言显然太早了。但这种猜测有了第一批经济面具体表现的支持。中国经济今年下半年的表现好于上半年的概率更大，现在看来全年增速有望站到 7.0% 之上，那样的话，将大大高于国际机构年初对中国全年 6.5% 上下增速的预测。

中国经济增速下行的谷底在哪里？从经济学上说，它的下限多低都有可能。如果政府、企业等经济主体任凭各种问题裹挟着中国经济随波逐流，那么情况很可能非常糟糕。但是，我们看到，中国举国上下都在努力，各类有针对性的经济政策或举措被不断释放。中国人民不希望停滞，社会保持着积极向上往前奔的那股劲头，政府的政策调整不是被动的，而是主动引领克服困难。这一切应能保障中国经济有一个更加乐观的"谷底"。

如果 GDP 增速在一定时间内实现企稳，7% 左右的"底部"能够筑牢，那么就意味着中国经济"新常态"将大致成形。"中高速"的含义和调结构的方向都变得明确，经济可持续增长的态势得到进一步巩固。

最重要的是，中国的人心围绕经济新常态安定了下来，中国人的生活在新常态下找到继续改善的空间。多数中国人的收入在原有水平上仍在增加，去年今年的就业形势都很不错，经济换挡基本上没有带来过高的社会代价，由于能耗下降，治理加码，雾霾等环保难题正在得以缓解，经济新常态在逐渐赢得社会的真实欢迎和支持。这是中国经济社会综合发展可持续的根。

多年来西方一些人交替炒作"中国威胁论"与"中国崩溃论",近年来预言中国经济行将"崩溃"在西方盛行,其实并没有一个数字可以作为"经济崩溃"的标准临界点。西方有过零增长和负增长,但也不能说西方经济"崩溃了"。真正的崩溃是人心的崩溃,倘若能积极回应经济的波动,使社会信心始终处于高位,一个国家就将生生不息。

中国经济有可能还会经历新的困难潮,但在此轮顶着下行压力坚持调整之后,经济结构的内在承受力明显加强,社会心理得到了历练。外界总说中国最怕经济下滑,似乎8%的增长就是中国社会的稳定线。我们现在相信了,为调整结构而放慢经济增长并不可怕,中国社会实事求是认识这个国家和世界的能力被大大低估了。

7.0%是近年中国经济最低的季度增长数,但今天是中国社会对经济形势最乐观的时刻之一。这或许从侧面证明了,这个国家的全面深化改革已经打开了新局面,不知不觉中,我们向前跨了一大步。

(环球时报 2015-07-16 第 3658 期第 14 版 | 国际论坛)

指责 7.0% 是造假的西方媒体太轻佻

多家西方主流新闻机构质疑中国二季度 GDP 增长 7.0% 数据的真实性,并且怀疑中国国家统计局故意"造假账",目的是为了提升投资者的信心。它们的理由几乎只有一个,那就是中国二季度和一季度的增长率完全一样,都是 7.0%。而中国今年的增长目标又是 7%,"这太巧了"。

因为"巧"而质疑中国"造假账",这一逻辑太不严谨,简直可以称之为轻佻。而且直接指着中国的鼻子表达对这一数据的不悦，都不掩饰很希望中国的经济增长更低些，西方大媒体的这种表现让人失望。

统计中国的经济数据是一项挑战性蛮大的工作，做到十分精准的确挺难的，一些西方人士如果对中国的统计方法存有争议，也不奇怪。但中国的统计是连续性的，方法之争并不影响中方数据的权威性。

让国家统计局的数字"配合"政府的工作，这样的诱惑恐怕从来都存在。同样的诱惑存在于世界各地。然而中国在中央层面早就战胜了这种诱惑，国家统计局如实、客观开展工作已经由《统计法》做出保障，任何人指使统计局造假，或者统计局为迎合权力的意愿故意制造虚假数字，都是犯罪行为。

外界一些人以为中国政府有影响国家统计局工作的强烈愿望，并且能够很轻易地施加这种影响，这是对中国政府内部运行实际情形的误解。

此外，虽说中国 GDP 增速降到了近年来的最低点，但现在不能说是整个经济形势最困难的时候。一是因为增速的降幅已经缩得很小，企稳回暖的迹象已经出现。二是社会和舆论已经适应了当前的 GDP 增速水平，对更低一些的增速，比如说六点几个百分点也是能够承受的。一个低于 7.0% 的数据和一个为了 7.0% 的造假行为，后者的社会风险现在要明显大得多，中国没有承担这种风险的动机。

国家统计局这些年公布过无数对当时中国"理想的"或者"不理想的"经济数据，国家统计局所处的政治环境一直差不多，如果说现在有什么变化，那就是反腐败增加了所有官员的责任意识，只要做了坏事，"不是不报，时候未到"。断言今天国家统计局比在这之前更容易走向数据造假，这种结论是缺乏基础的。

给"巧合的数字"扣"造假"的帽子，这是很不专业的质疑，其所对应的水平几乎同网络愤青无异。"国家说 7%，统计局出来的就是 7.0%"，这多像互联网上的牢骚话。国家提出的目标不是 7.0%，而是"7% 左右"。由于第三第四季度的趋势被预估高于 7.0%，这意味着全年的数据很有可能也非 7.0%，而是会高于它。

当然，外界因为数据稍有巧合就对中国官方的诚信产生怀疑，这也说明中国官方的公信力不够牢固，它在一些本不该发生诚信质疑的地方仍面临着自证清白的压力。

然而需要指出，西方舆论同中国政府经常在描述中国经济时发生分歧，但回顾这些年的情况，不能不说，西方舆论看错、误读中国经济形势的情况占了绝大多数。那些喜欢对中国经济乱下结论，尤其是动不动就怀疑中国经济数据"造假"的西方人士该长些记性了。

（环球时报 2015-07-17 第 3659 期第 14 版 | 国际论坛）

日本马桶盖不是中国制造的目标

有日本媒体算了一笔账，今年春节期间，中国游客在日本的总消费金额达 60 亿人民币，"买！买！买！"的花费至少 30 亿，尤其"马桶盖几乎处于断货状态"。这个消息相对中国前两年出现的"抵制日货"声音，确实有些讽刺。不少国人觉得丢了脸，骂这些人"崇洋媚外"。

马桶盖在春节前就"意外"成为话题，最初多少有些捧日本制造、贬中国制造的意思，事实上也给日本马桶盖做了一个效果显著的大广告。

内需不振，中国人却跑到日本去扫货，这肯定不是中国人的光荣，不是中国制造的光荣。日本马桶盖受追捧并非偶然，它的人性化、智能化、精细化都达到了很高品质。让消费者能掏钱去买，就是硬邦邦的指标。在很多方面，中国制造和日本制造的差距是客观存在的。这个差距，既是中国制造的动力，也是它的潜力。

但马桶盖成为日本制造的代表，也不能说是日本制造的光荣。从当年的全球家电霸主，到今天的卖马桶盖、电饭煲，不能不说这是一种"沦落"。在很大程度上，是中国家电的崛起，逐步压缩了日本制造的"传统领地"。对此，日本人有着切身感受。

可以说，中国制造取得的成绩远超所有人预期，是在部分国人的不看好甚至妄自菲薄，以及国际同行的强大竞争压力之下，杀出了一条血路。这个过程有无数可歌可泣的故事。有了这个基础，对中国制造的未来，我们今天理应有更强的信心。

但无论如何，日本马桶盖都不应是中国制造的目标。如果有中国企业，再去山寨日本马桶盖，那才是真丢人。中国制造应该有更大的雄心，应该有另辟蹊径的创新能力，而不是"走别人的路，让别人无路可走"。如果总是沿着别人的路追赶，我们将永远是个小跟班。历史经验告诉我们，"逆袭"都是起步于临摹，成功在于超越。

我们没理由指责那些选择买外国货的国人，全球化的时代，他们有这样的条件和权利。几乎没有人会相信，光靠爱国主义，或者靠抵制外国货，能够支撑、成就中国制造。中国制造的整体实力仍不够强大，其形象建设更是一个长期过程。我们必须有极大的耐心，只要品质过硬，一定会赢得市场。

但也必须指出，那些选择去支持国货的人，是可敬的，值得鼓励的。如果品质、功能、价格等区别不大，我们呼吁中国人都选择中国货，这是爱国心的具体体现，为国货自强争取时间和空间，这是普通百姓为国家并不难做出的一点个人贡献。

全球化的竞争是无情的，每个民族和国家凭借各自的天赋、努力和机遇，通过竞争、合作、挤压和碰撞，逐渐寻找到自己的位置。我们希望，中国最终的位置，是可以令国人骄傲的。日本也不会满足于只做一个马桶盖生产强国。中国制造和日本制造的良性竞争，对双方都是强有力的鞭策。

（环球时报 2015-02-26 第 3544 期第 14 版 | 国际论坛）

抓住政策机遇，民族品牌车得争气

经习主席和中央军委批准，解放军四总部日前印发《关于军队贯彻落实〈党政机关厉行节约反对浪费条例〉的措施》，要求全军和武警部队认真抓好落实。《措施》在网上公布后，得到网民颇为一致的积极评价，其中获得掌声最多的是关于"军队公务用车选用国产自主品牌汽车"的规定。

中央去年推进"八项规定""六项禁令"等，不到一年时间就取得超出民众预料的成绩，这个成绩不断被民众身边真实的生活感受所印证，迅速提高了社会对反腐工作的信心和期待。军队的反腐倡廉几乎在同步强力推进，民众同样期待能看到明显的效果。军车是频繁呈现在公众面前的军队形象，通过对军车的整治进而改善军队的整体形象，此次《措施》找的点很准。

对国产自主品牌汽车来说，《措施》则是极大利好。采购公务用车倾向国产自主品牌，是不少国家的通行做法。中国已是世界汽车产销第一大国，有更充分的理由这样做：既抑制民怨甚重的公车腐败，又支持我们的民族汽车产业。

对民意支持度高的政策，我们尤其不能搞砸了，必须做到言必行，行必果。要保证《措施》内容得到不折不扣的落实，需要有相应配套的核查和责任追惩机制。将来还应逐步推动所有公务用车都第一选择国产自主品牌。

国产车起步晚，与西方汽车强国相比还较弱小，政府给予一定的政策扶持十分必要。但如果这让国产品牌产生了依赖心理，那就不是帮它，而是害它。躺在"政策暖箱"里只能保证你一时半会儿死不了，却不能让你强大。真正的强大只能是在残酷的市场里拼杀出来的。这方面，我们的教训已经有不少。

《措施》规定军用公务车实行集中采购，这个采购过程应引入市场竞争机制，而不能是指定某一个品牌。经过这些年的发展，叫得出口的国产汽车自主品牌已有了好几个，我们的选择余地已经比以前大多了，要让它们之间良性竞争，要让这一切都在阳光下进行。

国产自主品牌汽车要自己去抓住这个利好，在这个"机会之窗"里加紧成长，最终的目标还应是早日摆脱对扶持政策的依赖。不排除《措施》的出台可能有国产自主品牌推动的因素，但《措施》出台后，希望国产自主品牌少放些心思在"公关"上，如果动歪念头，搬石头砸自己脚的风险已经越来越大。

自由贸易仍是天下大势，中国政府或中国军队应只是国产车的一个"小的"目标顾客，国产车应该有更大的雄心。党政军的反腐倡廉还将继续推进，进一步压缩公车数量是一个大的趋势。反腐倡廉应是公车改革的主要目标，而支持民族车企只是附带目标。

《措施》引发网民的大量谈论，很多人都提到，军车里日本车并不少见。不得不说，这更多是一种市场选择的结果。国产自主品牌汽车得争口气！

（环球时报 2014-01-14 第 3222 期第 15 版 | 国际论坛）

横比竖比今天的中国经济都非最难

　　改革开放以来，中国经济一路上行，如今遭遇了明显的下行压力。这是个大问题吗？看来是的。但它是个"正常的"问题吗？同样是的。

　　中国经济在经历一个前所未有的"独特时期"，但纵观改革开放史，横看全球，这又是一个"普通的时期"。我们说它"普通"，是因为中国经济不断经历困难，哪一年过得都不容易。现在显然不是中国经济最近三十几年"最困难"的时期，与世界上其他主要经济体相比，我们更不是"最倒霉"的那一个。

　　还记得20世纪80年代后期"物价闯关"时的艰难和风险吗？还记得20世纪90年代国企改革时数以千万计职工下岗时的阵痛吗？21世纪前10年经济增速狂飙，但污染达到最高峰，食品安全和生产安全等重大责任事故频出，通货膨胀一再报警，那时候这个国家真的很好过吗？

　　回头看，我们常常忘记曾经走过的险境，记住的是不断累积的成果。现在遇到经济下行压力，一些人又觉得"受不了"了。他们相信这一次的困难"最严重"，"性质和以往不一样"。而事实上，这样的"危机感"在中国社会穿走了一次又一次，我们今天的"特殊沉重"一点也不特殊，它几乎伴随了这个国家改革开放的一路。

与世界横着一比，我们如果愁眉不展，尤其会令世界吃惊。因为中国直到今天仍是世界主要经济体增长最快的国家。我们自己的尺子是曾经有过的两位数增长，但这把尺子对世界来说几乎是"神界"的，它不太可能长存人间。

　　GDP 总量已超过 10 万亿美元的国家全世界只有两个，即使 7% 左右这把尺子，对世界大多数国家来说仍属于"半人半仙"级别的。如果"更糟些"，经济增长回落到 6%，中国每年也多创造一个欧洲中等国家的 GDP。这样的增长率决不应是中国社会沮丧的理由。

　　中国做大了，"新常态"横亘在我们面前。这个国家的经济格局和经济体制都比以前复杂了，多重元素相互交织，塑造出一些我们不太熟悉的倾向。我们既兴奋，又难免困惑。把新环境搞清也是一种挑战，各种理论和假说扑朔迷离，在甄别它们的同时，我们一定要牢记常识，把握住最基本的判断。

　　这些判断应当包括：眼下是新中国开国以来最强大的时候，而且我们的强大程度已经进入世界前列。市场经济已在中国扎根，当前是中国经济运行漏洞最少的时候。目前还是中国经济改革最活跃的时期之一，也是法治建设最认真的时候。中国的经济潜力仍很巨大，沿海地区与发达国家之间以及中西部与沿海地区之间的差距都蕴藏着大量经济机会。

　　中国最大的问题看来不是经济下行压力，而是围绕社会信心以及承受力产生的争议。我们永远都会遇到"严重问题"，但只要社会能够承受它们，我们的抗压力大于压力本身，再严重的问题都将被迈过。20 世纪 80 年代和 90 年代的那些困难就是出于这些原因没能打倒我们。

　　中国社会今天的韧性没有理由比过去更小。一些人受到互联网众声喧哗表象的影响，低估了这种韧性，而误以为今天的中国社会"很脆弱"。

今天无疑是中国人自近代以来物质生活最充裕、幸福感来源也最多元和丰富的时期。中国井喷般涌现的国内外旅游大军、雨后春笋般在全国快速增加的电影屏幕，更不要说人们迅速改变的居住和交通条件，等等，这些都在为社会承受力提供强大的支撑。

我们在经历转型期的困难，关于这一点丝毫不必回避。同时这些困难真的没什么了不起，这份信心大概不是有没有的问题，而是我们是否能看见它，不低估它。

（环球时报 2015-05-05 第 3598 期第 15 版 | 国际论坛）

领导亚投行，中国需学会挨骂和妥协

亚投行协定 29 日上午在北京正式签署，57 个意向创始成员国中已完成国内审批的 50 个国家在协议上签字。中国作为第一大股东，认缴股本占总数 30.34%，投票权占 26.06%，中国在选举行长等重大事项决策上拥有了实际上的否决权。无论我们自己，还是外部世界，倒退十年，昨天都是无法想象的"中国时刻"。

昨天的中国股市继续暴跌，亚投行"相当于成立"的消息与人们当下的股市信心似乎没什么关系，中国市场在一片"止损"的忙碌中度过了这个国家标志性的日子。

但中国社会的基础性信心却站在了新的台阶上。中国历史上第一次成为世界多边银行的领导者，它的意义有些现在就看到了，有些则是潜在的、延展的、外溢的。它与中国热热闹闹办成一届奥运会是不一样的。

中国用了不到半年就领导完成了核心章程亚投行协定的签署，这一效率再令世界震动。中国是第一次做这件事，几乎毫无经验，但事实证明我们的学习能力很强，对公平公正极具诚意，被很多人认为困难重重的协定章程谈判因此一气呵成。50个国家成为首批签字的创始成员国，这比美日联合主导的亚洲开发银行创始时的国家多了10多个。

成立亚投行或者可以看作中国真正的"成年礼"。我们过去抱怨不公平，诉说委屈，有时还难抑悲情。今天中国第一次成为国际大型金融机构的领导者，开始涉足当今世界的"领导岗位"。也许我们是因为在IMF和世行里受了气被迫这样做，也许我们只是想拿亚投行"试试手"，我们坚信自己仍是一个发展中国家。但开弓很可能真的没有回头箭，我们愿意不愿意都要承担一部分过去很不熟悉的"领导责任"。

这种"责任"意味着什么呢？首先是挨骂。西方舆论昨天没说太多风凉话，但它们都憋着呢。亚投行今年底开张，麻烦事少不了。不知有多少美日欧观察家及写手等着找茬说那句话：瞧，中国就是不行吧。

他们说中国不行，我们就真的不行了？当然不是。今后的情形将是：他们说他们的，我们行我们的。许多中国人过去最软的是耳根子，最怕的是别人骂我们。今后中国将被迫在精神上强大起来，真正做到我们自己好好做事，让别人说去吧。

中国还要习惯于妥协。大的原则必须坚持，然而"难得糊涂"或许又是高处不胜寒时"原则之上的原则"。中国操的盘越大，越需要升华对"赢"的理解。我们不能怕具体的"输"，不能为某些事情"只赢了一部分"遗憾。当"领导"难，当"实力将强未强的新领导"更难，算得特精的新老领导都不会受欢迎。

为什么英法德意和韩澳等美国盟友都"跟着中国走了"？它们可不是想给中国捧场，而是因为亚投行能够给它们带来利益，这些利益重于它们同美国的"交情"。中国已然站在 GDP10 万多亿美元的超级位置上，我们能不能在今后打造更多的"共同利益平台"，能不能让外界相信同中国打交道就意味着双赢和多赢，这是中国进一步崛起能否不受到强烈抵制的关键。

IMF 和世界银行实为二战的产物，亚开行是美国定政策日本花钱执行的机构。亚投行的成立反映出，中国崛起的环境或许不像我们自己想象的那么糟。把握好机会，这是历史给中国人的耳语。

（环球时报 2015-06-30 第 3644 期第 14 版｜国际论坛）

当前股市更像"猴市"，规律终将形成

中国股市经历了罕见的狂跌之后，昨天终于绝地反弹，大涨 5.53%。这样的大跌大涨超出绝大多数股民的把控能力，也在不断重塑公众对中国股市的认识。

有人说这个阶段的股市表现已经不好用牛市或熊市来表述，更准确的叫法应当是"猴市"，也就是上蹿下跳的意思。这种说法蛮形象的，挺有意思。

所谓"猴市"显然不受绝大多数股民的欢迎，它的特点就是风险太大，散户很容易遭到"洗劫"却又不知所措。证监会一直致力于推动股市走向平稳，"慢牛"之说广为流传。但事实证明，"慢牛"是不那么容易得来的，究竟应如何实现它，从证监会到广大股民恐怕都不清楚。

股市是各种复杂变量的函数，有股民认为，政府的意志是股市走向的决定性力量；还有人相信，几个大机构有能力"操纵股市"。这类倾向

性认识局部短期或许可以成立,但是就全局长期来看,它们显然是偏颇的。

中国股市的总规模已经十分庞大,接近美国股市规模的一半,居世界第二。在这样的大盘中,每一支力量的影响都相对有限,政府发挥作用也有种种局限。换句话说,政府不太可能具体调控大盘指数的升降,股市的大涨大跌是时下各种市场及行政杠杆都难以控制的疯狂。

很遗憾,这是中国股市当前的现实,解决大涨大跌问题恐怕是一条艰难的路。

中国市场经济以及股市的发展历史都还太短,尚未形成内在的稳定性。股市的主流做法是炒短线,而非长期持有蓝筹股。中国股市的总市值小于美国,但单日交易量经常是世界第一,股票的换手率极高,而稳定股市所需要的条件很多都是相反的。

股市都会在一定程度上偏离实际经济面,西方股市与经济面的偏离方式以及征兆都已被公众熟悉,偏离幅度也有较多历史经验做参照。中国的情况是可以对比的历史经验还不够多,因此公众心里没底。狂涨时人们都不希望政府干预,暴跌时大家又强烈希望政府出来救市,政府的干预会有多大强度,效果如何,社会的普遍性经验尚未形成。

股市的稳定性未必就永远是小幅波动,当中国股市上短线操作风盛行时,这或许很难实现。现在需要一种中国式的"稳定性"来救急,它意味着股市的政策性信号清晰易懂,而且管用;股市的调整幅度符合大多数人的判断,大盘的升降能与多数个股的表现一致,等等。

中国股民占人口总数的比例在世界上是比较高的,而且今后有可能更高,这决定了股市升降在影响全社会千家万户的利益。然而不能因此就认定应由政府来调控股市的走向,以确保"让大多数股民挣钱"。股市是买卖股票的市场,市场机制必须占据主导地位,政府的职责是要监管股市规律的形成过程,努力确保所有股民的风险是相同的,权利是平等的,代际是公平的。

综上所述,我们看到,现阶段中国股市的风险的确很大,但规律一定会慢慢形成,而且这些规律的内在元素涉及中国社会经济、政治以及社会心理的各个层面。风险大就意味着机会也多,无论中国股市有多少自己的"特色","正常股民"规避风险把握机会的成功概率应当是逐渐增加的,这或许是股市健康发展的真正涵义。

(环球时报 2015-07-01 第 3645 期第 15 版 | 国际论坛)

莫因股市暴跌轻易掉入"阴谋论"

中国证监会 1 日深夜推出的救市措施没能挽住股市的颓势,A 股昨天再次大跌 3.48%。互联网上昨天广为流传的一篇文章称,这已是一场"金融战争",本轮做空中国股市的外部资金经验丰富、实力强大且准备充分,对政府的强力反击毫不手软。文章将当前股市的情况和香港金融保卫战进行类比。

中国股市暴跌是否由外部资金的"恶意突袭"导致的?这个问题不应成为审视本轮股市暴跌的首要角度。中国内地股市不是港股,也非泰股,可以轻易被外部的几只金融大鳄玩弄于掌股之间。中国股市的跌涨是多方面力量复杂博弈的结果,并不存在单独一支或几支可以随意呼风唤雨的力量,这一判断应当是我们认识中国股市的基础。

股市暴跌的基本原因是它之前的暴涨,从暴涨转入暴跌是一个风险不断积累的过程,这当中或许会有激发暴跌的"最后一根稻草"。技术人士会热衷于找出这个骆驼被最终压垮的具体因素，甚至称之为"罪魁"。但是作为全社会的一种总结，揪出这个"罪魁"的意义并不大。

股市里充满投机，这些投机有些是合法的，也有一些是非法的。监管股市的意义在于打击那些非法行为，使得所有股民实现真正的风险和机会均等。对于那些合法的投机行为，需要通过调控手段来限制它们的力度，但必须承认，这是很难精准做到的。股市总会有一些投机空间，也是股市存在的意义之一。

境外资本在中国股市所占比例很小，A股沪港通的每日资金额度仅为130亿元，尽管还有部分外资通过隐蔽渠道流了进来，但它们有能力袭击个股，对整个A股的影响却相当有限。外资采取联合行动并不比内资联合出手更容易，它们是否会扮演"最后一根稻草"的角色也是不确定的，但它们肯定不是中国股市跌涨走向的主宰。

不让自己轻易掉入阴谋论，会有助于我们客观分析股市暴跌的成因。即使一时无法清理出它们的脉络，我们也会对其中深刻的复杂性有所认识，不强行找出一两个所谓的"主因"向自己交差，以致误导我们的后续认识。

中国的金融逐渐开放，股市是最大的"豁口"。外部风险会逐渐增加，它们首先是外部资本凭借其更丰富的经验从中国股市上套利，揩中国股民的油。这可能是我们在一定程度上开放金融不得不付出的一些代价。然而中国的金融机构会很快在博弈中成长起来。外国资本像洪水一样席卷中国股市，毁掉我们的大多数家园，这种情况至少迄今从未出现，今后也未必会出现。

说到外国资本，人们想到的主要是美国的金融大鳄们。然而美国金融优势的支柱是美元体系，而非由那些大鳄组成的"金融军队"。美国资本通过全球股市榨干各国的血汗钱，这或许是美国人的愿望，但它决非世界上、尤其是美国与其他主要经济体之间金融关系的真实情形。

中国股市一定要对外部资本保持警惕，同时这种警惕也应是克制的，不可变成由意识形态驱动的狂想。中国股市的核心问题是内因，内部体系的缺陷使得投机而非正常投资在有些时候成为股市的主旋律。想象一下，大量投资者在缺少底线保障的情况下摸索开展惊心动魄的互动，要形成具有稳定性的规律有多难！真相或许就这么让人无奈。

（环球时报 2015-07-03 第 3647 期第 15 版｜国际论坛）

巴菲特盛赞中国经济有几分可信

美国著名投资人巴菲特和他的"黄金搭档"芒格2日盛赞中国经济取得的成就，并清晰表达了他们对中国经济前景的看好。巴菲特说，中国用四五十年的时间做了美国两百年的工作，是个"奇迹"。他认为中国"找到了释放自己潜力的道路"。

同是这段时间，唱衰中国经济或者对中国前景表达担忧的都大有人在，关于中国有可能掉入"中等收入陷阱"的看法颇有影响力。那么这两种论述哪种更有道理呢？

首先，巴菲特和芒格是在没有特意准备的情况下回答记者提问表达对中国经济信心的，这更像是他们对中国经济的长期印象，是他们没有掺入特定目的的直率表达。

中国最近几十年成就了人类历史上举世无双的发展壮举，对造就它的诸多原因，或许要过一段时间才能看得更清楚些。预测中国经济未来应当说比总结过去更困难，显然没有任何公式可以直接套用到中国头上，包括"中等收入陷阱"这样的描述。

巴菲特是从长期战略视角看中国的，而中国崛起的确是20世纪末以来的最大战略性事件。促使大国崛起的原因很难集成生效，它们一旦聚合在一起，就不那么容易溃散。这一经验或许也参与塑造了巴菲特对中国的直觉。

我们生活在中国经济的细节里，对它的每一个小变动都很敏感。而巴菲特不一样，他搞投资，更看重中国的"大局"和"趋势"。中国经济出现下行压力是事实，但它的涵义是什么很不清楚。中国国内正常的危机感，以及西方评论界因价值观导致的放大中国问题的嗜好，会从不同角度影响涉及中国经济的舆论面貌。

我们显然遇到了一些问题，然而恐怕既不能说现在是改革开放以来中国经济问题最多最严重的时候，也不能说中国遇到的问题在世界主要经济体里最突出。由于中国时下的经济改革无论与自己纵向比较还是与别国横向比较都是最强有力的之一，中国经济的未来表现继续优于大多数经济体，仍值得期待。

在现实生活中，绝大多数中国人对个人及家庭生活的长远设计都有逐渐向好的倾向，并且准备为此付出努力。更好的住房，更好的医疗，下一代更好的教育，以及各种更好的软福利，都在其列。这一切构成了中国经济的庞大潜在需求，以它们为基础形成经济升级的更多动力是可能的，改革的目的就在于此。

中国未必总能做得"最好"，我们也不能指望自己总是"很幸运"。但中国老百姓很勤劳，政府对正确引导经济很下力气，这个国家至少没有理由在经济"火了一阵"之后迅速成为世界上"最大的倒霉蛋"。

中国政府对经济有很强调的控能力，并且不断审视干预是否过分，有针对性地进行改革，发挥市场的主导作用。这些因素加在一起被事实证明是中国在经济全球化时代的优势，而不是我们羞于面对世人的短处。

"中等收入陷阱"是学术界对一些发展中国家所受挫折的总结，它在拉美表现得尤其明显。警惕中国是否也会掉入这个陷阱是非常必要的，汲取别人的教训是最廉价的学习。迄今对中国可能掉入"中等收入陷阱"的谈论都是担心及假说，提出它们的出发点很多时候是善意的。但值得指出的是，尚没有人能够给出中国"必然"掉入该陷阱的可信依据。

我们或许忘了中国经济连续两位数增长时舆论对"经济过热"的焦急讨论，那时国家曾为把GDP增长率"压下去"用尽杠杆。现在是反过来了，我们发现这时候的焦虑"更痛苦"。我们需要知道，中国从来都不曾"顺利"过，但重要的是，不顺利永远都不应成为我们对未来缺少信心的理由。

（环球时报 2015-05-04 第 3597 期第 15 版 | 国际论坛）

救人质很不简单，智慧比强硬重要

西方媒体公布了据称是巴基斯坦塔利班组织提供的一段视频，一名中国男子在视频中说，他是被塔利班抓的人质，要求中国政府向塔交赎金，否则塔利班将会杀死他。有人辨认，视频中男子很像去年5月在巴基斯坦西北部普什图省骑单车旅游失踪的中国湖北27岁男子洪旭东。

上述视频及相关报道受到中国社会的关注。网上除了正常的关切，还出现一些情绪化言论，如要求中国政府派军队前往营救，或嘲讽中国在救人质问题上"软弱",等等。另有一些人强调不应冒险前往动荡地区旅游,认为被绑架者既让自己陷入险境,也给国家添了麻烦。

随着中国出境人员大幅增多,涉及中国人的国际绑架事件也有明显增加之势。每逢出这种事情,中国政府大多在媒体上保持低调姿态,这被认为是中方营救人质的一种策略。从实际结果看,中国人质最终被救出的比例很高。日韩每有人质被绑时,往往举国上下迸发大争论,但日韩都经历了人质惨遭斩首的轰动悲剧。

营救人质是对一个国家综合外交能力和智慧的考验。动荡地区势力绑架人质通常有两类目标,一是为了要赎金,二是提政治条件。对前一种情况,国际上普遍反对被绑人质所属国政府交付赎金,因为那会鼓励绑匪通过抓更多人质谋财。即使有的国家私下支付了赎金,一般也不会公开承认。对第二种情况,形成妥协的余地更小。

国际上发生的政治性人质事件大多是针对西方国家或它们盟友的。中国没有奉行霸道性外交政策,主张和平共处,而且原则上不干涉任何国家内部事务,因而没有在世界上各动荡地区树敌。目前看不到为政治原因直接向中国打人质牌的某种普遍性理由,即使偶然冒出抓中国人质的政治动机,它们也往往是曲折和间接的,比如寄希望于中国政府向与中国保持友好关系的当地政府力量施压等。

无论绑架中国人质是出于经济原因,是错抓,或者出于间接政治原因,中国在一些动荡地区为营救人质可以利用的资源往往要比西方国家的多。动荡地区各派力量的关系错综复杂,可以对绑架者施加影响的渠道在外界看来也大多神秘,如何激活那些渠道需要平时的积淀和临时的恰当行动。

营救人质决非国家在公开层面用力越猛、越有声势就效果越好,这样做很可能把事情搞砸。事实证明，日韩等社会在本国人质危机中的上下激烈表现无助于救出人质，它们都导致了悲剧性结果。不能不说，危急关头一些力量向公众呈现的突出姿态不是为了救人质，而是在消费人质所处的危险。看上去所有力量在比着关心人质，实际上是大家在通过各色的姿态呈现宣泄情绪或实现"免责"，是一种集体不负责任。

再有能力的政府也很难做到每一次都将人质安全救出，这当中最有说服力的指标是成功营救比例。中国人应当通过同胞在海外遭绑后最终脱险的高比例得出一个信念，那就是每遇有中国人质被绑，我们的视野之外都有这个国家的力量"在行动"。让我们为这些行动点赞，并祝中国人质平安，得以最终脱险。

（环球时报 2015-05-26 第 3616 期第 14 版 | 国际论坛）

向新疆广大干警和群众致敬并致谢

新疆维吾尔自治区委书记张春贤10日在两会上透露一组数据：新疆公安干警的牺牲率是内地公安干警的5.4倍。2013年新疆有230名基层干部猝死在工作岗位上，大大超过内地平均数。新疆的烈士占全国1/3。张春贤强调，新疆是在为全国稳定做贡献，他引用一位新疆代表的话说，"新疆付出了极大代价"。

这组数据进一步增加了全国公众对新疆广大干警及各族人民的敬意。新疆是中国反恐的前线，那里的干部群众为这个国家消耗了外部敌对势力的大量招数，承受了全球化对我国的一波特殊冲击。从境外三种势力到西方激进的政治力量，都瞄准了新疆，试图从那块土地开辟阻挠和迟滞中国现代化的角力场。

新疆这几年出现了一些暴恐袭击，但敌对势力彻底搞乱新疆的企图明显破产了。新疆不是昔日的车臣，也不是中东或巴尔干某个动荡地区，新疆维持了正常社会的总体稳定和繁荣，新疆局势没有出现质变。

新疆的全体干部群众都为维护新疆的正常面貌做出了贡献，他们值得全中国人民钦佩并致以真诚的谢意。近期去过南疆的内地人往往对那里的和平景象印象极深，南疆人没有外界想象中的恐惧和紧张，那里的人们生意照做，日子照过，这份从容就是对极端势力的沉重打击。

尽管这几年昆明、北京等地也偶有与新疆有关的暴恐事件发生，但新疆总体上为阻止暴恐向内地蔓延做出了了不起的贡献。新疆内部没有乱，更没让莫斯科大剧院那样的惊天悲剧在内地大城市发生。大多数暴恐团伙在作案前就被打掉，在全国反恐的这盘大棋中，新疆始终是关键性力量。

全国人民不仅要由衷感谢新疆，还应以有效方式支持新疆，让这个边疆自治区与全国火热的现实生活融为一体，不再是遥远的一隅。内地人应多去新疆旅游、工作、学习，国家有关部门应采取各种可能的措施促进新疆旅游，特别是南疆旅游的繁荣。北京至乌鲁木齐高铁应尽快开通，采取优惠票价，带动新疆游达到高潮。

内地支援新疆花了一些钱，但全国都要清楚，和平建设永远是收益最高的，一个稳定的新疆是中国集中精力"谋发展"的前提，而守护这个前提的恰恰是新疆两千多万可亲可爱的干部群众。

国内一些人抱怨新疆当前的局面，其实那些人既不真正了解新疆，也不了解世界一些其他地区的情况。我们说新疆当下的情况并非它历史上最好的时期，但从世界范围看，新疆对各种问题的处理仍是较为成功、有效的。新疆没有拖中国的后腿，它事实上在紧跟这个国家前进的节奏。

中国作为一个超大社会算得上相当和平，中国至今出极端事件的概率与大多数国家比都很低。新疆暴恐分子一时扰乱过全国舆论，但那股冲击波已经过去，中国社会恢复了沉着，有了治理暴恐问题的耐心和承受力。

暴恐势力与中国的国家力量完全不对称，恐怖主义的最大威胁就是它能制造恐怖。当中国社会知道怎么对付它并且不再惧怕它的时候，它在政治上就先枯萎了。我们有一个大无畏、勇挑重担的新疆，有见识越来越多的全国社会，暴恐势力注定正走向它的穷途末路。

（环球时报 2015-03-11 第 3555 期第 15 版 | 国际论坛）

第二章

大国太极

中国在美"枪杆子""笔杆子"间穿行 /21世纪既非中国世纪，也非美国世纪/ 希拉里参选与躺枪的中国 / 中俄友好握握手，西方何必出头汗 / 普京露面了，西方"唾沫雨"也下足了 / 结伴不结盟，中俄关系应让西方开眼 / 兰普顿对中美关系的悲观值得重视 / 用中国的两手对付美国的两手 / 克里访华没出"对中国施压"的猛料 / 美战略对话应达到四个目标 / 中美"互诉衷肠"比互示强硬好 / 希拉里向中国开火理应遭回敬 / 北京与莫斯科通高铁，是梦又不是梦 / 请莫在网络时代对华搞"文化冷战" / 美笔会煽动西方作家对中国不满 / 美媒忽悠缅甸:宁要美国草不要中国苗 / 亚投行,中国的"和"赢了美国的"斗"

中国在美"枪杆子""笔杆子"间穿行

美国财长雅各布·卢 17 日呼吁国会尽快批准改革国际货币基金组织（IMF）的方案。该方案 2010 年 12 月就已达成，世界很多国家都已通过，但就是美国国会把它卡住了。这项改革据认为会动一些美国利益集团的奶酪。

英法德意等欧洲国家申请加入亚投行，雅克布·卢显然受到了刺激。如果美国的议员们面对美国这些盟国的坚定选择而转变思路，那对美国和对世界都是好事。亚投行还未成立，就能"迫使"美国更公平地对待世界，那将是富有戏剧性的一幕。

美国的强大有很多支柱，但最突出的还是"枪杆子"和"笔杆子"。其他的都有竞争空间，唯这两样，美国死保。

美国的"枪杆子"绝对领先于世界，除了庞大的核武库，它的常规作战系统亦有面向全球的战略威慑力。光是其十余个先进的航母战斗群，就能当作撬动地区局势的杠杆。今天任何力量与美国直接军事对抗，都意味着冒险。

美国的"笔杆子"同样了得。它不光指帮美国向全球传播声音的媒体机构，事实上更是一个维护美国价值观的庞大系统，大体为把对当今世界各种事物的价值定性权攥在了手里。无论是谁，如今同美国进行争辩，尤其是搞政治争辩都很困难。

把自己看成世界的领导者，是美国社会一个根深蒂固的观念。美国的科技水准、经济竞争力在很长时间里也都跟得上，它已不习惯在任何一个主要方向遭遇挑战。

然而今天的美国毕竟不是人类发展的极致，三亿多美国人涵盖不了世界的多样性和创造力。试图超越美国并不意味着与它对抗，做得更好甚至最好是人类社会每一个群体的天赋权利。

美国将不得不接受一些令其很不舒服的体验历程，华盛顿会视其为挑战，不过，它的承受力是天然存在的。从美国抵制亚投行但并没有同中国尖锐冲突的情况看，它对经济竞争的容忍远好于它对军事竞争的态度。美国的"笔杆子"对待"意识形态斗争"也更刻薄，一副"寸土必争"的架势。

中国牵头组建亚投行，做了一件美国不喜欢，但绝大多数国家都欢迎的大事。这惹不着美国的"枪杆子"，同时会有西方阵营的大量声音帮着对付美国的"笔杆子"。事实证明这样的事情美国很难阻挡，它不喜欢，但不好意思大喊大叫。华盛顿最终要以某种方式接受这一新事物，这会成为让全世界眼前一亮的"先例"。

中美没有博弈是不现实的，但博弈完全可以积极、有趣，而非火药味十足。中美新型大国关系总要面对中国不断崛起的现实，它应是中美创造性处理各种竞争性事务的态度总汇。

中国大概要在美国的"枪杆子"和"笔杆子"之间做充满智慧的穿行。中国也在发展自己的军事实力，但那不是为了"中美决斗"。中国同样致力于发展自己的文化软实力，但中国的成功将更多取决于发展的别开生面，事实服人，而不能指望只靠"讲道理"就让世界"恍然大悟"。

亚投行迄今的进展已经显示出其具有的划时代深刻蕴涵，它检阅了中国这几年的发展积累，并把中国对外开放带向新的境界。它还为人们重新认识中美竞争与合作开辟了新空间。中国究竟是个什么样的国家，"一带一路"究竟是什么样的战略，亚投行都提供了重要参数。

（环球时报 2015-03-19 第 3562 期第 14 版 | 国际论坛）

21 世纪既非中国世纪，也非美国世纪

美国哈佛大学教授约瑟夫·奈不久前出版《美国世纪结束了吗》一书，受到国际战略学界的广泛关注。约瑟夫·奈本人近来多次谈及此书，为美国延续其面向全球的影响鼓与呼。他强调，世界变得更加复杂，美国虽然面临在经济总量上被中国超越的可能，但美国仍将保持政治、军事的强大，"美国世纪"至少还会持续数十年时间。

约瑟夫·奈的一些具体论述是清醒、可信的，但他对"美国世纪"这一概念的坚持与这些具体论述形成了矛盾。其实 20 世纪中叶以后的很多时间里，"美国世纪"的提法很难成立，比如当苏联发射第一颗人造卫星时，以及美苏地缘政治对抗十分尖锐的那些时刻。"美国世纪"作为世纪之交的一种总结，有这一时期的特定所指和说服力，但时过境迁，把这个提法固定下来，强行用它衡量日新月异的世界，必将非常勉强。

去年 12 月底美国经济学家斯蒂格利茨称 2015 年是"中国世纪的元年"，接着约瑟夫·奈强调"美国世纪"的延续。这两种说法都是夸张的，有零和思维的明显影子。从我们的角度看，21 世纪不会是"中国世纪"。但当中国经济总量逐渐接近美国，华盛顿现在就不能在亚投行这种事上决定其盟国态度的时候，非说这个世纪仍是"美国世纪"，也会让人觉得掺了水分。

20 世纪的很多旧概念很可能描述不了我们所处的 21 世纪，这一点

值得约瑟夫·奈等美国精英思考。历史经验确立了一种思维方式，但该思维方式不能作为数理定律来坚持。世界的变化往往比从旧角度看到的更加深刻，拒绝从新角度看问题是危险的。

把 21 世纪同美国或中国等某个大国的名字捆绑在一起，这是硬要把全球化打上单一帝国式权力的烙印。世界战略学界需要冲破旧思想的桎梏，创造一些崭新的概念，把当今世界的大国一起带出历史记忆和经验为我们布下的天罗地网。

如果不出大的意外，美国仍将在很长时间里是全球综合实力最强的国家，但美国影响世界的方式，其全球角色的性质都将逐渐嬗变。未来不会再有国家取代美国全盛时代的位置，帝国的政治基因在过去的半个多世纪里不断式微，它今后不可能通过逆生长重新回来。

21 世纪中美将各有千秋，其他大国也未必就会成为冷战时期美苏卫星国那样的小兄弟。面积很小的新加坡都能扮演某种政治性的中心角色，未来更将如此。

中国的政治制度相对独特，但中国"和"的观念将随着它的强大影响全人类。中国的周边地缘政治环境比美国崛起时不知复杂多少倍，只有对"和"的坚持及弘扬才能把这个国家真正带向世界舞台的中心。"和"将融进整个舞台的结构。

"美国世纪"或"中国世纪"的概念简单明了，但它们会把原本复杂的世界强行标签化。世界如果围绕它们削足适履，那将是整个国际政治的悲剧。人类已经嗅到国家之间合作共赢的最初气息，那些旧概念有可能让我们粗暴地忽略这种气息，错误地走上回头路。

（环球时报 2015-04-02 第 3574 期第 14 版 | 国际论坛）

希拉里参选与躺枪的中国

希拉里·克林顿北京时间 2015 年 4 月 13 日凌晨正式宣布参加 2016 年美国总统选举，她是目前民主、共和两党所有意向参选人中民调支持率最高的，因而看好她的人很多。假如希拉里最终当选会给美国对华政策带来什么变化，也迅速成为中美相关舆论探讨的热题之一。有人感慨，美国大选，中国必然躺枪。

希拉里是美"亚太再平衡"战略的"总设计师"，她在奥巴马第一届任期担任国务卿时力促美国"重返亚洲"，主张在中国周边搞"巧实力外交"，创造美国对华博弈的更多抓手。毋庸讳言，中国舆论不太喜欢她。

一些人预测，如果希拉里得以入主白宫，美国"亚太再平衡"战略会得到进一步强化，中美发生新摩擦的概率会随之上升。

这种倾向和可能性都不应排除。然而我们必须看到中美关系的另一面，那就是两国力量的此消彼长保持了长时间的惯性，这不是华盛顿通过在中国周边搞些"小离间"，派美国舰队多在这个地区晃一晃，就能"平衡"得了的。"亚太再平衡"有大量战术空间，可以满足部分美国政客的争强好胜及幸灾乐祸情绪，但它在大战略上是个自欺欺人的东西。

如果中国在周边真的很霸道，或者去太平洋上公然挑衅美国，甚至去加勒比海找个落脚点竖几枚瞄准美国的导弹，那么华盛顿的"强硬"就有了真正用武之地。

但问题是中国并无帝国主义野心。中国一门心思发展经济，并且在现有国际体系下行事，获得成功。然后我们搞"一带一路"，发起成立亚投行，除非美国能"平衡"掉中国的这些活力，否则它"平衡"其他事情都没用。

领土纠纷是东亚局势的最大软肋,但围绕这个问题的争议虽然响亮,实际上这里没有一个国家希望通过武力解决问题。华盛顿的挑唆看来做不到让这一地区的任何一方彻底丧失理性,中越、中日等关系的改善证明了一些重要底线意识的存在。

希拉里如能如愿以偿当选,有可能促使"亚太再平衡"的思维方式更加活跃,相关小动作增多,但中国的实力,以及与此相关的承受力和驾驭力都已不可同日而语。亚洲地区对美国挑拨离间的态度也会不断变得复杂和多元。

还有一个鲜明的历史经验受到广泛注意,那就是美国总统易人对华盛顿中国战略的影响屡次在事前被夸大,而最后都实现了"软着陆"。等希拉里真有当上总统的那一天,她的前总统先生大概会告诉她"不能乱来"的重要性。俗话说"屁股决定脑袋",届时她要为整个美国的国家利益负责,她要确保中美巨大贸易额不掉下来,不得罪美国对华投资者,还要在世界诸多热点问题上寻求中国的合作,中美健康稳定关系不是她想改就能改的。

当年的克林顿总统上台之前厉声指责中国,最后成为中国的"好朋友",小布什经历了同样转变。势比人强,这个道理在中美关系中反复得到活生生的印证。

当然,个人因素在美国的对外政策制定中还是能留下烙印的,希拉里如果最终成为美国领导人,有可能增加中美建立互信的困难。但与此同时,她决跳不出美国利益的强大约束。中国应致力于扩大中美之间的共同利益,只要破坏这种共同利益的代价高于损人利己的所得,不管是希拉里还是杰布·布什,或者别的什么人上台,他们都挣脱不了把中美往一起拉的冥冥之中的那只手。我们可以将这只手戏称为"如来神掌"。

（环球时报 2015-04-14 第 3582 期第 14 版 | 国际论坛）

中俄友好握握手，西方何必出头汗

习近平主席 2015 年 5 月 8 日抵达莫斯科，将出席第二天举行的纪念卫国战争胜利 70 周年庆典并访问俄罗斯。在西方主要国家领导人集体缺席 5·9 庆典的时候，"中俄走近"备受西方舆论关注。然而它们的解读却戴着旧时代的眼镜。

西方的分析大多是同一个套路：先假设中俄两国在走向"同盟"，然后再罗列中俄之间的各种"矛盾"和"互疑"，证明中俄其实是彼此潜在的"对手"。这些论述在每个方向上都很夸张。

西方尤其是美国对中俄关系似乎颇为焦虑，存在着中俄或会走向结盟的持久担心，因而很希望中俄之间出现一些"深层问题"上浮。它们满眼都是中俄拥抱和疏远的相反信号，导致严重自相矛盾的结论。

其实中俄关系充满了正常的元素。两国充分发展了睦邻友好及合作，并将与对方的关系置于战略突出位置。值得指出的是，两国相互的战略重视也首先基于自然原因，因为两国互为边界最长的陆地邻国，两国历史上的对立给双方留下了深刻教训。中俄形成全面战略协作伙伴关系的过程经历了苏联解体后俄外交思想的动荡过程，但两国关系的上升从 20 世纪 90 年代以来一直很顺利，它在很大程度上是自然积累的结果。

国际战略格局的变化的确推动了中俄走近，但这种推力不是万能的。

中俄两大国越来越紧密，相互尊重和妥当处理各种分歧的基本态度更像是决定性的。大国关系本来就都应当是这样的，只是中俄做到了这一点，许多其他大国之间没有做到，所以中俄关系十分显著。

中俄一再声明"结伴不结盟"，两国真是这么想的。中国很重视同西方的关系，俄罗斯同样不想同西方搞僵。中俄战略合作不具有排他性，对这种朋友多多益善的处世哲学西方似乎很难理解。美国和其他西方主要国家都习惯了排他性结盟，而且它们的同盟关系往往潜含着对第三方的攻击性。对西方来说，朋友好像必须要有敌人来衬托，只交友不树敌不可能成为现实的政策。

我们怀疑，那些研究"中俄结盟"的西方精英在内心深处有着对中俄挥之不去的敌对意识，是他们心中的阴暗造成了自己的焦虑，担心"中俄结盟"成为他们认识世界的一种方式。他们注定活得很累。

21世纪应当是结束"联盟政治"的时代，坦荡的、有力量的大国尤其应抛弃结盟思维。美日等仍在升级同盟关系的国家应当在中俄新型合作关系面前感到惭愧，它们应当想想，如果世界上有更多国家学着它们的样子搞出种种军事同盟，那么将有什么样的混乱和灾难等着人类。

中俄两国都从彼此的全面战略协作伙伴关系中受益了，而且没有一个国家可以证明它从中俄这种关系中受害了。由于中俄关系在整个国际关系中是一种庞大的存在，它对地缘政治以及国际关系文明的影响力都是显著的。

一些人宣扬中俄友好只是"权宜之计"，这是基于老思维的看法。时代在前进，这种前进的锋线不光是西方，新兴国家成为新的实践活跃区。规则不是一成不变的，大国政治游戏的经济和文化基础不断进化。中俄关系会成为21世纪大国关系的典范，历史是开放的，真实的答案将有目共睹。

（环球时报 2015-05-09 第 3602 期第 7 版 | 国际论坛）

普京露面了，西方"唾沫雨"也下足了

俄罗斯总统普京 2015 年 3 月 16 日借会见吉尔吉斯斯坦总统阿坦巴耶夫的机会，面对舆论公开露面，从而结束了关于他为何 10 天未在公开场合出现的猜测潮。

普京被西方描述成"独裁者"，他 10 天"不知去向"让西方主导的国际舆论嗅到了鲜腥。克里姆林宫曾宣布普京会见吉尔吉斯斯坦客人，但后来该报道被收回，增加了事情的戏剧性。

西方舆论在最近这几天过足了"臭一把"普京的瘾。一些西方主流媒体自己不好意思八卦，就"引用"互联网传言，从莫斯科"政变"了，甚至普京已经"身亡"，到普京出国陪女友"分娩"去了，"加入 IS"了，什么都说。

俄罗斯与西方严重对立，普京又是这个国家的强势领导人，围绕他稍有可被解读为"不正常"的迹象，西方舆论就会冲他下一场"唾沫雨"，看来已是注定了的。按照西方的逻辑，这些还都是俄"专制"及"信息不透明"碰上西方"言论自由"的结果，是莫斯科"自找的"。

如今的世界上，在俄罗斯这种同美国公开翻脸的大国做领导人，个人名誉风险看来相当高。从戈尔巴乔夫以来，克里姆林宫又更换过三位主人，叶利钦、普京，中间穿插了梅德韦杰夫。老戈搞垮了苏联，在西方的名声最好。老叶试图带俄融入西方，没成功，但在西方没挨骂。

普京接手了一个因未被西方接纳而反思、后又被北约东扩逼急了的俄罗斯，究竟是"克格勃普京"塑造了与西方渐行渐远并终于与之对立的俄国，还是俄的"绝地反击"塑造了强硬的普京呢？这是个有意思的问题。

然而西方对思考这个问题似乎毫无兴趣，西方舆论不假思索地将普京描述成"恶魔"，这对西方来说不仅简单而且省心。它们掌控的舆论工具强大，可以随意勾勒它们幻想的世界。

西方看来已同普京结下很难解开的"梁子"，很多西方人相信，这个梁子只是他们与普京个人之间的，只要俄罗斯有机会"换掉普京"，一切就能从头再来。

这种想法很可能是天真的。在美国继续推动北约东扩，最终目标是要搞掉俄对美的"战略核威慑"、把俄变成其俯首帖耳"小兄弟"的情况下，西方其实决定了俄罗斯愤怒的国家性格，普京的做事风格只是与这一性格相吻合的面孔和表情。

俄罗斯的外交政策有很大一部分是对西方对俄政策的反应性表现，俄罗斯的辽阔幅员和丰富资源足以坚定它不向华盛顿屈服的决心。这些大概更接近事情的本质。

在普京"失踪"的10天里揶揄、羞辱这位俄罗斯领导人，或让一些西方的精英蛮开心的。西方舆论给克里姆林宫"上眼药"，比它们对西俄关系的认真思考更受欧美社会的欢迎。

中国人从第三方的位置轻易就看到了西方对俄政策的弱点，这让我们想到，华盛顿及欧洲大国的对外政策包含了很多轻率而固执的因素，它们并非总是严肃国家利益的准确对应物。跟西方打交道，不能永远指望是理性对理性的游戏。

西方与俄罗斯交恶，总体上对中国推行自己的外交战略是有利的。有人担心这样说漏了，对中国不好。我们的看法是，这不是幸灾乐祸，而是我们惋惜一些西方大国曾经强大的外交机器如此锈迹斑驳，冷战思维卡住了它们。

(环球时报 2015-03-17 第 3560 期第 14 版 | 国际论坛)

结伴不结盟，中俄关系应让西方开眼

中俄在地中海举行的联合军事演习昨天正式启动。此次由俄方牵头组织的联合军演共聚集 9 艘水面舰艇，主要课题是维护远海航行的安全。莫斯科胜利日大阅兵刚刚落幕，中俄走近备受关注。地中海的演习延续了世界舆论对中俄关系的聚焦，一些很不靠谱的评论在西方媒体里跃然纸上。

伦敦的《每日电讯报》说出了"俄中轴心再次成为西方和平繁荣国际关系愿景主要威胁"的极端话语，从中俄的角度看，这种评论背后的心态十分奇怪。中俄反复表示"结伴不结盟"，除了心智有问题者，西方人都应该听懂了。

中俄成为战略伙伴是这个时代的大势所趋，但它有别于美日同盟等当今世界的所有军事同盟，也是一目了然的。西方应当扪心自问是不是对中俄做了什么重要的亏心事，以至于它们看到中俄走近就如此不安。

中俄"结伴"符合两国的战略利益，它不仅推动了两国经济合作，还同时增加了中俄各自的安全感，有助于维护世界力量的平衡。但是中俄战略合作对两国复兴都构不成充分的外部环境条件，两国都不愿意因为"得到了对方",而"失去了世界"。

此外中俄不具备结成盟国的一些基本条件。两个国家的文化特性差距很大,中国是亚洲国家,俄罗斯则是欧亚特性,而且是欧洲特性比较强的国家。中俄是完全平等的两个大国,不是美日那样的"主仆关系",平等而差异很大的两个国家除非面临生死抉择,很难结盟。

中俄双方在地缘上相邻,历史告诉我们,两大强邻难免有一些自然的戒备,结盟不如结伴。中苏当年结过盟,但那次结盟的教训同后来两国敌对的教训一样深刻。纵观始于20世纪50年代北京莫斯科关系的风风雨雨,中国人真心认为今天的中俄关系是"两国历史上最好的关系"。我们相信俄罗斯人大概有同样的认识。

对中俄关系的复杂议论在两国内部也有。1991年俄罗斯就选择了西方式制度,虽然实际运行时权力中心比较突出,但制度上已经西化。中国已经市场化多年,社会也有多元意见。在中俄各自国内都能听到主张警惕对方的声音,构成了围绕中俄战略伙伴关系又一层舆论上的复杂性。

但必须指出,支持中俄全面战略协作伙伴关系是两国十分强大的主流意见,一些来自历史深处的担忧和以西方为源头的幻想根本动摇不了两国关系的稳定。自中俄关系正常化后,历代中俄领导人都高度重视发展两国关系,这超越了领导人的个人偏好和政治理念,也超越了两国各种局部和临时性利益带来的影响。

西方的国际关系学十分发达,但我们不能不说,过度自信和自我中心感限制了西方精英的视野,他们现在应该抬起头来好好看看世界了。

中俄的"结伴不结盟"打破了西方对大国关系的传统认识,是让西方人开眼的21世纪大国关系。以美国为中心的各种同盟正在这个时代变味发霉,一些西方人闻惯了那种臭气,不知道国际关系中还有清新存在。

但我们希望，他们的这种政治嗅觉能够恢复。

（环球时报 2015-05-12 第 3604 期第 14 版 | 国际论坛）

兰普顿对中美关系的悲观值得重视

美国国务卿约翰·克里本周末访华的消息昨天正式公布，中美双方将就新一轮战略与经济对话以及习近平访美等事宜进行沟通。在中俄关系刚有过耀眼的呈现后，北京与华盛顿构筑互信的努力进入人们的视野。

然而中美关系或许不像这些日程所显示的那么令人鼓舞。美国霍普金斯大学著名学者兰普顿几天前的一个讲话引起中美战略学界的密集注意。兰普顿认为，尽管美中关系也有一些进展，但是整体上正在朝着一个不可取的方向发展。

他说："不幸的是，自从 2010 年左右开始，情况发生了急剧的变化。美中关系的临界点正在接近。我们各自的恐惧比关系正常化以来的任何时候都更接近于超越我们对双边关系寄予的希望。我们正在看到对以积极为主的美中关系的一些关键的根本性支持受到侵蚀。"

多名接受《环球时报》采访的学者认为，兰普顿对中美关系的悲观描述值得重视。

中美关系作为一个超级庞大的复杂系统，其近来的动向大概很难用"改善"或者"恶化"这样的简单词汇来概括。一些学者相信，中美关系围绕传统摩擦的"硬伤"诸如对台军售、人权这一类并未增加，但新涌现的第三方因素导致的"软伤"诸如南海问题等迅速增多。"软伤"未直接对中美关系的态势造成波动，但影响双方的战略心理，严重侵蚀战略互信。

他们指出，前些年中美虽有台海危机的严重困扰，但两国社会对中美"不可能开战"的信心相当坚实。现在的情况在微妙变化，尽管两国发生军事冲突的实际可能性没有增加，但双方都有人在认真思考这样一个问题：我们确实不想打仗，但现在看起来似乎必须为一旦发生的冲突进行准备。

中美开展更加有效的战略沟通十分必要。比如中国对美日加强军事同盟以及美国在亚太的其他军事部署疑虑很重。反过来，美国对中国在东海和南海的一些姿态也常常往"最坏的"方面想。美国常说它在西太平洋的布局"不针对中国"，中国则强调我们做的事都是中国主权范围内的权利，而且是其他国家都做过的。中美的解释都说服不了对方，双方或许有必要把各自的战略意图做进一步阐述。

中美这些年积累了大量管控危机的渠道和经验，它们有效降低了中美发生摩擦的频率，这些正面资源转化成两国互信质的提升需要一个条件，那就是中美对战略利益交织的亚太地区要有一个共同的愿景。那样的愿景要给中国成长留足空间，彻底接受中国崛起，同时要确保美国国家力量与其对世界领导力之间的关系不受到中国崛起的致命冲击。

近来有美国学者提到美国应尊重中国增加军费的权利，同时希望中国军费有一个所占美国军费比例的"上限"。还有人探讨美国不应追求在第一岛链内的军事优势，这些话题都挺新鲜，毕竟，在美国围着中国海岸线不断搞抵近侦察的时候，让中国人"信任美国"实在是无稽之谈。

中国在未来很长时间里仍将是中美之间较弱的一方，中国发展经济以及解决国内问题的任务十分繁重，不可能将全面挑战美国定为国家目标，中国对美战略心态将长期是防御性的。美国如果现在就感受到紧迫的"中国威胁",无论有多少具体原因,总体上都很荒谬。它说明美国对国家安全的要求太过分甚至霸道,它很大程度上在"庸人自扰"。

"退一步海阔天空"是中国的一句古训,中华社会对它的主张是不问境遇顺利与否的。美国人也应当学习、接受这一观念,避免进攻性思维的过度放纵。

(环球时报 2015-05-13 第 3605 期第 14 版 | 国际论坛)

用中国的两手对付美国的两手

美国国务院和国防部官员星期三参加国会参院听证会时,把对中国强硬的声调拨到新的高度。他们表示克里将在本周末的访华中表达美国维护南海"航行自由"的意志,让中国"毫无疑义"。为此美国将在南海地区维持"最强大、最醒目的存在",以"确保美方能够做出必要的行动"。

在前一天,美国《华尔街日报》透露五角大楼正在制定派军机军舰直接闯中国南海岛礁领海领空的计划。

美国对华强硬的一面正越来越清晰地凸显出来,南海有可能成为中美较量的爆发点,看来现在到了中国对在该地区应对最坏情况做认真准备的时候。

美国之前一直通过语言攻势和挑拨、操纵菲越就南海问题向中国施压,总体来说那还属于间接干预。如果美军不再是来示威,而是直接闯中国控制岛礁的空域和 12 海里海域,性质就完全不一样了。中国政府和军队如果不做出反应,将意味着中国南海政策的坍塌。

五角大楼欲在南海采取激进行动,不意味着中美关系从此山穷水尽。

美国的鹰派不接受中国崛起，但美国社会与日益强大中国的交往继续朝着纵深迈进，美国的对华关系存在明显的两张面孔。

中国也需要构筑两张面孔，准备出两手。两国的战略关系需要继续发展，交流与合作可以尽情发挥。与此同时，中国对美严厉的一面也必须建立起来。中国对美采取防守态势，但这种防守应是豁得出去的。美军如果在中国近海打破与中国军队"打交道"的现状，朝着挑衅中国的方向迈步、加码，中国军队就应坚决对其做出反制，对此我们也要让华盛顿"毫无疑义"。

中美军队有可能在南海发生某个时刻的对峙，甚至更严重的情况。如果避免这种情况的发生只是中国一方的愿望，那将是很糟糕的。中国必须努力让美国同时具有这样的愿望，而这很可能不是中国通过对美国讲理就能做到的。

在中国继续发展的路上，维持中美合作的局面必须以中国能在美对华冒险时让其付出相应代价为条件。如果美国一定要在南海验证中国的这种能力，那么中国就应毫不含糊地将这种能力展示给美国看。

什么"航行自由"，中国对南海真正的航行自由从来就没反对过。但美国军机如果非要飞越中国岛礁的上空，其军舰非要进入中国岛礁的12海里海域，那么我们相信中国军队将证明，美国的这种强盗式行为选错了地点和对象。

中美和平共处看来是需要用软硬两手共同争取的，单一的示好和单一的强硬都不可能达成中美之间的战略稳定。这或许是中国做大国必须学习的一课。

（环球时报 2015-05-15 第 3607 期第 14 版 | 国际论坛）

克里访华没出"对中国施压"的猛料

美国国务卿约翰·克里在刚刚过去的周末访问中国,习近平主席和李克强总理都会见了他,中美双方应当说实现了一次深度沟通。

中国官方新闻机构报道了习近平主席会见克里时的谈话。这些谈话显示了中国领导人的视野和战略高度,对如何看待处理两国分歧同构建中美新型大国关系之间的联系,也有重要启发意义。中国人重战略大局,这对战术上的坚持和灵活性构成了根本指导。

美国媒体大多抱怨克里此行没能促成中国在南海岛礁建设问题上的让步。在克里访华之前,美方释放了一连串对华强硬的信号。五角大楼放风有可能向正在扩建的中国南海岛礁派出军舰和军机,闯它们的空域和12海里海域。美官员还表示克里将向中国重申南海航行自由权,让中国"毫无疑义"。

然而这些在双方各自做的新闻通报中都没怎么提及。双方公之于众的谈话洋溢出积极的调子。克里在接受中国媒体采访时还表示"欢迎中国成为世界第一大经济体",并强调美国反对亚投行是一种"误读"。

一些人相信,如果中美双方在闭门会议中谈了更多,克里在北京收到中方重视中美关系信号的同时,显然也更加清楚了中国不会在主权问题上做让步的坚定态度。美方对其一旦在南海直接挑衅将会遭到中国的坚决反制,大概也比过去更加"毫无疑义"了。

多数中国的战略研究者认为,中美关系当下仍可用"总体上稳定"来概括。两国并未掉入相互展示强硬姿态的螺旋下坠通道,用互说狠话测试对方意志并不合时宜。南海只是中美关系庞大内容的一小部分,两国都不想把有着广泛共同利益并且不断收获好处的这对大国关系搞砸。

中美下月将举行战略与经济对话，9月份习近平主席将对美做国事访问，接下来的中美关系有很多利好和动力，它们将对南海等问题的负面牵制产生抵消效应。

近来美国学界和商界泛起一些找中国茬、撺掇政府对华强硬的情绪。一些人希望政府通过施压迫使中国在从南海政策到营商环境做出一系列让步，这些主张一部分出于对中国崛起的泛泛担心，一部分出于为在中国获得更多商业利益的考虑。

美国媒体经常说这个国家的精英"在对中国失去耐心"，它们在发希望能被中国当真并影响中国做出改变的牢骚。

然而中国在成熟起来，北京非常重视让中美关系保持基本的健康发展，促使它走向新型大国关系。与此同时，中国对保护自己的核心利益表现出认真和坚决的态度，在维护中美关系平衡方面，中国更熟练也更自信了。

因此不存在美国高官来中国单方面展示强硬态度的可能性。无论谦和还是强硬，它们能从中方获得的回应都是可以预见的。中美互动的规则不由华盛顿单方面来定，美国舆论应在这方面采取现实主义的态度。

克里访华进行得"按部就班"，没出什么可供媒体高调炒作的"猛料"，这本身构成了重要信息。中美关系很难被一个局部的情况主导，大量信息和倾向在这个超级框架里相互对冲，让乐观和悲观都难以是彻底、绝对的。南海问题从根本上说不是中美之间的问题，其演变的逻辑主要由中国与那些直接当事国的互动来界定，美国的影响力是有限的。

（环球时报 2015-05-18 第 3609 期第 14 版 | 国际论坛）

美战略对话应达到四个目标

第七轮中美战略与经济对话和第六轮中美人文交流高层磋商定于美国时间 23 日至 24 日在华盛顿举行。此轮对话的背景比以往要复杂、紧迫些,因而它们的意义被普遍认为更为重要。在我们看来,中美双方应通过这次对话实现以下四个目标。

一是这次对话要为习近平 9 月份访问美国做好铺垫。该访问是中美关系的大事,也将是奥巴马任内中美元首最后一次在正式国事访问中进行交流。它将会影响下一阶段中美关系的基调,塑造后奥巴马时代中美关系的基础。

而要做好这种铺垫,中美两国就需通过这次高级别的全面对话给两大国之间的热点问题降温。它们首先是南海问题,还有被热炒的网络安全问题。围绕南海中美官员和媒体前段时间有针锋相对的表态,美国有挑衅性动作,中国也不示弱。现在中国宣布南沙岛礁陆域吹填即将完成,双方降低调门有了更多条件。美国助理国务卿拉塞尔近日表示,美国有坚定决心避免与包括中国在内的各方发生军事冲突,这与华盛顿前段时间的强硬姿态有很大不同。

第三是要利用这次对话的机会缓解中美战略互疑,中方需把美方所关心的一些中国涉外调整对美解释清楚,比如中国就管理境外 NGO 立法,将意识形态安全写入国家安全法不意味着中国要关上大门。中国也不会从一个安全上的防御型国家变成扩张型国家等。不断发展的中国需要更多政治经济空间,但这与美国国家利益完全可以不是对立的关系,只要美国不是以霸权思维看待 21 世纪的世界。

美方也需针对中方的关切和担心进行解释，它们包括在中国人看来"亚太再平衡"战略就是针对北京的，华盛顿明显在周边与中国的摩擦中煽风点火、拉偏架，等等。中国并没有"逢美必反"，但美国在涉华问题上越来越"逢中必反"。中国社会对美国口头上说一套，而实际行动却逐渐滑向"遏制中国"的感受颇为强烈。

第四是中美应力争在经济合作的规则上获得新突破，尤其是把双边投资协定谈判继续向前推进，并使人民币进入IMF特别提款权一篮子货币。这些都是中美经济对话的实质内容，也是影响两国社会对中美新型大国关系看法的重要砝码。

中美关系的宽松感在减少，促使"小事"变成"大事"的氛围在增加，根本原因是中国崛起达到了令美国警惕的水平，引发了美国社会、特别是精英层的严重不安。一些中国正常的权利和举动被美方上纲上线，当成中国测试美方底线的行动，中国同周边国家有摩擦，或对第三方事件的任何姿态，都被看成是对美态度的迂回展示。

对中国来说，这是我们第一次与世界第一大力量处理"两强的关系"，我们不太确定来自对方的防范和所谓"遏制"对中国的潜在伤害究竟能有多大。我们也不太清楚，目前中美的不信任究竟是可以解决的，还是大国之间注定存在、需要接受并加以管理的。我们甚至也不肯定，美国对中国崛起的非理性反应是可以理化解的，抑或只能通过力量的博弈来处理。

中国提出建立中美新型大国关系，实际上是主张中美以建设性的态度对待两国关系中的现实困难和重重疑问，确保任何问题都不对两国关系造成全局性冲击，避免不可收拾后果的出现。

现在看来，这样的战略意愿中美主流社会似乎都有，但它不断遭到临时性因素的干扰，中美之间的一些具体冲突常常变成两国关系的"主题"，使两国互视的战略定力发生动摇。这些或许不是一次战略对话就能彻底解决的，但中美战略对话应是对这些倾向的强有力对冲，它们能为避免恶性循环做出决定性贡献。

（环球时报 2015-06-23 第 3638 期第 14 版 | 国际论坛）

中美"互诉衷肠"比互示强硬好

中美第 7 轮战略与经济对话 23 日在华盛顿拉开帷幕，作为东道主的美国副总统拜登致开幕词。拜登称欢迎公平和健康的竞争，强调美不惧中国崛起，认为中国和平崛起有利于全世界。中国财政部长楼继伟在会议期间表示，美国应当对全球经济复苏承担更大责任。目前，中美两国贡献了全球增长的 40%，根据他的统计，其中中国贡献了约 30%，美国贡献了约 10%。

拜登"欢迎中国和平崛起"的表述在很多中国人听来像是半真半假，但是即使这话有不真诚的成分，美国高官经常这样说话，总比对中美关系说狠话要好得多。就在对话举行时，美国国防部副部长罗伯特·沃克强调"中国正在努力挑战美国的空天优势"，拜登的话和沃克的话放在一起，还是拜登的话更有利于中美增加善意互动的。

中国呼吁美国多增长，要更像世界第一大经济体的样子，为世界经济承担多一些责任，这是一种善意的抱怨甚至批评。但一些美国人相信中国人巴不得美国经济垮掉，北京希望美国在经济上"影响第一"或许有助于消除后者担心。

中美保持了迄今为止人类历史上大国崛起和守成之间相对最文明的博弈关系，但是双方都不踏实，中美都在对两国关系的更坏情况做预防性准备。此外，两国都经常有人因为彼此的某个具体摩擦或冲突情绪冲动，美方尤其不断有针对中美关系的激烈言辞出笼，这加剧了双方对未来中美关系的不确定感。

然而中美战略互信难，但真要"决裂"，似乎更难。与冷战时期相比，全球化给大国关系带来的变化相当深刻，中美作为战略信任稀缺的两个大国有如此紧密的经济利益联系，形成所谓"你中有我，我中有你"的局面，这是主张以传统强硬姿态处理中美关系的人始料不及的。

冷战时期东西方可以是大体隔绝的，西方在它们的圈子里繁荣，以苏联为中心的东方在自己的圈子里"经济互助"。中国当时甚至可以一度同它们两头都不相往来。

如今这样的格局完全垮掉了，就亚太来说，美国与澳大利亚是重要盟友，但美中经济合作规模十余倍于美澳。作为一个假设，美国更容易同澳大利亚"翻脸"还是同中国"翻脸"呢？这是个颇为有趣的问题。

形势比人强，一些美国鹰派可能挺烦在经济上同中国"纠缠不清"，但让美国经济同中国"一刀两断"，恐怕连他们都不敢想象。

中美关系很可能没有第二条路，只能在磕磕绊绊的同时不断扩大并稳固双方的合作，摸索21世纪的新型大国关系。随着两国就中美关系犯重大错误的代价越来越高，出现那种错误的可能性也将逐渐变小，中美对各自战略安全的认识将随着现实不断修正，今天两国安全所必须倚赖的那些条件也将不再那么绝对。

中美两大国如今仍需要不断坐下来"互诉衷肠"，告诉对方"我没想把你怎么样""我们可以成为朋友"，许多年以后回头看，这也许是挺滑稽的一幕。然而这却是人类历史在关键时刻的关键场景。中美现阶段闹矛盾的机会太多了，虽说合作像是大趋势，但很多人对这种趋势的真实性将信将疑。这个时候对信心的每一份增添都非常可贵。

最后我们想说，美国经济总量仍比中国高出一截，质量遥遥领先。从中国的角度看，美国社会自信的流失似乎过快了。中国全面赶超美国谈何容易，它甚至根本不是中国社会的一个成形目标。中美各自都应专注于发展，针对对方搞"小动作"对中美这样量级的国家而言不会有什么作用，除了制造一些泡沫般的烦恼或沾沾自喜外，带不来什么实际的影响。

（环球时报 2015-06-25 第 3640 期第 14 版｜国际论坛）

希拉里向中国开火理应遭回敬

美国民主党总统候选人希拉里·克林顿星期六向中国开火，她在新罕布什尔州的一场竞选活动上宣称中国"试图黑进美国国内一切不能动的东西"，并说中国军事"扩张得非常快"，威胁到菲律宾等美国盟国。

一到美国大选，中国必然躺枪，现在躺枪的季节又来了。美国总统候选人骂中国通常有两个规律，一是他们对选情感到担忧的时候，就会骂中国。二是大选临近的时候，他们会骂得更多。原因是骂中国这一招在美国既雷人又比较保险，候选人往往觉得"不用白不用"。

今年 4 月到 6 月，希拉里没拿中国说事。现在她"开骂"中国，很可能是杰布·布什出来影响了她的自信，促使她早早带头树起了中国靶子。

美国选民大多对外交事务了解得很少，拿中俄等开涮来蒙选民，骗选票，对当过国务卿的希拉里来说尤其是长项。几乎可以肯定，希拉里现在怎么说中国，与她一旦当上总统后怎么对待中国，没多少直接关系。希拉里的丈夫比尔·克林顿当年竞选时骂中国很不客气，但他在总统任上和卸任之后都成了中国的"好朋友"。

美国选民还是挺容易忽悠的，他们似乎不太追究候选人当选总统前后对中国态度的差异。当然了，也可能候选人对他们的哄骗太多了，在中国问题上前后不一还算是轻的。

希拉里星期六选择网络和南海这两个点攻击中国，不像她8年前竞选时就人民币汇率发难，说明她还挺"与时俱进"的，找了中美之间当下最热的两个话题。由于她现在眼睛里只有选票，别的什么都顾不上，也印证了这是两个能在美国公众中引起共鸣的话题。今后其他候选人要想从中国身上揩油，大概同样会从这两点下手。

美国总统候选人要想以此影响中国的政策是妄想，但他们能够给美国的对华舆论增加波澜。中国舆论对他们不必客气，对有可能胜选者用不着给他们"礼让三分"的待遇。他们知道自己现在说中国的很多话有多么不靠谱，因此也不应有不遭到中国舆论回敬的指望。

希拉里奚落中国是竞选术，不是中美关系正儿八经的一角。中国舆论扔回她几句，也跟当下或未来的中美关系扯不上多少联系。她今天就是为了选票什么都肯干的一个竞选政客，如果她有一天成了总统，相信她会更自尊，那时中国舆论再更尊敬她不迟。

至于中美在网络安全上的纠纷究竟是怎么回事，两国政府应当加紧协调，建立相互尊重核心利益的规则。不能一个担心航母的指挥系统遭入侵，另一个担心三峡大坝的闸门被对方控制。中美两大国在现实中发生冲突难以思议，在网上如果恶斗起来，这两个国家和整个世界恐怕同样受不了。

（环球时报 2015-07-06 第 3649 期第 14 版 | 国际论坛）

北京与莫斯科通高铁，是梦又不是梦

北京与莫斯科之间会出现一条高铁吗？北京市新闻办的官方微博@北京发布 22 日说，这一大胆构想处于"拟议中"。它全长超 7000 公里，穿越中国、哈萨克斯坦和俄罗斯，项目投入预计 1.5 万亿元人民币。该条微博还同时提及贯穿朝鲜半岛的东北亚通道以及中国与西亚、南亚相连接的陆地交通设想。这个话题的总由头是"构建邻邦旅游大通道"。

@北京发布这条信息来源于社科院等官方研究机构联合发布的最新《旅游绿皮书》，该绿皮书畅谈邻邦旅游，并从这个角度审视中国周边高铁网建设的构想。

把周边国家用高速铁路同中国连接起来，这样的构想大概不是异想天开。在研究层面上，它们早就存在，但离成为实际操作方案还有相当远的距离。一条跨国高速铁路的出现，不可能专为旅游服务，其战略意义非常丰富，因此探讨它们至少不是坏事。

互联网上对"中俄旅游高铁"一片否定声，从反对者要求"修高铁要讲实际效益"这点来说，并没有错。这也是国家对每一条高铁可行性研究的首要问题之一。国家哪会那么蠢，把有限的资金投入到明摆着要赔本的买卖上。

如今媒体格局剧烈变动，很多"官方媒体"的实际官方性质大大削弱，准确性和权威性都打了折扣。各种民间舆论力量经常对前者发布的信息进行引申，形成轰动的舆论事件，这成了近几年中国舆论场上的特殊"消费"。

比如这一次，不能乱上项目本是中国全社会的共识，那些激烈的骂声根本搞不清楚是谁跟谁在掐，给人总的感觉就是社会上仍有一些人有情绪，他们为发泄这种情绪又找到了一个出气口。

北京、莫斯科之间即使真连高铁，也不可能全由中国掏钱。俄哈境内的部分肯定要由他们自己出。而且如果有这样的规划，它将是对三国各自修铁路的长远协调。比如莫斯科与喀山之间的高铁已经立项，俄罗斯如果有钱，这条高铁就可以继续往东修，一直建到哈萨克斯坦边境。中国境内北京至乌鲁木齐的高铁大概用不了几年就能通车了，再往西修一段就到了哈国的另一侧。剩下的就是哈国的事了。

中国高铁东西大干线显然不是专为中俄高铁计划建的，它是中国自己的需要。如果俄哈能配合，也大建高铁并与中国的连起来，这对中国有什么不好？而且，这哪里用得着中国政府掏1.5万亿！

中俄高铁是中欧大陆桥更雄心勃勃设想的一部分。这样的战略构想推动起来很难，除了经济原因，政治等其他因素十分微妙。但往远处看，中欧实现快速交通线的联通大概是迟早的事，在漫长的过程里有一些力量为它的实现鼓与呼，尽管当时看有点罗曼蒂克，但这种希望的延续符合人类的利益，也对中国的国家利益具有正面意义。

人是需要敢想敢干的，一个国家亦如此。中俄高铁这样的构想一露头就被无数只脚猛踹，反映出中国互联网舆论场的现实主义化是多么彻底。这有积极方面，但也是一种缺憾。

尤其是年轻一代，他们的成长需要解决实际问题和需求的勤奋，也需要浪漫主义的召唤和引导。别一说登月和建大型工程就像偷了有些人的医药费和养老金一样。中国既要有越来越好的医疗和养老制度，也要最终把自己的宇航员送到月球上去，我们鱼和熊掌都要。

（环球时报 2015-01-23 第 3521 期第 15 版 | 国际论坛）

请莫在网络时代对华搞"文化冷战"

中国同美国及西方主要国家的关系从没有像当前这样微妙、复杂。一方面，中美关系丰富、全面，而且像是很难动摇。中欧关系在政府接触和经济交流层面更令人鼓舞。另一方面，"西方"作为一个整体对中国的意识形态攻击非常活跃，而且常常显得"凶狠"。如果单看西方媒体的报道，还有美欧一些议员、社会精英对中国说的那些话，它们合成的简直就是对中国的"文化冷战"。它对美欧同中国关系的破坏力正变得日益严重。

美欧一些人在对华问题上的冷战思维十分顽固，但由于时代变了，全球化深刻影响了大国打交道的方式，对华冷战变得不切实际。合作成为美欧与中国关系不可回避的内容，它因为带来了双赢的好处，逐渐获得战略上的合法性。

但是随着中国日益强大，西方一些人的不适感与传统的意识形态偏见加速合流，主导了美欧对中国认识的方向。西方舆论对中国的态度不像是对一个与其多方面合作伙伴应有的样子，很多西方意见领袖和主流媒体把中国树成对立面，以对待"冷战对手"的态度谈论中国发生的事情。

这让中国颇为为难。我们很清楚中国同西方不是冷战关系，对有可能引导冷战出现的各种因素保持警惕，即使美欧有一些人在那样干，我们对如何接招也难免犹豫。但是西方一些力量通过种种途径，尤其是通过互联网对华搞"文化冷战"，会对中国国内的一些思想及舆论领域产生作用，强化中国的问题，引导、诱发一些危险的倾向，中国不可能对此无动于衷。

自改革开放以来，中国社会总体上对西方采取了文化开放态度，对于西方舆论一再表现出来的咄咄逼人，中国公众既很气愤，也在不断劝自己要"豁达些"。中国有不少人提出西方舆论"对自己内部的问题也很狠"，他们对华毫不客气实属"难免"。无论如何，中国社会对西方的不满是防御性的，我们的反击也算得上克制。

说实话，我们不希望西方部分力量对中国的"文化冷战"不断扩大，最终导致中西之间文化上毫无回旋余地的对立。那样将侵蚀中西合作的基础，不断诱导中西双方审视、评估各种摩擦时"往最坏的方面想"。

由于西方仍是对华文化关系的主导方，美欧主流精英应当意识到问题的严重性，主动多发出一些有利于中西沟通的正面声音，平衡他们那里制造敌意的力量。不要以为这些都是虚的，中西之间的合作在自发成长，现在最缺的是战略互信，而放任意识形态的冲突是针对中西关系施放慢性毒药。

中美之间不需要冷战，中西之间也要避免"文化冷战"。西方一些精英不能因为有话语霸权就任性，就搞妖魔化中国的大合唱。如果21世纪成为中美对立的世纪，那么那些西方鹰派精英是第一批需要揪出来的历史罪人。

如何应对西方一些力量的意识形态进攻，尤其是那些力量与中国"网上反对派"的呼应及联合，这将是中国长期面临的考验。中国对这些进攻不能不防，同时又不能让这种防备扩大成我们对西方的总态度，影响我们对外开放的坚定性。中华民族决不能被这张考卷难倒，中国需进一步发展，积累随之而来的更多自信，这或许是破解难题最关键的那条辅助线。

（环球时报2015-01-26 第3523期第15版 | 国际论坛）

美笔会煽动西方作家对中国不满

总部在纽约的美国笔会中心20日发表一份长达30页的报告，指责中国在翻译出版西方作家的书籍时对部分敏感内容进行删节。该报告用"肢解""动刀"等夸张词汇描述这些删节，并宣称很多西方作家对他们著作在中国出版时的这一情况"并不知情"。对那些与中国出版商主动配合的西方作者，该笔会表达了不赞成的态度。报告罗列的一些例子包括涉及中国"89政治风波"、以及有关刘晓波等敏感人物的描述。

必须指出，美国笔会中心的这份报告除了给西方媒体提供了攻击中国的又一枚炮弹外，没有任何能够推动中西出版交流的正面意义。相反，它只能在中西文化交流日益深入的时候添乱，侵蚀逐渐积累的相互理解，制造彼此间的警惕。

中国社会的发展阶段和路径都有别于西方。现代出版业兴起于西方，其一路发展与西方社会的整体发展高度融合。出版业的现状与西方政治现状高度对应，开放区域和敏感部位在从文化到政治的各个领域是贯通的，很少存在对不齐、相互打架的情况。

中国是后发社会，过去的一个世纪从外部世界引入了大量思想文化及经济政治管理素材。这些素材在参与构建中国的社会体系时，会不同程度经历"中国化"的过程。西方的元素在今日中国几乎无处不在,但"西方"决不可能成为中国社会的一个中心。

西方的材料进入中国后的排列方式难免有变化,它们的"对位"原则必须以中国社会的利益为出发点,因此从西方角度看有时是"错位"的,但对中国来说却是顺理成章的。

新闻出版自由的观念已被中国社会接受,但它同时要照顾这个社会因开放不久而产生的某些内部脆弱性。很多书籍进入中国具有总体上的积极意义,但它们有个别点触及了现实的敏感部位。怎么办?做适当删节后出版这些书籍恐怕是中国读者、出版商、西方作者各方利益的最大公约数。

中国从几乎不能出版西方的著作到大量翻译出版它们,显然是巨大的迈进。这期间很多禁区不断打破,敏感区域从较长的时间段看也逐渐减少。中国公众同西方著者的交流越来越及时、直接。

中国翻译出版西方著作没有对西方作家造成过损害,事实上有些西方作者虽遇到过删节,但摩擦很少因此而生,绝大多数人都理解中国图书市场的环境。美国笔会中心以如此激烈的态度发难,很像是一种煽动。

西方一些精英狂热地向世界推销他们的价值观和意识形态,发展中国家学习西方意义上的"新闻出版自由"容易,但它们有可能因此付出沉重的社会动荡代价。一旦酿成悲剧,伤口只能由发展中国家自己舔,西方不会帮着埋单。

由于西方对发展中社会的影响经过几轮渗透扩散,那些社会中围绕新闻出版自由往往存在持续的争议,很难一劳永逸地予以解决。这种情况助长了西方一些人搞美国笔会中心上述报告的类似嚣张。那些已成陈词滥调的西式"套话""空话"不断发表出来,骚扰中国等新兴国家。

然而中国社会的耳朵逐渐被这种指责磨出了茧子，我们的分辨力、适应性，包括对内部一些不同反应的承受能力都不断增强。众所周知，美国等西方社会的新闻出版也有种种忌讳。有国人注意到，中国科幻小说《三体》第二部在美国出版就不得不为照顾"女权主义"等做出繁琐的删改。这样的抱怨和指出也代表了中国人对美国频繁指责中国的一种态度。

（环球时报 2015-05-23 第 3614 期第 7 版 | 国际论坛）

美媒忽悠缅甸：宁要美国草不要中国苗

《纽约时报》近日又发文章，污指中国在缅甸的投资给缅国内的民族冲突"火上浇油"，无端指责中国在缅甸的调停和对避难者的帮助"远非像北京自称的那样无私"。该报甚至宣称中国"虐待了"缅甸进入中国境内的边民。1月25日，《纽约时报》曾发表社论指责中国"掠夺缅甸的资源"，这些文章对中国与缅方的各种合作都做了夸张式的恶意解读。

需要指出，中国同缅甸各方都保持着正常关系，中国不干涉缅甸内部事务的态度认真严肃。迄今为止，缅甸政府及反对派关于中国对缅政策的看法都很积极，那些消极、恶毒的有关评论大多来自缅甸境外，尤其是来自美国等西方国家的政治或舆论力量。

缅甸反对派领袖昂山素季对中国在缅投资的铜矿进行调查后，得出了客观、正面的评价，而西方的非政府组织在破坏中资声誉方面十分活跃，给该铜矿编织了各种罪名。

不能不说，西方有些人在对待中缅关系上"挺坏的"。比如《纽约时报》代表的那部分美国精英,不难理解缅甸虽有内乱,但它的几千万人民需要生计,需要就业,而开展对华经济合作是维持缅甸经济正常运行的重要途径。中国周边国家无一例外都受到中国经济发展的影响,它们对中国采取闭关锁国的政策几乎不现实,它们都在不同程度上向中国资金开放,并把中国当作最大的贸易伙伴或者最大进出口市场之一。

缅甸的民族矛盾自20世纪40年代该国独立以来就一直存在,认为与中国做生意会恶化这些问题,是非常奇怪荒诞的逻辑。中国周边国家有内部民族纠纷的很多,它们又无一例外都是中国的经济合作伙伴,这两者之间有因果关系我们还头一次听说,而且这一指控来自一家美国主流媒体,后者不会因为亚洲动荡而受到损害,其动机很值得怀疑。

美国媒体和NGO如此强烈反对中国与缅甸发展经济关系,那么美国政府和企业是否应当在促进缅甸经济重建方面动点真格呢?美国人别光是向缅甸输出"民主价值观",他们还应当帮助缅甸创造就业机会,向它提供贷款,帮它修路架桥,推动它的工业化。美国不能把一个国家搞乱然后就扔在一边。

美国现在不肯掏钱实质性帮助缅甸,却又说中国人的资本都是"肮脏的",要缅甸人宁肯穷下去,饿肚子,也"不上中国的当"。真是宁要"美国的草",也决不能要"中国的苗"。美国这些人的心态实在让我们难以理解,他们莫非真的很希望缅甸等亚洲国家的人民永远贫穷下去,长期做膜拜美国文明的可怜学生?一些人相信有的美国精英就是这样傲慢而缺少善意,至于实际情况什么样,还是让时间来回答吧。

美国的一些极端主义者看来主张在所有领域都"政治挂帅",我们不知道,他们是否认为美国同"共产主义中国"的巨大贸易额都是"罪恶的"。他们是否觉得,美国通过国债向中国大量借钱更是一个错误,他们是否有决心从不使用任何"Made in China"的生活用品。

美国就是存在一群善于装蒜的人，他们大概觉得缅甸人"蠢""好骗"，所以敢如此不顾事实地指鹿为马，颠倒黑白。他们一定认为这是美国舆论可以在亚洲畅行无阻、为所欲为的时代。

（环球时报 2015-03-07 第 3552 期第 7 版 | 国际论坛）

亚投行，中国的"和"赢了美国的"斗"

中国发起成立亚洲基础设施投资银行，从一开始就遭到美国的抵制。要是倒退几年，中国大概不会下这个决心。

英国上周正式宣布作为意向创始成员国加入筹建中的亚投行，带动了多个欧洲主要国家和亚太国家立场的转变或松动，亚投行的前景变得相当晴朗。很多评论认为，当前的局面证明了美国压制中国崛起的能力捉襟见肘，中国在赢得围绕亚投行竞赛的同时，也赢得了未来的一些重要权利。

然而中国肯定不会主动把亚投行的事情变成中美之间的一场赌博。对于"一带一路"是对美国"亚太再平衡"战略的"反平衡"之说，中国也决不会接茬。以同美国对立的方式谋求"突围"，这有悖中国的传统哲学。

然而"一带一路"和与之相关的亚投行是中国走向世界的大战略，它们无疑属于中国"有所作为"的开创性之举。外界的各种议论和解读不可能都是妥帖的，也很难是促中美互信的，中国必将面临美国充满疑虑的审视，并遭遇它的挤压。

如果中国一切都听美国的，会换来更多的一时平静。但中国的发展要求我们在对外政策中坚持独立自主原则，包括采取一些可能受到尖锐解读的对策。

我们看到，亚投行构想推出至今，第一批意向创始成员国就有21个，后来各国以多种方式表达兴趣，直到出现英国申请加入及多个欧亚主要国家松动或转变立场。美国的态度依然如故，但亚投行事务带给中国外交的正面因素，远远多于负面因素。中国的这一"作为"并没有导致中美之间的特殊紧张，却通过获得越来越多欧亚国家的配合、理解，拓展了中国外交的积极面。

一个重要原因是亚投行这个项目中国选得准，它符合世界大多数国家的利益，美国想用地缘政治的方式遏制它，但美国的理由不接地气，无法有效实施。美国的"斗"与中国的"和"相遇，后者显示了特有的力量和优势。

有所作为既是一种原则，也是中国经济发展以越来越大规模与世界互动时的必然趋势。中国的作为是谋求共赢的，而不是冲着美国去的，我们坦坦荡荡地往前走，世界终将看懂中国并走向与我们的合作。

亚投行的利好消息让人看到"一带一路"战略的稳健步子，这一切是世界对中国外交"有所作为"的认可。中国社会必将从局面的不断向好转变中收获信心，也积累如何在复杂国际环境下发挥中国作用的经验。

很多人担心中国的外交环境很大程度上受到美国力量的操控或渗透，亚投行事务的进展则告诉我们，中国是本国命运和道路的真正掌控者。我们需要做的是在有所作为的同时，充分调动自己的智慧，让自己更有心胸，更富弹性。

如果亚投行的起步比较顺利，说不准美国有一天会改变态度，也愿意成为该行的一个成员国。只要中国继续发展，走得足够平稳，这种可能性可不是不着边际的。

（环球时报2015-03-18 第3561期第14版 | 国际论坛）

第三章

共赢新思维

"安倍谈话"诚恳谢罪才是真自尊 / 德国是面镜子，难免照出日本原形 / 日本外相雷人雷语:日德不可比 / 输理的日本迷上旧货市场一地图 / 如果周边为"东京大轰炸"叫好 / 中日关系在不平静中走向改善 / 美日才是"心存觊觎和幻想"的国家 / 安倍喝酒后胡吹，日本应为之脸红 / 日本为什么对中国很重要，反之亦然 / 安倍被自己的"理想"灌醉了 / 日本何必因亚投行矫情自辱 / 日本投1000亿与亚投行斗，难

"安倍谈话"诚恳谢罪才是真自尊

日本首相安倍晋三上周召集协助他起草二战结束70周年"安倍谈话"的专家开会,他是否会继承"村山谈话"及"河野谈话",国际社会高度关注。安倍提出为他撰写谈话的"五大论点",其中只有第一点是"从20世纪汲取的经验教训",后面四点谈的都是日本战后的和平主义、对世界的贡献及当下日本应有的政策措施等,看来是要夸日本。

至于日本要汲取哪些"经验教训",安倍一直不明说。2015年1月25日有日本记者问他,村山及之后小泉的谈话中都有"殖民统治""侵略""深刻反省""谢罪"等关键措辞,"安倍谈话"是否继续使用它们呢?对上述四个关键词,安倍只在回答中提到了"反省",其他三个词都回避了。

安倍表示,他的政府将"整体继承"历届内阁的谈话,但并不意味着原封不动地沿用过去说过的词汇。

日本最大反对党民主党党首冈田克也就此批评说,安倍的表态显示,"安倍谈话"准备抛弃"村山谈话"的关键精神。这样的批评声以及担忧在日本社会大量存在。

分析人士大多认为,安倍在内心深处是抵触"村山谈话"及"河野谈话"的,但他面临国内反对力量的牵制,改善与中韩关系是他绕不开的外交目标,而中韩对他继承上述两个谈话盯得很紧。此外美国也反对他颠覆性修改战争评价,因此他不断释放探测气球,揣摩他能离经叛道的尺度。

今年是反法西斯战争胜利70周年,欲在这个时候通过正式谈话否认日本在亚太的战争罪行,或者对其做轻描淡写处理,这在外界看来是愚蠢的。日本右翼对自尊的认识与普世的自尊大相径庭，他们国家七八十年前的军队侵略了，殖民他国了，抓慰安妇了，烧杀抢掠了，他们觉得承认这些事实是一种羞耻，认真道歉更是奇耻大辱，而咬紧牙关，能少承认就少承认一点，才是现代日本人的勇气。

难道是中韩等亚洲国家"小心眼"，非要日本领导人说他们难以启齿的话吗？让我们看看日本领导人加起来都说过些什么吧，即使"最深刻的"，核心也大致就是上文那四个词。它们能跟战后德国领导人所做过的深刻忏悔相比吗？好意思比吗？

如今村山首相等人做过的道歉和反省，安倍还要在70周年的时候再"省下几尺"，日本右翼的荣辱观真是让我们服了。这样下去，"安倍谈话"还反省个啥，直接说"日本当年做得对，侵华侵朝侵东南亚等都是为了建立'东亚共荣圈'，而且日本是二战的主要受害者"，不就得了。

中韩等国社会还没有"豁达"到日本右翼希望的程度，那场战争的伤口仍在不时疼痛，我们做不到帮着他们一起粉饰日本军国主义者的战争罪行，更不可能对今天一些日本政客相关的拙劣表演不闻不问。如果"安倍谈话"在反省战争的问题上不及格，中韩舆论一定会激烈发声，一场大辩论无可避免。世界将通过这样的辩论更加清楚日本在二战的亚太战区干过些什么，日本政府错误的做法将让它的国家在全人类面前进一步蒙羞。

我们希望安倍政府有跳出历史问题游戏的大胸襟，而不是把它像一根跳绳一样舞得让人眼花缭乱，以为那就是水平。请安倍政府在剩下的几个月里别东试探、西试探了，还是好好说服自己的心吧。

（环球时报 2015-03-03 第 3548 期第 14 版 | 国际论坛）

德国是面镜子，难免照出日本原形

德国总理默克尔今年到日本访问，今年是反法西斯战争胜利70周年，德日这两个有重大历史污点的国家凑到一起，让全世界舆论都饶有兴味。

默克尔是因为德国今年要举办西方七国首脑会，须遍访所有参加国，因而对日本做此工作访问。历史问题本不是她此访的主题，但媒体可不管这一套。让大家津津乐道的是，这两个国家一个被普遍认为是"反思历史的榜样"，与周围国家做了成功和解。另一个则是顽固的"翻案"国家，对曾经做过的侵略能抵赖就抵赖，能少说就少说，并因此与周边国家陷入马拉松式"历史认识之争"。

由于今年是二战结束70周年，既然德国总理到了日本，那么总要就历史问题"说几句"的。分析人士普遍认为，她不会开罪东道主，但也不能不做表态。

结果是，默克尔在东京的一则讲话中同时提到"正视历史"和"大度姿态"，强调"正视历史是和解的前提"。她说，"如果没有邻国的大度姿态，和解不可能实现。但更主要的是，德国也有着实事求是面对历史的意愿。"

有一点值得一提：中韩等国以很轻松的心态看默克尔访日，而东京则显得忐忑不安。之前的报道说，安倍政府很担心默克尔提历史问题，分析称这说明东京自知它在历史问题上"有短处"。

很有意思的是，日本右翼一直对历史问题耿耿于怀，不断试图翻案，但他们把自己的国家越来越带入窘境。日本大概也挺羡慕德国目前的样子：那么放松、清澈，历史是历史，现实是现实，整个国家已经摆脱了

70年前的那个包袱。

日本正相反。它越想摆脱什么，越被什么缠得紧紧的。日本政府一般10年正式做一次战争谈话，1995年村山首相谈及"侵略"和"殖民统治"，但在这之后，能否坚持"村山谈话"引发争论。到了安倍这里，他是否会搞一个更吝啬、缩水的谈话成为严重问题。但日本政府的这一倾向，中韩等周边国家都不答应。历史问题被越炒越热，日本干过什么全世界不仅知道了，还落个"日本态度非常不好"的名声。

从世界范围看，德国彻底反思那段法西斯历史，并没有因此"丢人"，反而彰显了当代德国人高尚的一面。日本的情况则是：历史问题已是硬伤，特殊际遇把它与德国一比，就更让它声名狼藉了。

中韩的态度本来就是想让日本就历史问题改变态度，大家彻底了结此事，一起面向未来。但日本偏要在这个问题上打折扣，拒反思，逼得中韩等国只好与其掰扯，捍卫公理和正义。时间长了，历史问题的拉锯战就成了一种常态，整个东北亚为它生了很多气，但损失最大的到头来还是日本。

默克尔在东京的讲话谈了很多，但世界媒体都突出报道了她对历史问题的表态。现在全世界都知道中日韩等就历史问题争执不休，西方舆论挺爱看这个热闹，但这当中日本是"赖账方"，而且它对中韩朝等国至少是1比3，每斗一次，世界就会把它多看清楚一分。

历史问题绝对是日本社会的负资产。它在为日本公众注入一种扭曲的历史价值观，一些人的荣辱感变得越来越奇怪。在国际上它逼迫日本从事一场毫无意义的国家荣誉保卫战，日本想淡化的事情被它自己搅得满城风雨。

中国没想把日本钉在历史问题的耻辱柱上，韩国大概也不是这个意思。但最重要的恐怕还是，日本政府自己别往那个耻辱柱上爬。日本需要处理好历史问题，然后认认真真过今天的日子。日本自己别瞎折腾，按规矩出牌，天下就会少些无谓的纷争。

（环球时报 2015-03-10 第 3554 期第 14 版 | 国际论坛）

日本外相雷人雷语：日德不可比

日本太逗了，其外相岸田文雄昨天对记者说，日本和德国在二战期间的经历以及在何种情况下进行了战后处理，邻国是哪个国家，情况都不同，因此不应将日德进行单纯比较。

德国首相默克尔 9 日、10 日访问日本，她提出"正视历史是和解的前提"，并且这样讲述德国的经历："如果没有邻国的大度姿态，和解不可能实现。但更重要的是，德国也有着实事求是面对历史的意愿。"

德国被认为是反省二战罪行的榜样，而日本被看成抵赖战争罪行的另一样板。把德日做对比已成世界舆论的狂欢，这让东京非常尴尬。

谁也没想到，岸田文雄作为日本最高外交官会公开反对舆论将日德做"单纯比较"。他让世界把安倍政府的虚伪做派逮了个正着。

这位外相大概想说法西斯日本与纳粹德国"不一样"，它比后者"好"。但日本人不知道，全世界只有他们才会这样想，对亚洲乃至世界来说，二战中的日本和德国一样负罪，对二战的重灾区东北亚来说，日本负罪更重。

二战结束后国际上设立了两个法庭，东京法庭是其中之一，德国被绞死 10 名战犯，日本被绞死 7 人。日本虽然没搞奥斯维辛那样的集中营，但日军的"三光"政策、活人化学实验、强征慰安妇等行为都臭名昭著。它搞的珍珠港偷袭是人类战争史上背信弃义不宣而战的绝响。

日本战后的经历与德国确实不一样，但差距是德国彻底反思，日本则对战争罪行轻描淡写。德国被多国占领，因而向全世界认罪。日本被美国一国占领，只向华盛顿交代。它大概把美国当成了"国际社会"，以为签了《旧金山和约》，战争罪行就一了百了。

日本与德国的邻国不同也是事实，但这个不同更清晰讲述了日本的罪行。德国的邻国与它还像是"交战国家"，而日本的邻国当时都很孱弱，日本的侵略更无辩辞。德国一直认罪、赔偿，日本则不仅"修正"侵略史实，连对慰安妇问题也百般狡赖。跟日本人谈战争能把亚洲国家烦得欲哭无泪。

日德两国当年的战争罪行可谓是一棵树上结出的两个毒果，外人看着"一模一样"，它们之间的所谓不同毫无意义。两国的最大不同在于战后反省的态度差之千里，安倍政府进一步拉大了日德的距离。

当默克尔出现在日本时，世界舆论非常兴奋。结果是默克尔坦坦荡荡，正面回应了舆论的对比。日本政府则悲悲戚戚，对这种比较充满了敏感。

岸田文雄犯了个中学生都知道应该避免的公关错误，他把日本没有道理时偏要讲出理的"神思想"和"神逻辑"展示得一览无余。世界知道了，这就是日本。

这个国家在历史问题上有些像是"没救了"，但我们希望这一结论最终被证明是个错觉。离"8·15"还有一段时间，希望安倍及其阁僚多看看世界对日本围绕历史问题表态的反应，别一条道走到黑。国际社会欢迎安倍当局在任何时候"迷途知返"。

（环球时报 2015-03-11 第 3555 期第 14 版 | 国际论坛）

输理的日本迷上旧货市场—地图

据日媒近日报道，日本外务省计划公布一份中国绘制的"将钓鱼岛标注为日本领土"的地图，据称它出版于1969年。日方想将这张地图作为它争取国际同情的"最新证据"。

必须指出，这一招很低级，即使日本真发现有那样的地图，也不会产生国际影响。中方早就发现，新中国出版的地图中有一版出过差错，它绘制于20世纪50年代，当时中日没有邦交，海峡两岸也无交往，地图出版者注明它是根据《申报》出版的地图绘制的，而《申报》曾在日本侵华期间被日方完全控制。

全世界历史上出版过的大量地图都曾涉及钓鱼岛地区，它们大多数可以证明钓鱼岛是中国所有。日本自己画的地图也有很多不包括钓鱼岛。如果中日拼地图，日本肯定输。因为日本所说的上述地图只是一个孤证，而中方握有的却是丰富的证据链。从历史证据到现代法理依据，日本都处于下风。

日本并不敢与中国面对面争辩钓鱼岛问题，它更喜欢"自说自话"，构筑一个孤立的"日本有理"系统，忽悠世界舆论。日本至今强调"不存在"钓鱼岛问题争议，但它又不断编段子对世界争辩说"这是日本的"，其做法非常纠结、矛盾。

中日曾在20世纪70年代谈判建交时同意搁置钓鱼岛问题，但日方率先打破约定，做出一系列单方面行动，将问题激化。几十年过去，日本应当发现，它并未能在钓鱼岛地区占得便宜。时至今日，日本单方曾经对钓鱼岛的"实际控制"已被打破，中方执法力量如今在该海域常态化巡逻，不断出入钓鱼岛12海里，从而形成中日双方对钓鱼岛某种意义上的"交叉控制"。

中日力量对比早已不是70年前，如今日本越闹，必招来中方的越多反制。几年前日本搞了钓鱼岛"国有化"，中国执法船队应声大规模出现在该海域并且"扎根"，过去是日本"执法船"驱离中国渔船，如今是中日双方相互喊话驱离。恰恰是日本的狂妄之举导致钓鱼岛的现实不利于日方的巨大变化。

如今日本要拿出一张图，好呀，它又在提醒中方。我们应动员世界各地的华人寻找地图，看看在过去的一两百年里全世界都是怎么画的钓鱼岛，看看日本的版图如何随着该国的野蛮扩张和最终惨败变来变去，那些地图不仅能证明钓鱼岛的归属，还能为日本侵略及衰败史勾勒一幅历史画面。日本是注重细节的国家，常常能做出令人意外的自我包装。从领土到历史问题都是如此。但日本不重视大理大义，看不清潮流与大势，因此总是最终的输家。从明治维新到二次世界大战，日本的一路崛起赢了无数细节，领土扩张再扩张，但就是忘了公理和底线，结果被几个大国联合收拾，一下子打回原形。

日本二战后丢了从库页岛、千岛群岛再到台湾岛等半个多世纪攫取的土地，重新缩回四个大岛。但日本没有真正汲取教训，分别同俄、韩、中闹起北方四岛、独岛、钓鱼岛问题。这个民族看来早晚还要再吃大亏。

如今它竟要拿出一张地图说事，这让中国政府恐怕都懒得理它。可以预期，日本还会有更新的花招，钓鱼岛问题将长期斗下去。我们不能不叹息摊上了如此难缠的一个邻居。

（环球时报 2015-03-11 第3555期 第14版｜国际论坛）

如果周边为"东京大轰炸"叫好

3月10日是二战末期东京大轰炸70周年,东京多地举行追悼法事,安倍打破日本政治惯例,以首相身份参加了当天的追悼活动。这是日本首相第一次参加对东京大轰炸死难者的类似悼念。

安倍在法事上表示,日本将"把惨痛的战争教训铭刻在心,为了世界永久和平做最大限度贡献"。他未对日本发动的那场战争使用"侵略"等关键字眼。世界舆论的总结是:安倍强调了日本在二战中的"受害者"身份,他在提醒世人,日本国民在那场战争中的悲惨遭遇。

东京大轰炸据称共造成约10万名日本人死亡,是有史以来最猛烈的非核轰炸。美国《国家利益》杂志网站发表的一篇评论称,美国应惊骇于日本的历史修正主义。该文说,如果日本是二战受害者的话,那么战犯就不是东条英机,而是杜鲁门了。

今年是反法西斯战争胜利70周年,其实每年日本都有一系列围绕自己因战争受苦受难,包括被扔原子弹、遭遇猛烈空袭的纪念活动。它们滋生、助长着日本社会的悲情,强化着日本民族对二战是非从未间断的独特认识。日本人对侵略战争的集体反思逐渐弱如蚕丝,经过新一轮与全球反法西斯纪念相反的活动,这样的细丝大概又将断掉几根。

日本列岛关于和平与战争的价值观与普世性认识有巨大差距,日本的确成了这方面的孤岛。面对日本关于二战中自我受难的大量描述,以及他们对侵略他国罪行的轻描淡写,世人或惊诧愤慨,或哭笑不得。日本的现代化处处显出国际范儿,怎么一到历史问题,这个国家马上变得如此另类、冥顽不化了呢？

　　日本如果拿出纪念东京大轰炸十分之一的劲头来忏悔南京大屠杀，反省731细菌部队干的那些丑事，向慰安妇及其后代道歉并赔偿，那么东北亚将会增加多少和谐！

　　世界反法西斯阵营打败军国主义日本只用了几年时间，但要让日本承认自己在那场战争中彻底做错了，它是受害者，但更是加害者，它挨原子弹和东京大轰炸都有着深刻的因果逻辑，世界花70年时间还没有做到，而且不知多少年才能做到。

　　我们很无奈地搞懂：日本就这样。跟这个国家没法谈大是大非，好像是"日本从二战中获得的仇恨和委屈似乎是整个地区最多的"。当围绕历史问题出现争议时，好像不是日本搞历史修正主义错了，而是周边国家心胸不够大、不允许它搞翻案做错了，应该不好意思的是中韩等国，日本应当两眼泪水，一腔感慨。

　　看着日本高官们做出的沉痛的受难表情，我们有时会起一身鸡皮疙瘩。周边社会是应当反过来对日本当年挨原子弹和大轰炸说几句痛快的狠话，还是不搭理他们呢？这还真是个问题。

　　如果我们说日本挨原子弹和大轰炸"都活该"，显然会让不少普通日本民众很不舒服。但日本官员们知道不，他们否认南京大屠杀，抵赖强征慰安妇罪行，拒绝对侵略战争做明确定义并诚挚道歉，所带给周围国家的伤害感，与日本人听到"原子弹炸得好"时的感受，是一样的。

　　让历史问题早些飘散，必须从日本彻底反省侵略罪行做起。今年作为反法西斯战争胜利70周年的特殊节点，给日本在这方面洗心革面提供了机遇。当然安倍政府也可以就抵赖战争罪行再多往远处走一步。无论如何，今年世界舆论会围绕历史问题紧盯日本，它究竟想做得像个小丑，还是向世人展现应有的道德勇气,选择权就在安倍政府的手里。

(环球时报 2015-03-12 第 3556 期第 14 版 | 国际论坛)

中日关系在不平静中走向改善

中国国家主席习近平 22 日在雅加达应约会见同来参加万隆会议的日本首相安倍晋三,这是两位领导人自去年 11 月北京 APEC 会议之后的第二次会见。舆论都注意到中日领导人这次会见的气氛较上次要好,这显示了双方都有继续改善中日关系的愿望。

中日之间的问题犹在,两国改善关系的基础仍较脆弱,今后一段时间大概会出现中日两国高层接触逐渐增多、历史和领土纠纷又不时冒出来的复杂交叉局面。

从雅加达会见的谈话内容看,中国领导人的战略视野和格局明显高出很多,谈话方式也主要是向对方讲道理。安倍的谈话更像是在做解释,稍显被动。这也是中日关系总态势的真实写照。

中日互信不足,按说中国作为历史上受害国家,更有理由对日本有较强烈的"怨气"。但实际情况是日本对中国的"怨气"更加严重。日本挑动历史问题,就是对中国高速崛起不适感的扭曲释放。中国一方面不得不回应日本的动作,一方面也在超越日本,将自己的目光投向全球。

中日友好对双方都有利,这种共识在两国关系最困难的时候也是存在的。但干扰这种共识的临时性因素太多,造成中日关系的剧烈动荡。

美国是影响中日关系的重要外部力量。很多人相信,美国的真实态度是:中日必须吵架,但不能打架。美国在日本的军事存在使它握有对日本态度做一定微调的杠杆，从而能很深地介入到中日关系中。

中国的总体战略能力不断提升，使我们拥有了更多对日关系的战略主动。这是大趋势。日本从亚洲第一大经济体的位置上跌下来，重回巅峰时期的影响力无望，只能在战术上不甘寂寞。它显得"大胆"而"灵活"，不时为了具体目的刺激中国一下，但它的这些动作反而让东京看上去像是亚太大格局中的小角色。

当前被全球热烈关注的"一带一路"和亚投行代表了中国构建与世界关系的大方向，中日关系的难点都没能绊住中国最关键的这几步，这或能促使日本重新评估它究竟能在多大程度上影响或干扰中国。

无论怎么说，把日本包容进中国的和平崛起进程中符合中国的根本利益。而日本与中国修好也符合它的根本利益。中日在21世纪交恶是战略逻辑上有些奇怪的事情，随着中国力量继续接近世界的顶级水平，那些原因对我们来说将越来越是战术性的，因而拆解它们会逐渐变得轻松些。

中日邦交正常化以后，两国关系紧张上浮源自小泉执政时期。自那时起，十多年过去，回头看，中国既赢了经济发展速度，也赢了国际地位的提升和战略空间的延伸。中国没有沉溺于中日纠葛，但这种纠葛像是成为日本外交的主题，历史问题刺激了中国，但被它绑架的是日本自己。

未来的中日关系是值得几分看好的。中国对日本的重视和释然都在巩固，日本也折腾得差不多了，改善关系有可能成为中日间今后的主要关切。如果这能成为趋势并得以保持，那于中国社会来说无疑是各种选择中一个较"好"的选项。

（环球时报 2015-04-24 第 3591 期第 14 版 | 国际论坛）

美日才是"心存觊觎和幻想"的国家

新修订的《日美防卫合作指针》于美国时间 27 日公布，它不但重申钓鱼岛适用于美日安保条约，更明确双方将就东南亚的海上安全加强合作。新"指针"强调美日军事关系将是面向"全球"的"无缝"合作。克里在美日"2+2"会晤后的联合记者会上以"那些心存觊觎和幻想的大国"之说影射中国，口气颇具进攻性。

美日似乎在有些歇斯底里地想象来自中国的安全挑战，而中国不过是在南海搞了一些主权范围内的岛礁建设。中国既没有为此从菲律宾、越南的控制下夺取新的岛礁，也没向任何一方做要用武力解决争端的暗示。中国最着力宣传的是"一带一路"建设，大量外交精力投向了亚投行。中国没有谋求建立针对"潜在敌人"的军事同盟，中国军事影响力的增长显然远低于自己经济影响力在全球范围的快速增长。

假如中国公开在美日敏感的方向构建军事性对外关系，或者宣布有针对性的军事计划，那么美日将有什么样的感受呢？还是请它们好好想想自己正在干些什么。

美日更像是心存"觊觎和幻想的大国"。美日同盟如果无限制地强化，将成为东亚地缘政治极具战略挑衅的变量。重要的是，它不是经济发展的伴生物，没有促进经济繁荣的相应动力对其做冲淡和润滑。它所代表的就是赤裸裸的军事野心，它除了增加本地区的紧张，真看不出还有什么积极的东西。

南海的海上和空中通行都是自由的，但美国到南海炫耀武力不受欢迎，日本海上自卫队出现在南海更不被接受。如果日本仅仅想"防范中国"而加强美日同盟，那么劳其多虑了。中国不会干日美反复演练对付的"军事登岛"。但如果日本冒头替美国跑南海来向中国挑衅，那么它将遭到中方强有力的反制，就不是什么悬念。

日本如果以为有美国的支持和纵容，它就是得到国际社会的许可，从此在西太平洋当起警察和宪兵，那么它就走进了误区。美日同盟加强到突出进攻性的时候，日本大概不会因此而更加安全，相反，它将因为自己"狐假虎威"玩了一些"悬的"而承担额外风险。

中国没必要因为美日同盟的"历史性加强"而"惊慌"。正如前文所说，美日加强同盟是纯军事行为，与东亚区域以合作谋繁荣的时代潮流背道而驰，它能发挥的日常作用相当有限。而且美国提前放出日本这个"没改造好的二战元凶"，也表明前者在东亚的确已经力不从心，不得不把日本往前推。

看来随着中国军事能力的自然增长，美国将有越来越多的军事布局围绕中国展开。我们需要看到，这时候外部的"布点活动"将很活跃，但只要中国是继续成长的，战略主动权就把握在我们的手里，中国和平崛起的战略机遇期也不会因为这些麻烦而结束。

中国应当有原则，敢斗争，但也需不急不躁，不被轻易激怒。针对美日同盟，看来中国需要研究一些有针对性的杠杆，与它打"太极拳"。这当中与之迎头对撞或者一味忍让也许都不是办法。

（环球时报 2015-04-29 第 3595 期第 14 版 | 国际论坛）

安倍喝酒后胡吹，日本应为之脸红

日本首相安倍晋三遭最新一期日本杂志《周刊现代》爆料，成了日本版的"毕福剑"。《周刊现代》的报道说，安倍6月初与各媒体负责人召开"恳亲会"，喝了红酒之后，就连发惊人之语，奚落国内政敌等。谈及外交时，他放言"安保法案就是冲着南海上的中国"，宣称要行使集体自卫权并和美军一道，"敲打在南海上的中国"。他还"大大方方"地承认了自己的确在谋划和中国的战争。

安倍的一些话在韩国人听来或许更刺耳。谈及日韩外相即将会谈时他说："我说的吧，等一等，韩国就会自己找上门来。"他还声称"慰安妇问题只要3亿日元就可以解决"。

狂妄、喜欢吹低级牛皮、喝点酒就口无遮拦忘了自己首相责任的"真实安倍"跃然纸上。直到昨天晚上，日本外务省和日本驻华使馆都没有回答《环球时报》记者有关《周刊现代》报道是否属实的提问，这让人们倾向于相信该报道"无风不起浪"。

这会不会是日本首相府对媒体故意网开一面的"透风"呢？人们不得而知。

安倍对中国是什么态度，中国人早就心中有数了。他在更私密的场合下或许会说得更难听些，这不难想象。因此中国社会大概用不着因为他有"挺低俗的表现"而生气。犯不上。

我们只是觉得这位日本首相"挺逗的"。那么多记者，他一嘴胡话，能保得住密吗？如果他明知保不住密，却把冒犯周边、尤其是把羞辱韩国的话说得那么刺激、市井，这与日本国首相应有的智商、情商对得上号吗？

安倍这几年忽而一副理性、风度翩翩的样子，忽而狂扔狠话、大秀强硬，每次都像是他的"肺腑之言"。不知是他自己挺萌，还是他装萌，抑或是他觉得满世界的人都特别萌，随他怎么糊弄。

安倍的政治和外交道德一般，说话不太守信，在日本内外对不同人说不同话，这是很多中国人对他的印象。

碰上日本出这么一个领导人，应当算中国"倒霉"。好在日本坏中国大事的能力也逐渐变得有限。我们有时间就多理安倍几句，没时间少理他几句，把他的个性同中日关系适当做些区分，恐怕也只能这样了。

安倍或许想，但南海哪是他带领日本向中国撒野的地方！安倍很多想法都挺飘的，但他的翅膀飞不了那么高。

当下的日本首相非常躁动，但日本社会或许还是会比他多少稳重些。跟安倍个人生气是生不过来的，我们大概要分辨他的哪些话代表日本政策，哪些话是他"政治素质一般"所产生的零碎。我们需要提醒自己，这不是一位严谨、重责任、有分寸感的领导人，大家要放低对他的期待。

（环球时报 2015-06-30 第 3644 期第 15 版 | 国际论坛）

日本为什么对中国很重要，反之亦然

近一段时间中日关系出现进一步改善的诸多信号。习近平主席与安倍首相万隆会议期间举行了会晤，日本自民党总务会长二阶俊博率领日本各界人士 3000 人来华旅游交流，受到习近平主席的接见。

与此同时，中日关系的复杂性并未褪去。日本方面宣布在亚洲投资 1100 亿美元，并对中国恶语相向，这被海内外普遍解读成日本为平衡亚投行影响所采取的针锋相对行动。此外安倍夫人高调参拜靖国神社，这是在历史问题上的顽固姿态展示。

中日关系是中国最难处理的双边关系之一，由于日本是中国近邻，颇具实力，中日之争成为严重牵动中国国家利益的考验。有很多矛盾、包括外部因素在牵制中日关系的改善，实现真正的突破很不容易。在此，我们只想对中日关系的诸多要素做一番梳理，推动人们的更多思考。

首先，中日关系不是两国任何一方可以赌气放弃，任凭它跳水、恶化的双边关系。尽管中日民众对对方的好感度都大体处于20世纪70年代以来的最低点，但两国社会都保持着对彼此重要性的清醒认识。

中日谁对谁更重要些？这基本无法计算。中国在快速崛起，与中国长期战略对立是严重的自我消耗，必将逐渐成为日本的不可承受之重。对中国来说，日本同我越紧张，就越会主动强化日美同盟，而它在中美之间如何移动，会影响到亚太地缘政治竞争形势的性质，增加或减少中国在美国面前的战略主动性。

在中俄美大三角关系中，近年来发生了众所周知的变动。在中日美这个三角中，中日对立带给中国的后果，恰如美俄关系恶化带给美国的后果。

对中国来说，日本问题是当下的麻烦，中日美三角关系则事关中国亚太方向的战略环境面貌。但这两条线索彼此并非可以舍一个保一个的关系，它们孰轻孰重的逻辑即使理论上存在，但很难在实践中得到坚持。

北京和东京不是想好起来就能很快做到的，中国如果靠放弃原则实现妥协，恐怕也没用。坚持原则、在必要时敢于斗争，这被证明也是中日走向缓和的法宝之一。

中日心理上的对立要多于两国实际利益的分歧。在中日矛盾中，日本对华的意气之争成分很重，这刺激了中国社会反过来对日本的情绪性认识。当下形成了中日舆论相互刺激的情况，它看上去有点幼稚，但化解这个问题常常无从下手。

日本在二战中侵略中国，犯下滔天罪行。日本人民"受害"的一面主要来自其与美国的太平洋战场，尤其是它挨了美国的原子弹。但日本舆论更加"厌华"，这很值得思考，当然也意味着有改变的空间。

中日关系过去有"以经促政""以民促官"的大量经验，日本3000人代表团来华，似乎告诉我们，把日本人民同右翼势力区分开来，加以不同对待，仍有着一定的基础。

北京和东京都有避免发生军事冲突的强烈意愿，但这种愿望有时无法得到充分的呈现。两国社会中的民粹主义都有着蛮强大的影响力，喊打声在各自舆论场上不时出现。

不难看出，中日关系难点明显，但可用来实现突破的潜在途径也不缺乏。双方既然都实际认为对方重要，就不应在一些力量的压力下隐藏这种愿望。中国作为大国应保持认识上的豁达，相信对外展示善意在任何情况下都不是一件丢人的事，它只能让外界看清我们的实力和自信，对我们多一份敬意和尊重。

（环球时报 2015-05-28 第 3618 期第 14 版 | 国际论坛）

安倍被自己的"理想"灌醉了

日本众院和平安全法制特别委员会 15 日凭借自民、公明两党的赞成票，强行通过以解禁集体自卫权为核心的安全保障相关法案。该法案将在今天送众院全体会议表决，然后再经参院审议，最后正式通过。

BBC评论说，立法改变日本战后专守防卫的体制是安倍政权的最大目标，昨天该目标完成了第一步。

通过新安保法案受到日本民主党等在野党、日本大批知识分子的强烈抵制，安倍的支持率因此大幅下降。这样充满争议的立法得到强制推进，在西方体制的社会里也十分罕见。

不仅缺少人和，安倍推动此法的天时地利也十分勉强。安倍的本意是要通过争得日本自卫队向海外作战的权利而使这个国家"正常化"，但日本获得这一权利只能是名义上的，它的假想敌是中国，但同中国开战是其难以承受的风险。中国再不是可以被日本随意攻击的国家，中国有能力对它做致命还击。战后格局已经牢不可破，日本通过发展军事力量打破这一格局属难上之难。

日本主权的制约者不是中国，而是对它至今实行军事占领的美国。安倍政府朝中国发狠，除了日本右翼的"仇华"情结，还因为这也是安倍战略上的声东击西，他想借帮助美国制华来曲线实现对美国控制的摆脱。

然而华盛顿的外交经验比东京多得多，在日本自卫队不断走向海外的路上，美国只会允许日本做它的附庸，美决不会允许日本借机扩大自己的战略空间，最终甩掉它这个主人。

如果日本武装自己的步伐太快，行动过于咄咄逼人，中国完全有能力采取抵消其努力的反制性行动。从长远看，中国自身实力增长的潜力，以及我们捍卫国家安全的长期决心都不会低于日本。

安倍上台后把修改安保法作为自己的一项使命，为此不惜撕裂日本社会，这是一项错误的战略规划。日本的影响力不断下沉，这不是因为它的军事行动力不完整,而是因为它在政治上做了错误的自我定位,不断与周边冲突,从而被迫进一步屈从于美国。加上它的经济实力相对衰落,它几乎迷失了自我,完全成了美国在东亚的一个影子。由于它自信全无,对被美国当枪使竟然沾沾自喜。

新安保法很可能最终获得通过,但它对日本到底有什么用处,日本精英层实际上稀里糊涂的。安倍是带着情绪做此赌博的,他被自己的"理想"灌醉了,通过此法本身似乎成了最重要的。由于有"力排众议"的高潮戏,他真的以为自己是一位悲壮的大政治家。

（环球时报 2015-07-16 第 3658 期第 14 版 | 国际论坛）

日本何必因亚投行矫情自辱

日本外务省发言人在七国集团峰会期间宣称,日本目前不会决定是否加入亚投行,除非中国先解决外界对中国人权、债务以及环境保护等问题的担忧。他还说,日本首相安倍晋三特别重视中国对腐败问题的应对,东京方面要求中国当局对这些问题予以澄清。

日方的上述表态是世界所有经济体迄今围绕亚投行表态中唯一的,它显得怪怪的,很像是表态者受了什么刺激,想说些话故作镇静,但反而更加暴露了内心的烦乱。

如果日方的这番话在三个月以前说,还有点意思。尽管把参与亚投行与中国的人权、环保等问题联系起来本身风马牛不相及,但那时候这样做毕竟能显示一下日本的派头,端端架子。

然而现在这样做还能让人觉得日本"很牛"吗?如今亚投行已经有

了57个意向创始会员国，光是G7就进来4个！中国作为首倡者还需要日本进来向世界"示范"，给这件事"捧场"吗？难怪中国网友们昨天看到这个消息特有底气、几乎是异口同声回了一句话：爱来不来！

这句话的意思是：日本什么时候来我们都欢迎，你如果不来，随你的便，亚投行不缺你一个！

说实话，本来更痛快把日本"顶回去"的说法应该是"最好你永远也别来"，甚至是"你想来我们都不要"。因为亚投行没日本参与，的确能够健全地运转。

但中国人比过去自信多了，并因此豁达多了。我们同日本置气的兴趣越来越少，有时候东京主动"矫情"，我们的生气程度不再像过去那样高。

在很多中国人看来，日本似乎"中邪了"，喜欢找茬同中国"死磕"。中日曾很友好，这些年"掰了"，中国的意思是"咱俩恢复正常"，然后"各寻所爱"。日本则像是"不爱就得恨"，天天盯着中国死缠烂打。

这让我们有点为难。中国没做什么对不起日本的事情呀，历史上都是你害我，这些年我就是进步了些，也没特别"高富帅"，就是好了些，你就这么受不了？非要砸场踢馆，看不得我出头？

日本真的不该这么没出息。它这一点不妨学学美国。华盛顿也没参加亚投行，而且劝盟友与它保持一致，没想到英法德意"反水"让它丢了脸。但华盛顿至今保持了风度，没公开说亚投行坏话，反而支持世行与亚投行合作（虽然可能是违心话）。不能不说在同样被动的处境中，华盛顿的表现比东京有尊严得多。

今天的日本人和中国人分别是当年侵略者和被侵略者的后裔，那段历史双方都难以释怀，但我们的确搞不懂，一些日本人凭什么对中国的憎恨比一些中国人对日本的憎恨看上去还要强烈。当年向日本扔原子弹的可是美国！瞧一些日本右翼在美国面前的那副谄媚劲。

好了，中国还是很愿意同日本保持正常乃至友好关系的。日本社会因为中国发展很快而有些失落，我们对此能够理解，因此也不会与日本的某些"撒娇"行为过多纠缠。高速成长的中国正是最忙碌的时候，一个邻居如果得了抑郁症，我们可以不同它一般见识，但我们陪不起它。

日本如今对华的很多表现都很反常，根源都是它面对中国崛起的强烈危机感。其实日本仍保持着难得的技术先进，在未来很长时间里它都将在现代化领域继续走在中国前面。少安勿躁，自信些，这是我们对日本社会的忠告。

（环球时报2015-06-09 第3628期第14版 | 国际论坛）

日本投1000亿与亚投行斗，难

日媒称日本计划在今后5年投资大约1000亿美元，用于支持亚洲地区的基础设施建设，日本首相安倍晋三将在21日公布这一计划。日媒认为，日本此举意在与倡议设立亚投行的中国展开主导权之争，遏制中国影响力的快速增长。

中国学者听到这个消息后的第一反应大多是：如果日本遵循正常的投资规则向亚洲基建花这笔钱，将是一件挺好的事，对中国没什么负面影响。问题在于，如果日本把这些投资当成"地缘政治基金"来用，中国去哪它去哪，缠住中国或亚投行看中的项目，恶意竞争压价，就可能成为麻烦。

但即使在最糟糕的情况下，中国及亚投行不会被日本的竞争逼上"独木桥",这首先是因为亚洲需要的基础建设资金是万亿美元规模的天文数字,日本即使想用那1000亿处处与中国或亚投行"狭路相逢",也做不到。

亚投行的注册资金虽然也是1000亿美元,但如果它采取优惠贷款或贴息支持的方式运作,至少可以带动上万亿美元的投资项目,而且创始成员国已经有57个。日本要与中国较劲,面对的却是一个大集团,日本咄咄逼人将损害的不仅仅是中国利益。

安倍政府以近乎偏执的狂热与中国竞争,制造出日本有能力阻挠中国崛起的幻象,这将对日本形成持久的资源和心理消耗。中日实力规模逐渐拉开差距,10年之内中国GDP总量将达到日本的3倍以上,那将大约是2000年时中国大陆与台湾地区经济总量之间的差距。台湾地区对大陆搞银弹外交,开始时雄心勃勃,逐渐力不从心,这样的一幕会慢慢在中日之间再现。

中国不会把注意力集中在与日本的竞争上,也不会接招,同日本打消耗战。中国有句话叫做"你打你的,我打我的",我们发起创办亚投行既非针对日本,也非针对美国,那是中国根据自身和亚洲需求所做的顺时应势之举,它因水到渠成而举重若轻。日本如果为了对付中国而拿出1000亿,恐怕就完全不同了。

日本虽然有在亚洲搞投资和援助的经验,但如果目标设置错了,它依然会在亚洲迷路。日本今天的势与中国已不可同日而语,其投资能力用于它们通常对应的目标,没有问题,一旦要用它们"压制中国影响力",日本累吐血也难如愿。

根据调查,不喜欢中国的日本人比例远远大于不喜欢日本的中国人,而中国并没做对日本造成实际损害的事,近代以来中日的每次全面冲突中,日本都是举世公认的加害者。日本人"恨中国"超过了中国人的"恨日本"，这无论如何都是"搞错了"。

　　日本右翼搅乱了日本社会的心绪，日本对华外交的出发点就是扭曲的，其对华关系的偏差在有些领域已经大得惊人，像是彻底被情绪主导，严重背离了它自身的长远利益。

　　中国人赴日旅游人数不降反升，这是中国社会真实胸怀的写照。我们不再视日本为自己的主要对手，而是有意愿同它改善关系，或者彼此相安无事。日本总想同中国争夺在亚洲的主导权，中国人反过来毫无这方面的兴趣。我们不喜欢"主导权"这个词，同日本竞争"主导权"在我们看来尤其像是伪命题。

（环球时报 2015-05-20 第 3611 期第 15 版 | 国际论坛）

第四章

多元之和

法国和整个欧洲面临严峻考验／欧洲乱了将有利中国，真的吗／把果敢比喻成克里米亚，这很滑稽／西方有人幻想"中国崩溃"上了瘾／中印从也门撤侨的差距不是偶然的／地震告诉我们尼泊尔有多近／菲律宾是年年想绑架东盟的搅局者／莫迪访华，中印掌声起西方冷水泼／越南不可能全身心投入美国怀抱／阿基诺言贱如此，菲律宾安有荣焉／联日傍美攻中国，阿基诺忽悠菲律宾／昂山素季访华是中缅关系成熟标志／欧洲正成为西方对华友好的先导／离间计：美防长抹黑中国吓唬东盟／美国没来，乌克兰停火协议"四缺一"／越南不可能像孩子一样扑进美国怀抱／《纽约时报》发恶毒社评离间中缅／土耳其，请与涉恐偷渡者拉开距离／欧盟处理希腊之乱同中国有关吗／伊核危机突破，中东一大战争引信拆除／一天三国遭恐袭留给世界的震动／中泰依法遣返偷渡者，土美闭嘴为尊

法国和整个欧洲面临严峻考验

法国首都巴黎7日（2015年1月8日）发生的枪击血案震惊了欧洲和世界。至少两名武装分子当天闯入位于巴黎市区的《查理周刊》漫画杂志社，至少打死12人，包括4名漫画家、2名警察。这家杂志社曾以漫画嘲讽伊斯兰教先知穆罕默德，并因此遭到当地穆斯林的抗议和袭击。法国总统奥朗德7日当天将这一血案定性为恐怖主义事件，英国首相卡梅伦迅速谴责袭击，表示"与法兰西人民站在一起"。美德俄等国也很快加入谴责。

这至少是法国最近50年来最严重的恐怖袭击，由于对事件的最初解读宗教因素非常突出，它的震撼远比普通恐怖袭击更为强烈。

这件事很可能对全欧洲社会产生巨大冲击，增加法国等有大量穆斯林移民国家的社会紧张程度。此前巴黎等欧洲大城市多元宗教之间的关系还是不错的，但这次袭击或许会成为欧洲宗教和谐的毒药。

不少生活在西方的穆斯林有得不到尊重与信任的委屈感，少数西方媒体讽刺伊斯兰先知，西方人认为这属于"言论自由"，一些人还把捍卫这一自由当做对西方价值观的坚守。每隔几年，欧洲媒体界就会发生一起类似冲突。西方政治领袖出于选票原因，往往不愿意劝说媒体克制，有时他们还会表态支持媒体。7日卡梅伦对袭击事件表态谴责的同时又强调了对"言论自由"的支持。

现在最令人担心的是法国主流社会针对袭击的宗教色彩强烈反弹，从而诱发当地穆斯林以及其他地区伊斯兰社会情绪的进一步激化。7日的袭击者被报道在进行杀戮时高喊"真主伟大",仇恨的层层激发和传递一旦出现,将对欧洲的社会秩序造成沉重打击。

恐怖主义应当受到谴责,同时不同文明之间的相互尊重应当被倡导。穆斯林如今已经移民到西方社会的大部分地区,他们在就业等社会参与的诸多方面总体上是弱势的,也会因此而敏感。如何让他们感受到被尊重,这是西方社会、也是其他多宗教社会的共同课题。

多元社会里,不同文化背景的人之间难免会有摩擦。将这种摩擦动辄简单引申为"宗教冲突"或"种族冲突"是最需要避免的。西方社会有时对此警惕性不高,导致一些具体冲突向社会层面扩大和升级。

现在法国面临考验,不仅法国政府,法国主流社会如何反应,能不能将这起恐怖袭击同宗教问题切割,将会影响那个国家政治氛围的走向,并且牵动欧洲。

昨天的袭击者制造出巨大轰动,并在行凶后至少成功逃离了现场,这恐怕会鼓舞世界其他地方的恐怖分子,有恐怖主义隐患的国家都需格外小心。

现代社会非常脆弱,恶性犯罪的作案动机形形色色,他们要挟社会更为容易。西方国家不断加强防范,然而防不胜防的逻辑又总是颠扑不破。可以想见这两天的法国有多难,又有多少欧洲大城市与巴黎同病相怜。

(环球时报 2015-01-08 第 3508 期第 14 版 | 国际论坛)

欧洲乱了将有利中国,真的吗

14日新出版的《查理周刊》真的又把先知穆罕默德画到封面上。先知穿戴白色长袍和头巾，左脸颊上有一滴泪水，双手拿着一幅写有"我是查理"的纸牌，头顶上端写着一句"宽恕一切"。

在巴黎街头的很多报刊亭，购买者大清早排出长队，并在一开门的十几分钟内将该刊抢购一空。"漫画先知"之争在继续发酵。

文明冲突似乎在欧洲社会与伊斯兰世界之间逐渐成形。恐怖分子通过血洗《查理周刊》"四两拨千斤"，应当说达到了目的。美国官方表示支持《查理周刊》的做法，宣称这就是"民主社会"。但美国主流媒体都没有转载《查理周刊》的封面，这是一种微妙的拉开距离。

埃及、伊朗两个有代表性的伊斯兰国家都由官方宗教机构或政府官员出面，对《查理周刊》再画先知发出谴责。在恐怖袭击发生后和巴黎举行大游行期间，有伊斯兰世界政要站到法国一边，其他的则保持了沉默。这次埃、伊两国带头抗议《查理周刊》，显示了冲突的升级。

血腥袭击发生以来，中国政府谴责了这一恐怖主义行径，对《查理周刊》的做法没有表态。中国媒体的主流态度则是一方面谴责恐怖袭击，认为什么原因都不成其为制造恐怖主义的理由；一方面希望《查理周刊》今后克制自己的表达方式，对其他文明包括穆斯林给予应有尊重。

中国互联网上更自由的表达里，对《查理周刊》的批评更多些。一些人认为，《查理周刊》这样搞是"挑衅"，也有人说"让他们闹去，欧洲越乱对中国越好"。

然而接受《环球时报》采访的国际关系学者大多不同意"欧洲乱对中国有利"的看法，他们认为互联网上的这种说法过于情绪化，也过于简单。

他们大概是对的。欧洲如果真乱了，中国短期内必将蒙受损失。一是欧洲经济会衰退，极大影响我们对这一中国最大贸易伙伴的出口。二是文明冲突必将导致国际关系的失序，将影响中国"走出去"战略。三是极端主义有可能在一些伊斯兰国家强劲抬头，说不定会殃及中国。

欧洲如果成为文明冲突的中心，或许可以减轻中国的地缘政治压力，欧洲国家对中国的意识形态指责会减少，它们还可能作为盟友拖美国的一些后腿。欧洲之乱对美国的不利也许会高于对中国的不利。

但由于中国正在成为全球性大国，势必要对世界性问题承担更多责任。欧洲这样的重要地区保持稳定有利于中国和平发展，这越来越不是一句空话。欧洲如果与伊斯兰世界陷入文明冲突，将使中国的国家利益面临诸多不确定性，现在做它对中国"利大于弊"的预判恐怕是轻率的。

重要的是，中国不是世界"老大"，很难影响世界性事件的发展方向和节奏。此外中国内部问题有些与外部发生千丝万缕联系，外部各种复杂事态中国未必就能与之切割清楚。因此欧洲若陷大冲突，中国难以独善其身，不太可能有"坐山观虎斗"的闲心。

几天前还有人批评中国没派高级官员参加巴黎的大游行，因为只有中美两个大国的高官缺席了那次游行。《查理周刊》现在这样做，证明了中国不参加那次游行，对我们自己来说是恰当的。一些新的因素正快速加入到全球新的战略形势中来，中国这时候最重要的是稳健，是统筹全局的定力。

（环球时报2015-01-15 第3514期第14版 | 国际论坛）

把果敢比喻成克里米亚，这很滑稽

2月9日起缅北果敢地区再爆战事，重出江湖的果敢地区前领导者彭家声发表致全球华人书，希望得到援助。从西方媒体到中国互联网上，一些极端的声音将果敢比喻成"克里米亚"，刺激出复杂的联想。

缅北的事情错综交织，果敢与云南比邻，缅北战事往往导致大量缅甸边民拥入中国境内，加之他们当中有很多人是果敢族，即"缅甸汉族"，因而引发中国国内舆论越来越多的关注。

中国应对缅北局势显然不是一件很简单的事，准确说，这可以称得上是一个"外交挑战"。中国的社会力量需要保持冷静，不轻易表态甚至介入缅北事务，确保政府开展外交所必要的空间。

作为媒体对缅北的情况做一个厘清，对中国社会了解那里的事态大概是有益的。

首先，中缅之间的边界很清楚，双方没有领土问题。果敢早在1897年就已划归英属印度（当时缅甸是其一部分），这不仅是新中国之前，也是民国之前的事。

第二，缅甸的果敢族属于缅甸少数民族，他们是我们中国人的亲戚，但他们不是中华人民共和国公民。

第三，果敢不是克里米亚，那样比喻它毫无现实基础，或者是一些人随口瞎诌，或者有着中国断不可接招的特殊目的。

第四，中国最大的国家利益在于边境地区和平、稳定，中国就缅北问题所能发挥的作用应当是促和，劝缅甸政府军与少数民族地方武装通过谈判解决问题。大量缅甸边民拥入中国境内很不利于中国边境地区的稳定，中国促和于理于情都是必要的。

第五，中国与缅甸政府及缅甸社会各种力量都保持着良好关系，这样的友好应当继续保持下去。中国在任何时候都不应成为缅甸内部冲突的一方，无论中国国内的还是缅甸内部的力量都不应把事情朝这个方向推，而且如果有力量那样推了，也不会有它们希望的结果。

　　缅北的历史看来有些沉重，解决历史问题既需要魄力，也需要智慧。缅北战事近来有加剧之势，政府军和民地武之间都有大量人员伤亡，冲突波及之地民不聊生。今年是缅甸大选之年，我们强烈希望选举能带来冲突各方的谅解和宽容，而不是让冲突成为影响选举的筹码。

　　中国的对缅政策总体上很稳定，而且我们有保持这种定力的充足能力。随意揣测中国改变对缅北问题的态度，会成对缅甸社会及对自己的误导。试图引导中国做重要政策调整，将会失算，耽误自己。

　　国内某些人出于种种原因对果敢人存在好感或同情，这是难免和可以理解的。但这不是北京对缅政策的决定性因素。中国的对缅态度会以国际法和中缅长期友好的战略利益为框架，这方面不太可能有颠覆性改变。

　　缅甸人口有五千多万，但少数民族竟有134个，民地武有29支，目前签了和平协议的有十余支。相信缅甸政府要彻底处理好民族问题会很艰难。各方，包括军方应当先停火，停了火才能进行和谈。我们祝愿这个国家好运，也祝愿包括果敢族在内的各少数民族都有和平发展的机会。

（环球时报 2015-02-16 第 3541 期第 14 版 | 国际论坛）

西方有人幻想"中国崩溃"上了瘾

　　美国《国家利益》网站3月2日发表一篇奇文，作者是詹姆斯顿基金会的研究员彼得·马蒂斯。文章观点从标题已能大致看出："世界末日，为中国的崩溃做好准备"。马蒂斯在文章中大谈"必须设想好没有中共的中国将会变成什么样，以及这些改变将会带来怎样的结果"，呼吁美国政府筹划好相关应变措施。

"中国崩溃论"在西方早就不新鲜，那些让西方极端势力感到舒服的论证隔段时间就会冒出一股，然后自生自灭。但把"中国崩溃"当"正事"说，并出主意要美国政府现在就认真准备迎接"中国崩溃"，却算得上新奇葩。

《国家利益》杂志网站这样的大标题让中国人觉得刺眼。一些人会觉得美国社会算是养了一帮闲人，什么话题夸张编什么。谢天谢地，这篇文章的题目不是"世界末日，为中国大陆沉到海下做好准备"。

有人说，最好美国政府听这篇文章作者的话，华盛顿把 GDP 的一半都用来为"中国崩溃"做准备就更有意思了。这可以成为美国社会的中心任务，白天演练措施，夜里等待"中国崩溃"的信号。就这样练上 10 年好了，再多练 10 年也行。

美国一些人想"中国崩溃"真是想疯了，看看《国家利益》那篇文章一本正经的样子，你就知道"中国崩溃必然发生"的逻辑成了美国一些所谓"专家"认识和判断力的轴心。这些人衣冠楚楚，口若悬河，有些还身居要职，但他们对政治意淫的那股痴迷劲已经超出了理性的基本刻度。多少年后，等着历史用最尖刻的语言嘲弄他们吧。

其实哪个国家没有"崩溃"的丁点可能性呢？这个世界上有"绝对保险"的国家吗？亨廷顿是预言过美国"崩溃"危险的，但他设定了具体的条件。但是如果今天，中国的网站上打出个大标题：为美国（或者换成英国、法国、德国、日本以及新加坡、韩国等）的崩溃做好准备，我们能不能说这家中国网站的编辑"疯了"呢？

有一些疯癫癫的文章来刺激我们的眼球，倒也未必就是坏事。我们至少知道了，西方真有一群人如此迫不及待地盼着中国"出大事"，国家政权瘫痪，社会四分五裂。这些人除了眼巴巴地等，做自娱自乐的痴梦，很可能还会干出点更具攻击性的行为，伤害我们的国家利益。

我们还可从中知道，一旦中国有难，那些天天表达对中国人权关注的西方力量琢磨的大多是如何从中渔利。《国家利益》这篇文章一句未提一旦有极端情况中国人民可能会遭受的苦难，它的出发点是美国从发生"崩溃"后的中国如何实现自己的利益。

最早写"中国即将崩溃"的章家敦不断推迟"中国崩溃的精确时间"，如果在中国反复预言别国即将崩溃而无法兑现，肯定是没法混了，但在美国那些人依然市场不小。美国社会领域的科学精神显然遭到意识形态和价值观的侵蚀。

每年3月是中国大自然的春天和政治春天交汇的时节，两会汇集，各方呈现了中国的活力和丰富多彩，这里有中国未来的大量信息。想戒掉"中国崩溃论"毒瘾的人，可以在这个时候主动治疗。如果他们想继续做21世纪独特的"瘾君子"，并且能从中找到别人无法想象的乐趣和刺激，那就是他们的事了。

（环球时报2015-03-04 第3549期第14版 | 国际论坛）

中印从也门撤侨的差距不是偶然的

根据习近平主席和中央军委命令，中国海军舰艇编队赴也门执行撤离中国公民的任务，共接出571人。这是中国第一次动用武装军舰从国外撤侨，也是自2011年利比亚大撤侨之后的又一亮点。

中国在亚丁湾一带有舰艇编队执行常态化护航任务，是 2011 年及本次撤侨及时实现的前提。如果这次危机出现在其他地方，情况或许会多些周折。

但决不能因此而认为中国的本次成功撤侨是"撞上的"。中国可以被临时用于撤侨的装备在世界各地已有相当广的分布，应对重大突发任务，国家在大多数情况下都不需"从零做起"，做机动组织的选择并不缺少。

如果说那一次利比亚撤侨中国的动作比一些发达国家和附近国家还快，让不少人有震惊之感，那么这一次与中国同时撤侨的是印度，后者直到现在还没有把几千同胞撤出也门，中国的撤侨速度就更显突出了。

印度政府因撤侨不力受到国内舆论批评，其实新德里尽了力，但它可以就近动用的撤侨工具太少，国内力量又鞭长莫及。中印的差距不是偶然、一时的。中国有一些人非常反对遇事同印度比，他们主张要比就比欧美。其实他们错了，印度的基本国情和发展起点都与中国最接近，它是中国现代化有价值的参照之一。

中国需要同时与欧美及印度比。与后者比，我们能够发现自己向前走了多远；与前者比，我们可以看到自己需要继续跨越的距离。有些时候，印度与欧美各有所长，中国人不能以为我们今天对印度的领先都是天经地义的。

撤侨是对一个国家综合力量的考验，包括检验它正常状态下的力量水平，以及它为紧急情况调集资源的爆发力。中国近年多次成功实施撤侨，实为国家保护海外公民集体安全能力的厚积薄发。

当然，有比规模性撤侨更难的事，那就是为国外中国侨民个体提供更可靠的常态化安全保障，包括保护他们的财产安全。这需要中国有更强的政治影响力、综合威慑力以及更多的海外安保手段。此外也有赖海外侨民提高自我防护能力，与国家的安全措施正确互动。

保护海外个体中国人安全要难于保护海外侨民群体的安全，而后一项工作又比捍卫传统国家安全难。中国国家安全的含义在从领土领海这样的固定目标向海外移动的个体目标扩大，因此它是永无止境的任务。

也门撤侨是中国向新国家安全境界迈进的又一里程碑。我们做了很漂亮的事，但我们清楚，前面还有做不完的事。

（环球时报 2015-04-01 第 3573 期第 14 版 | 国际论坛）

地震告诉我们尼泊尔有多近

尼泊尔 25 日发生里氏 8.1 级强烈地震，到昨天晚上已造成该国境内 2500 多人遇难。中国西藏受波及，到昨天亦有 20 人罹难。

国际舆论的关注集中到了尼泊尔境内，由于那里有很多中国游客，还有与尼机构直接联系前往、数目中方并不完全掌握的中国登山者，尼泊尔的救援工作同样牵动我国社会。

喜马拉雅山两侧的灾情都在考验中国的行动力。由于中国在境内开展地震救援几经洗礼，本次救援行动也在西藏迅速全面展开，与震灾有关的各项数据不断公布出来，救灾的大轮廓十分清晰。

中国运送本国游客回国的专机于 25 日地震发生的当晚最早出现在加德满都机场，中国救援队也成为第一支赶到尼泊尔的联合国认可的重型国际救援队。到昨天晚上，滞留尼泊尔的中国游客绝大部分已乘飞机回国，这些给中国和世界舆论都留下深刻印象。

在也门的国际撤侨行动中，中国令全球刮目相看，几乎得了"满分"。

尼泊尔地震后中国第一时间的表现继续加深了世人对中国行动力的新印象。

从也门到尼泊尔，中国所做的都不是某种刻意表演，它们是中国近年调整意识和增强快速反应能力建设的自然结果。中国各级政府的施政越来越以人为本，以此为目的的能力建设被摆在优先位置。这些调整和建设都不乏沉重和艰难，但当突如其来的考验降临时，用世界标准衡量也堪称卓越的表现就成了厚积薄发。

昨天的中国互联网上出现大量人们对国家本次救援行动的由衷赞扬声。出大事时舆论主流高度正面，挑刺找茬的声音很少，这种情形已经有段时间不那么容易见到了。

这些年中国加快发展，几次海外大型救援成为对国力增长的特殊检阅。今天的中国人如果在海外遭遇重大灾难，他们能够得到本国力量帮助的概率已经是这个世界上最高的之一。这是一种沧海桑田般的变化，它带给中国人的新感受正在与近代以来中国人对国家的长期感受强烈对冲。

国与家在中国人的观念中有着远高于世界平均认识的关联度，这不是偶然的，也非中国人自作多情。中国太大了，无论出于主动还是被动，我们与外国力量的接触在近代以来一直非常深入。中国人的足迹遍布全球，国家的命运总是以直接或曲折的方式影响着每一位中国人，甚至给很多已入外国籍华人的人生打下烙印。

这些年国家一直在各种抱怨声中前行，怀疑和批评围绕、针对了大多数推出的具体政策。如今要发现中国的进步常常需要回头看，找到可以精确对比的坐标。至于将好东西，比如高铁，也先当成坏事情拿来骂一顿，逼它们"凤凰涅槃"，这样做究竟利大还是弊大，值得深思，或许也需要更多的时间来验证。

尼泊尔是中国的重要邻国，中国除了在尼对本国游客施救，还需要为该国赈灾提供尽可能多的帮助。我们高兴地看到，中国舆论这一次对国家向尼提供紧急援助也持普遍支持态度，中国社会朝着健康的大国心态似乎又跨出一步。

尽管尼泊尔作为喜马拉雅山南麓国家有着特殊地缘政治意义，那里被达赖集团视为向西藏渗透影响的前哨地区，但尼国的友好和它对反华活动的抑制给中国公众的印象最为深刻。大难当前，中国社会对那里的关切都是围绕救人的，尼国伤亡人数不停在中国媒体上滚动刷新。这场地震大概是中国舆论近年关注度最高的境外震灾，喜马拉雅山两侧真正痛在了一起。

（环球时报 2015-04-27 第 3593 期第 14 版 | 国际论坛）

菲律宾是年年想绑架东盟的搅局者

东盟首脑会议昨天开始在马来西亚首都吉隆坡举行。媒体传出消息，会议可能发一个声明，谈论南海海域的岛礁建设问题。消息说，菲律宾是该声明的主要推动者，马尼拉的攻击目标也对准了中国。消息同时提到马来西亚有顾虑，因此声明最终会不会发表，以及如果发表会直接谈论中国"扩大岛礁"，还是不点中国名泛泛谈论这个问题，到昨天晚上本报截稿时，没有准确的消息出来。

东盟每年都要举行首脑会议和外长会议，几乎每次菲律宾都要闹一场，试图把南海问题塞进会议议程中，努力把它与中国的岛礁争端"东盟化",给外界制造东盟与中国有纠纷的假象。

由于东盟的轮值主席国一年一换,每年东盟会议东道主对如何应付菲律宾的要求有策略上的细微差别,以及当时处理该问题的不同难度,结果并不总是一样的。有时东盟的会议文件会谈到南海,有时就回避了它。

今年以来菲律宾对中国在南海的岛礁建设大放厥词,美国也做了异常活跃的帮腔,马尼拉或许觉得这是一个绑架东盟峰会的好机会。

然而众所周知,南海岛礁纠纷不是中国与东盟之间的问题。东盟共有10个国家,其中与中国经常陷入纠纷的只有极少数,而对中国建岛持反对态度最强烈的是菲律宾。无论菲怎么忽悠,美国从外部施加多大影响,某一项东盟文件怎样提到岛礁问题,宣称东盟有一个倾向菲律宾立场的整体态度,这无疑是谎言。大多数东盟国家都不愿意卷入南海纠纷,它们不希望岛礁问题扰乱整个地区合作发展的大局。

中国已连续多年是东盟的第一大贸易伙伴,中国推出的"一带一路"规划和亚投行在整个地区获得的关注度要远高于菲律宾提出的岛礁议题。菲律宾在骚扰大家,它要拉各国当垫背,它的这份"司马昭之心"在东盟早已路人皆知。

中国在南沙岛礁上搞建设是自己主权范围内的事,外部干扰休想影响我们,无论这些干扰来自何方。菲律宾搞舆论战只能是瞎折腾,帮它忙的美国代表不了国际社会,菲美长袖善舞制造不出针对中国的特殊舆论杀伤力。

我们理解东盟长期面对菲国胡搅蛮缠的这个难题,但我们希望,东盟各国应坚持主见,同马尼拉的偏执立场保持足够距离。地区的具体议题总会受到各种临时牵制,但中国与东盟的友好合作的意义却是根本性的,它也是整个地区无处不在的最大现实。东盟切不可在何为地区主题的问题上被菲律宾带偏。

菲律宾与中国打交道的方式预示了其在东南亚地区只能是"特立独行"的,更准确说,这是一种战略上自我孤立的选择。这决不是一个东盟与中国为任何原因相互对立的时代,双方的相互拥抱真实且动力充足。这与某个地区会议上的某个具体杂音无关,看不透这一点,无疑是一种战略上的愚蠢。

(环球时报 2015-04-28 第 3594 期第 14 版 | 国际论坛)

莫迪访华,中印掌声起西方冷水泼

印度总理莫迪 14 日从西安开始了直至 16 日的中国之行,习近平主席亲往这座古城,并在那里举行两国领导人的会晤。西安还为莫迪举行了盛大的唐代欢迎仪式,这一切都是中国给予这位印度领导人的特殊礼遇。

龙象共舞再次吸引了世界,但西方舆论浇过来的却是一桶又一桶的冷水。它们不约而同谈论中印关系"表面华丽下的真正困难",宣扬中印无论搞多少合作,都注定要回到边界纠纷的原点。

看得出,很多西方精英不愿意看到中印走近,因为这种前景与他们对亚洲未来的设想是冲突的。中国崛起至今被一些西方人看成"意外",如今印度崛起也渐成声势,中印这两大崛起未来相互消耗,还是彼此保持善意,甚至相互借力、促进,这对西方地缘政治利益有着截然不同的意义。

中印能否排除西方干扰,坚持从两国的根本利益出发把握双边关系,将是一项长期的考验。

中印关系出现波动的理由很多,两国边界虽然已近30年未响一枪,但要想制造两国舆论的对立,从这条存在大面积争议区的边界每天都能找出或者编出点材料。个别不抓眼球不甘心的印度媒体似乎真的就在这样做。

而实际上,中印边界问题一时虽难解决,但两国社会已对这个问题的存在形成了适应性。人们希望它能解决,但也了解这个问题的难度,必须迅速以己方占尽上风的方式解决它并非两国任何一方的实际期待。中印应在没解决边界问题的情况下发展友好合作关系,这样的思考和主张逐渐成为两国各自社会的主流意见。

中印仍互信不足,导致对对方行为的战略疑虑经常出现在媒体上。比如印度舆论经常怀疑中国与南亚其他国家发展关系是在"包围"印度,而中国舆论对印度与美日走近及与南海个别国家发展关系保持着警觉。

中印都应跳出"围棋思维",在那样的思维中,中印怎么看怎么像在相互包围,两国各自的周边国家都像是可能被对方用来包围自己的潜在棋子。一旦这样,中印就无法在地区内放手开展合作,两国都会变得高度神经质,猜忌乃至敌意的来源会无穷无尽。

中印是相互为邻的两大力量,两国的发展潜力都处在世界最高级别,对两国竞争做展望是国际关系颇为新鲜的领域,这使得悲观描述中印关系的人总能滔滔不绝,还显得挺有学问。

然而这样的两大力量成为战略伙伴不易,但做对手实际更难。随着中印各自国力不断攀升,两国交恶将惊天动地,成为整个亚洲的不可承受之重。看两国边界谈判搞了18轮,仍无重大进展,挺难的。但如果两国重新在边界兵戎相见,两国社会的痛苦将比现在要严重千百倍。

中印的根本利益是和平、友好、合作，两国应当相互尊重和学习，而不是带着畸形的自尊相互较劲和轻视。两国都不应有靠拉山头、借外力压对方一头的任何幻想，中印有什么问题都必须在两国间认真解决，任何第三方所注入的力量在中印这个大系统中都属杯水车薪。

必须看到，中印社会对发展两国友好合作的愿望都是强烈的，两国舆论场上针对对方的激进声音有些是就事论事的临时发泄，有些是民粹主义的调味品，或者是国际关系领域形式陈旧的"八股文"。它们有自己的"消费"市场，但去也很快，像一阵风，注定不会在历史长河中留下更深的痕迹。

莫迪来访是继习近平访印之后对中印关系的又一次鼓劲。这样的鼓劲值得两国社会报以掌声，并且积极跟进。

（环球时报 2015-05-15 第 3607 期第 14 版 | 国际论坛）

越南不可能全身心投入美国怀抱

美国防长阿什顿·卡特 31 日到访越南。他代表华盛顿承诺向越提供 1800 万美元，用于越购买美国制造的巡逻艇，提升防卫能力。他还参观了去年被中国船只撞坏的一艘越南巡逻艇。美越国防部长还签署一份《国防关系联合愿景声明》，该声明虽然象征意义更多些，但这一切对两个 40 年前的死敌来说显然比"翻篇"走得还更远些。

卡特同时要求越南也要停止在南海的填海造地行动，这被认为是唱给中国人听的一个平衡音符。

希拉里 2010 年访问河内，开启了美国拉拢越南、在中国周边搞"巧实力外交"的重要一环。在那之后河内要与华盛顿相互借力对付中国的说法扩散开来,成为不少人审视南海局势的一个新视角。

然而美国能把越南完全揽进怀里吗?怀疑这种前景的人远多于相信它将成为现实的人。

越南毕竟同美国打了十几年仗,双方都损失惨重。美军伤亡几十万人,越南军民更是付出了三百多万鲜活生命的代价。美军 B52 轰炸机、鬼怪式战斗机等带给越南人民的噩梦永世难忘,如今的越南仍是社会主义制度,美国却忽然凑上来又送武器又撑腰,越南社会不会连个问号都不打,它没那么天真。

华盛顿就是想利用越南,增强在南海地区对中国的制衡力,越南人对此一清二楚。美国人不喜欢越南政治制度,一大批当年南越陷落后跑到美国的越南人的后裔对搞倒越共踌躇满志,"和平演变"的剑锋一刻也没从河内移开。越南如果投入美国的怀抱日后会发生什么,这个问题简直就是政治学里的 ABC。

河内对美有很深的警惕,它不是卡特往越南嘴里塞几个糖丸就能消除的。反过来,华盛顿也不相信河内会"忠诚"它,越南不是菲律宾,后者曾是美国殖民地,对美国人来说永远比前者亲切。

越南对中国的感情十分复杂,两国之间的记忆很难有一个简单的价值定性。越南在与中国开展海上领土纷争的同时,又很清楚北方社会主义大国是自己政治体制合法性的关键源泉。越南国内因领土之争激发的民族主义很容易朝着自伤的政治激进主义嬗变,要驾驭它,河内就需控制其与中国冲突的烈度。

越南面临与美、菲等发展关系的良机,但不断有人宣扬构建针对中国的"价值观同盟",越南若加入一个反华同盟,很难避免伤及其国内民众的社会主义信念，这对越南是个特殊风险。

还有一个重要因素，那就是来自中国对维护中越友好关系大局的坚定态度和努力。中国对领土问题坚持原则，但中国从来不是越南的战略威胁，相反，越南走了同中国相近的革新开放之路，来自中国道路的启示与支持是越南在这个世界上不可多得的政治资源。

中越是搬不走的邻居，近代以来外部大国走近越南，总是伴随着这个国家的噩运。越南几经洗礼，对自主外交格外珍惜。

中越两国"山连山，江连江"，如今我们又意识到彼此是海上邻国。中越的海上纠纷需通过谈判协商，在两国之间和平解决。中越陆地边界最终就是通过谈判解决的。外部力量积极介入的目的不可能是为了中越两国人民的福祉，它们公开或拐弯抹角做的种种把戏都是在给中越之间打楔子，诱导我们对立。对此中越官方和民间都需要清醒认识，坚决不被一时一地的纷争扰乱。

（环球时报 2015-06-02 第 3622 期第 15 版 | 国际论坛）

阿基诺言贱如此，菲律宾安有荣焉

菲律宾总统阿基诺三世再次以他的"无知无畏"震惊了世界。他在日本发表演讲称，中国在南海的行为，让他想起了当年的纳粹德国。他大概忘了，正是"法西斯日本"当年侵略了菲律宾。而如果中国真是纳粹，菲律宾还能如此悠哉吗？作为一国首脑，阿基诺三世的言行竟毫无底线，对与菲有正常邦交的大国公开进行侮辱性诽谤。这是在丢菲律宾的国格。国家元首言贱如此，国家又何来高贵，国民又安有荣焉！

阿基诺三世去年接受美国媒体采访时，就曾将中国暗喻为"纳粹德国"，引起国际舆论哗然。菲律宾总统府还就此专门澄清，称阿基诺三世"无意冒犯中国"。但一年后，他又对着日本人说出同样的话。看来，阿基诺三世对历史的无知、对现实的蠢识已经很难有救了。这是菲律宾外交之羞。

不过，对阿基诺三世来说，幸运的是，他冒犯的是一个好脾气的甚至有点老实巴交的大国。这也是菲律宾的幸运。在美济礁那么小的一块地方，中国以极大的耐心和菲律宾周旋那么多年，且不说纳粹德国了，换成今天的其他大国，菲律宾脸上不知道会挨多少个大嘴巴。遗憾的是，阿基诺三世和菲律宾对这种幸运都缺乏足够的认识和珍惜。

中国与菲律宾有2000多年的友好交往历史，从来没有侵略过菲律宾。中国历届政府都把菲律宾当成朋友，在岛礁争端中保持克制。反倒是阿基诺三世一心要投靠的美国和日本，一个曾对菲律宾进行长达半个世纪的殖民统治，一个曾对菲律宾施行过残酷的军事蹂躏。

有华人血统的阿基诺三世，能在短时间内，将华人全得罪光了，这实属罕见。2010年香港人质事件，菲律宾警方处置失当，造成8名香港游客丧生。阿基诺三世不但不道歉，到现场视察时还露出"诡异的微笑"。2013年，菲律宾公务船用机关枪野蛮扫射台湾渔船，打死一名台湾渔民，台湾震怒，阿基诺三世拒不道歉。有这样的邻居，有这样的邻国首脑，也算是中国必须面对的一种现实不幸。

阿基诺三世家世显赫，平常穿着宽松裤子，喜欢飙车、打电玩、追逐女伴，他个人或许有条件"玩世不恭"，但作为一国首脑的身份"玩世不恭"，则是以个人的蒙昧绑架了整个国家。他选择了一个错误的对抗对象，还为此不惜牺牲国格，把当年菲律宾的殖民者和侵略者当做"救星"。

还有一年，阿基诺三世就要下台了。历史恐怕很难给他一个像样的评价，因为这个人连句符合外交最低礼仪的话都不会说，他很像是被父母光环架上菲权力顶峰的一个花花公子，他能做的事就是在世界面前丢菲律宾的人。

（环球时报 2015-06-04 第 3624 期第 14 版 | 国际论坛）

联日傍美攻中国，阿基诺忽悠菲律宾

菲律宾与日本 4 日签署一份加强双方战略合作伙伴关系的联合声明，菲总统阿基诺定于今天结束的对日本访问强化了日菲军事合作的动向。此前媒体报道说，日本将向菲提供 10 艘全新多用途巡逻船，以及 P-3C 反潜巡逻机等装备，帮助菲律宾在南海同中国角逐。

日菲都有一些人对此兴高采烈，他们认为这样做对中国形成新的战略挤压，东京和马尼拉都很看重它们彼此走近的地缘政治意义。

对中国来说，看到日菲这样捣鼓，肯定是不愉快的。但这种不愉快与中国捍卫主权和海上权益的决心相比，又是微不足道的。尤其是马尼拉一定要清楚，它这两年搞的所有把戏都是徒劳的，它可以做中国的朋友，也可以做中国准备好一套方式对付它的流氓，还可以做中美大国博弈中的廉价棋子和走卒，总之它的分量就那么多。

南海被周边国家环抱，这一地理环境是南海地缘政治所有要素之首。菲律宾与中国以海为邻，也是任何外来力量改变不了的。菲律宾试图通过傍美联日来解决它与中国之间的问题，这实在是它的幻觉。它因此所要付出的成本肯定比它直接与中国认真谈判协商要多得多。

阿基诺三世与安倍签个文件，菲从日本那里得到几艘巡逻艇，它们的价值主要都是舆论上的。阿基诺知道他从外部讨来的几件装备吓唬不了中国,如果南海真的紧张起来,它们只是一些漂亮的"玩具"。这位菲律宾总统大概是要用它们忽悠自己的国民,包装一下他这些年频频受挫的南海劣政。

阿基诺三世3日在东京把中国比作纳粹德国,他是世界上第一个这样抹黑中国的国家元首。菲律宾总统如此歇斯底里,让我们对那个国家是否有基本的外交文明产生了怀疑。看来同菲律宾打交道,是不能按常理及国家间的通常规则出牌的。

中菲在南沙存在岛礁之争,但它不像是简单的实力对抗,因为双方各有"得失"。以中菲力量之悬殊,完全不该是菲律宾占据的岛礁,比中国实际控制的还要多。中国的克制是马尼拉的幸运。中国从未侵略过菲律宾,而菲历史上曾是西班牙、美国殖民地,后遭到日本的野蛮侵略。

菲日的防务联手只是一出皮影戏,操纵手和光都来自美国。有人问为何中国周边几个国家投向了美国,难道中国不应反思吗?这话很可笑。中国同邻国的矛盾都源自领土纠纷,中国也是世界上通过谈判划定同邻国边界最成功的国家。美国来中国边上捣鬼有天然优势,日菲等"倒向美国"根本不能做评判中美道德高下的标准。

在世界范围内美国树了很多敌人,美国驻世界各地的外交机构很多壁垒森严,就像是碉堡。而中国在全球没有一个公开的敌国,中国驻世界各地的使领馆大多非常开放。中国已二十几年没对外发生任何战争,用不着别人来告诉我们怎样做一个"和平的国家"。

菲律宾是个实力不强、却在挑衅中国方面跳得很高的国家。按照中国的俗语,属于典型的"找抽型"。然而中国致力于国家发展和复兴,心向全世界,不能陷入与菲律宾无穷无尽的缠斗。菲律宾做朋友,我们欢迎。

它耍无赖，我们唾弃。当它像是美国在我们门前挖的一个坑时，我们未必要赌气试着踩它。我们应给菲律宾画出底线，然后赶我们的路。

阿基诺三世在日本的表现让人想到，有时候"小恩小惠"在国际政治中也是蛮有作用的。菲律宾很容易被收买，中国或许不难在未来某个时刻也"恩威并施"，让菲迷途知返。

（环球时报 2015-06-05 第 3625 期第 14 版 | 国际论坛）

昂山素季访华是中缅关系成熟标志

应中国共产党邀请，缅甸全国民主联盟主席昂山素季将率该党代表团于 6 月 10 日至 14 日访问中国。昂山素季在缅甸颇具影响，曾被软禁长达十几年的经历塑造了她的基本政治形象和标识。这是她第一次来中国访问，很多人从两党的这次安排中看到丰富的寓意。

中缅是友好的邻国，这种友好能否超越缅甸国内政治的复杂，以及西方对中缅关系的干扰，中共与缅甸民盟的这次重要交流发出的是一个肯定信号。

中国与缅甸的关系是超意识形态的，这是中国的一个长期姿态。现在缅甸各方似乎在积极回应中国的这一姿态，这对中缅关系免受缅甸国内政治波动的影响很重要，有利于夯实两国未来关系的政治基础。

2010 年缅甸实现民主改革后，西方舆论曾对中缅关系议论纷纷，缅甸将从对华友好转为"倒向美国"的说法相当抢眼。中国在缅投资的水坝、铜矿等大型项目出现波折被当成缅甸外交转向的证据，然而这种描述的夸张和不准确很快显露了出来。

民主改革使缅甸的政治面貌较军政府时期复杂了很多，政府对社会的控制力迅速减弱，西方力量在涉及中资项目的领域煽动抵制情绪有了新空间，中缅关系面临着在社会层面的一些整理。

然而中国是缅甸最大邻国这一基本地缘政治现实是改变不了的，中国作为缅甸发展需要借助的力量是不可取代的。能否与中国发展稳定的友好关系，对缅甸整个国家来说利益攸关，这一重大选择不太可能成为缅甸国内政党政治的一个筹码。

中国同周边国家的关系几乎没有受那些国家内部政治的困扰，一些临时的细微波动放到较长的时段里都变得微不足道。在世界范围内，各国的国内政治纠纷也都不构成它们同中国发展友好关系的重要挑战，中缅关系不大可能成为一个例外。

中国舆论场上不同的人出于价值观原因对昂山素季或推崇，或不太喜欢，这些因素也被屏蔽在中国与缅甸各方的友好接触之外。

中国与周边国家发展关系的战略性原则已经非常成熟，周边国家对中国原则的适应与欢迎也已相当普遍。中缅合作的前景十分广阔，缅甸与中国在经济上是互补关系，缅又有处在中国和印度洋之间的地理之利，两国互相吸引，无论缅甸内外都很难形成让它走向"弃中投美"极端的强大诱惑。

相信昂山素季也会成为中国的好朋友。这几年她有过一些对华的积极表态，在涉及中国铜矿等大项目的纠纷中，她也表现出务实的态度。希望她下周的对华访问将增进中缅之间更深层的相互认识和了解，在两国关系前行的路上添加一座新的桥梁。

（环球时报 2015-06-06 第 3626 期第 7 版 | 国际论坛）

欧洲正成为西方对华友好的先导

中国国务院总理李克强对欧洲的访问正在进行中，李克强已在比利时签署180亿、并将在法国签订数百亿欧元的合作大单，中欧峰会取得合作战略上的重要成果。李克强还提出中欧成立共同投资基金等重大建议，有人称当前的中欧关系处于"黄金期"。

尽管欧洲一些媒体仍热衷于炒作"人权"等争议，但那些报道更像是染上了"小报病"。李克强在法国受到十分显著的热情接待，这不仅是官方礼遇，也是欧洲社会对中国态度的折射。

中欧关系这几年在平稳的基础上发展很快，成为中国同西方关系最成功的一页。中欧经贸合作十分活跃，与此同时双方在地缘政治上没有利害冲突，意识形态摩擦有一定克制，中国对达赖等老问题的制衡发挥了一定作用。

英国等欧洲强国带头打破西方国家在加入亚投行问题上的犹豫，日前签署亚投行协定的50个国家中欧洲国家占了18个，这让中国社会印象深刻，成为修正中国人对欧洲认识的一个因素。

现在有更多中国人倾向于相信，欧洲完全可能成为西方世界持续发展同中国友好关系的先导，这将改变整个西方同中国关系的格局，使中国同美日关系的外部环境在很大程度上得以重塑。

诚然，欧洲很难成为中国人那种志同道合的"朋友"，中欧意识形态分歧还将长期存在，今后因达赖等问题爆发新冲突的可能仍难排除。但中欧的共同利益显然在成为双方关系的主导面。中欧恐怕都需准确定位双方关系，对扩大、深化双方合作足够积极，也要对双方之间的问题给予足够的包容。

欧洲最着急的是经济，英法德意等不顾美国的脸色加入亚投行，说明欧洲从中欧关系获得经济推力的愿望压过了它们对政治问题的考量。中国需要用心回应欧洲的关切，让欧洲在现实中确信中国是它们经济增长的伙伴。

中欧共同开发第三方市场，比如中法联手拿下其他国家的核电项目，中西合作向拉美投资，此外如果中欧共同投资基金得以设立，双方将向欧洲，甚至未来对非洲的投资就可能从竞争关系变为合作关系，这一切终将带来中欧关系的结构性改变。

欧洲很多国家同美国是传统盟友，如果未来欧洲从中国得到的经济好处能比它们从美国得到的多出明显一块，那么一种持续的平衡力就将形成。欧洲在安全上依赖美国，但在涉及中国时，它们比澳大利亚更容易超脱。欧洲在西方世界里"理解中国"的障碍最少，那里有可能成为突破中西互视僵局的关键地带。

中日经贸扩大没能消除两国政治关系的紧张，中美经贸合作没能解决两国的战略互疑，中欧经贸关系发挥的作用最充分。日美澳同中国的地缘政治交集各不相同，地缘政治利益在经济利益面前似乎更强势，但它又非绝对和不顾一切的。中欧关系或许没有为21世纪国际政治定性的力量，但它将带来至关重要的启示，影响不同文明相处的标准。

欧洲国家似乎度过了针对中国崛起的心态调整，只要把它们同日本稍稍一比就清楚了。但是随着中国制造业提升，中欧，比如中德制造业有可能还有一轮新的竞争。一旦我们全面知道中欧关系，我们看待双方未来各种摩擦时就能像站到了山巅，俯瞰曲折奔向大海的江河。

（环球时报 2015-07-01 第 3645 期第 14 版｜国际论坛）

离间计：美防长抹黑中国吓唬东盟

被称为"香格里拉对话"的亚洲安全峰会昨天开始在新加坡举行。美国防长卡特和中国人民解放军副总参谋长孙建国将分别在今明两天发言，舆论之前普遍预测南海问题会是这次对话中的焦点。

卡特在来新加坡的路上对中国发表了强硬言论，宣称中国在南海扩建岛礁将促使地区国家与美以新的方式"团结起来"。分化东盟与中国合作逐渐成为美南海政策越来越突出的策略。

南海存有争议不假，但这个地区逐渐形成消化这些争议的能力，中国与其他声索国的摩擦烈度得到控制。美国因素的强势介入是对南海问题的强刺激，中美发生海上冲突成为牵动地区局势的新风险。

卡特大概会借这次对话进一步渲染"中国威胁"，吓唬东盟国家，推动它们在心理上远离中国，为塑造美国与东盟联合对华的"新局面"进行铺垫。

中国是东盟第一大贸易伙伴，东盟是中国第三大贸易伙伴，中国与东盟合作是地区繁荣稳定的基石，美国在这一地区的经济合作竞争中渐处颓势，它很着急如何弥补自己这一日益明显的不足。

很遗憾，中国与东盟的少数国家存在南海争议，这使美国掀动地缘政治风浪更容易找到机会。借助外部大国力量对区域内大国进行制衡，这是国际政治中的传统选择之一，美国充分助长了菲越等这方面的诉求和兴趣。

区域内外的一些愿望和想法接上了头，中国被诬陷成地区霸权新的追求者，阻止中国扩建岛礁更被宣传成遏制"中国霸权"的标志性行动，地区的注意力被从合作再次拉向潜在军事冲突。

这是最让华盛顿感到惬意的局面，而中国和东盟都将为美国的这一"亚太再平衡"之举埋单。美国已无能力为东盟国家的经济社会发展带来额外资源和机会，它在通过加剧南海紧张来维护自己在这一地区的影响力，巩固其对亚洲事务的所谓"主导权"。不花钱少花钱也能来这里"做东"，这就是美国想要的。

东盟国家不妨都思考一下"动机论"。中国与东盟国家为邻，中国的繁荣与东盟的繁荣是关联的，整个地区的和平稳定构成中国战略机遇期的要素之一。中国有什么理由在这一地区树敌，又有什么理由让围绕南海争议的角逐成为这一地区压倒一切的纷争？

一些人担心中国会用扩建后的岛礁向周边国家进行军事施压，将其作为中国地区霸权的支点。请问，让这些经过建设的岛礁成为南海新一轮更激烈冲突的暴风眼，这符合中国的利益吗？这有利于推动中国"一带一路"构想的实现吗？

但是南海乱了，对美国是有利的。在搞乱这个地区和为这个地区和平奉献力量之间，华盛顿不断露出它正在选择前者的迹象。它通过长袖善舞迷惑舆论，试图让东盟国家接受它的捣鬼，并视之为维护地区平衡的"正义行动"。

中国要的是从南海到东南亚的和平与稳定，美国最关心它在这里的影响力和"主导权"，中美动机上的巨大差别决定了两国实际行动中善意的多少。

中国的困难在于我们既是地区和平与稳定的最大利益攸关方，又是南海具体问题的争议方，中国需要寻求维护本国利益和维护地区和平之间的艰难平衡，细致拿捏分寸。有些国家希望中国为地区和平牺牲本国利益，认为中国只要坚持本国利益，就是对地区和平的不真诚，这种思维的逻辑是荒谬的、经不起推敲的。

亚洲是亚洲人的亚洲，我们今天说这句话，是要强调只有亚洲人才会真正关心亚洲的和平与稳定，对这里的动荡有切肤之痛。美国不会对亚洲繁荣承担责任，更不会为亚洲国家做出牺牲，东盟国家对此一定要了然于心。

（环球时报 2015-05-30 第 3620 期第 7 版｜国际论坛）

美国没来，乌克兰停火协议"四缺一"

俄、德、法、乌关于乌克兰东部问题的四方会谈实现突破，各方商定自 2 月 15 日零时起实行全面停火。这是乌克兰东部发生军事冲突以来规格最高的停火协议，普京、默克尔、奥朗德、波罗申科用长达 16 小时的谈判打造了它。这样的停火协议按理说应当是严肃的、有价值的，它值得包括中国舆论在内的世界舆论的欢迎和祝贺。

然而历史的经验告诉人们，所有政治解决方案不够坚定、具体的停火协议又都是脆弱的。现在普京公开宣布了尊重乌克兰的领土完整，但他要求乌实行宪法改革，给乌东部以独立外交权。基辅表示修宪的目标是向东部两个州"分权"，而非允许它们"自治"。不难看出这当中仍有相当的差距。

就在一年以前，乌克兰还在闹"颜色革命"，去年 4 月基辅的学者们还对《环球时报》记者组说，他们完全不相信会发生战争。现在的情况恐怕是很多人不太相信和平会真的到来。

　　人们注意到，围绕乌克兰东部问题，大国战略层面的矛盾仍未平息，而很多人认为，乌克兰冲突是大板块撞击产生的断裂。华盛顿没有参与这次谈判，它在明斯克会谈的前夕还在讨论向基辅提供10亿美元致命性武器的必要性，这显然与会谈的目标背道而驰。

　　去明斯克谈判的四方都是乌克兰东部冲突的直接利益攸关方。乌克兰是内战的承受者，俄罗斯挨得最近，德法都是欧盟国家，乌东部战事的升级对它们各方都弊大于利。

　　莫斯科怕被战争波及，法德也怕被牵连，美国的情况有所不同。美国有超脱的资本，它最关心的是欧洲的"秩序"。很难说在华盛顿看来遏制俄罗斯与维持欧洲中部的和平哪个更重要。美国对乌克兰冲突的切肤之痛肯定不如欧洲人那么深。

　　当然了，也许华盛顿也愿意让乌克兰的事情冷下来，因为美国如今把"亚太再平衡"战略摆的位置要高于它的欧洲战略，如果能从欧洲腾出手来，至少奥巴马本人像是乐意的。

　　总体看来，乌克兰东部冲突是"有些奇怪的战争"，基辅与莫斯科的对立也有些奇怪。在俄罗斯周边存在一种抱北约大腿与莫斯科对抗的流行思维方式，在俄欧、俄美之间左右逢源的平衡术受到冷落。

　　北约与欧盟东扩一路春风得意，鼓舞了被莫斯科视为关键性缓冲区的那些国家，乌克兰成为"击鼓传花"砸在手里的那一个。乌东部战争倒退一年怎么看都像是可以避免的，而现在那里的僵持程度常常令人绝望。

　　实现乌东部稳定停火面临两大考验，一是技术性问题，包括如何在"自治"与"分权"之间和稀泥。二是俄美的战略摊牌仍在继续中，美国压制俄罗斯与后者这次一定要把前者"一脚踹回去"的决心都很强烈。

世界历史上有过很多"火药桶"，都是因为那些"小地方"的政治齿轮挂在了世界政治的大齿轮上。外部政治军事支持源源不断流向那些地区，而那些地区的命运就是被打得稀巴烂，为大国之间的恩怨埋单。

四方会谈搞出的这个停火协议是乌克兰实现和平的重要机会，乌两派能否理解这个机会并抓住它，这要看他们的"造化"了。

（环球时报 2015-02-13 第 3539 期第 14 版｜国际论坛）

越南不可能像孩子一样扑进美国怀抱

越南共产党总书记阮富仲 6 日至 10 日访问美国，受到美国和西方舆论从地缘政治角度的大量解读。这些舆论将此次访问看做美越联手对抗中国的外交典礼，也当成是美国在战略上围堵中国胜利的又一标志。

越南成为支持美国对华战略阵营的铁杆成员，这很可能是美部分战略学者和舆论领袖的愿望。这个目标或许是他们眼前看似不远处的地平线，但无论怎么走，它离他们总是不远不近的样子。

美越的相互吸引力是显而易见的：华盛顿希望河内与自己的亚太再平衡战略高度配合，增加对华施压的筹码，后者也希望同华盛顿走近有助于其同北京在南海问题上周旋。这是地缘政治最初级的公式，但它决非美越关系的全部。

越南革新开放后承受了以美国为源头越来越大的政治压力，这是越南国家稳定的长期挑战。越南对美既靠近又防范的内在纠结根深蒂固，越南不可能学菲律宾像孩子一样扑进美国的怀抱。河内不得不担心，华盛顿给了它一颗糖果，实际可能是一丸"毒药"。

同美国发展关系是越南外交的正常需求。美在东南亚有着广泛影响力，又是越南的最大出口市场之一，加上要处理西方对本国做政治渗透这个大麻烦，发展同美的良好关系符合越南的国家利益。南海问题会进一步加强河内的这一愿望。

然而中国是从越南身边搬不走的。越南既把这当成其国家安全的挑战，也在实际享受中国输送来的经济增长推力，以及中国社会主义制度对越南体制的支撑。越南同中国一样，实现经济社会发展是国家战略的根本主题，如能避免南海问题与该主题的对立，对河内是上上策。

就像美国的军舰绝对不会被河内"呼之即来"，在它最需要的时候出现在南海上一样，越南也不可能不顾自己利益、不分轻重地做美国亚太再平衡战略的棋子。美越相互利用是比越南处理好对华关系更捉摸不透的迷思游戏。

中国人大可不必对越南同美国发展正常关系大惊小怪，这种态度体现的是我们的气量。中国周边任何国家同美发展关系我们都没有理由不高兴。这就好比中国与加勒比和南美国家发展关系，美国也不应过度敏感。全球化时代，双边关系都不具有排他性。中国周边国家与美发展关系分别代表了战略上美国得分，中国失分，这种解读至少有相当一部分是夸大的。

当然，美越走近确有一些因素是针对中国的。这些因素肯定不好，需要中国通过博弈加以抑制。总体看，这种博弈对中美越三方都有压力，今天说来，美国承受的压力可能相对小些，中国相对大些，但如果这种博弈发展下去，最难受的却是越南。

个别国家想借助美国的力量来平衡它同中国的纠纷，但迄今没有谁从这一战略中真正得了便宜。中国既有通过沟通和谈判解决争议的诚意，又是个面对外来压力坚持原则的有实力的大国，上述针对中国的战略注定是失败的。

（环球时报2015-07-08 第3651期第14版 | 国际论坛）

《纽约时报》发恶毒社评离间中缅

《纽约时报》24日刊发一篇以刺耳语言抨击中国的社评。该文称中国正对缅甸宝贵的自然资源发动"大规模抢掠"，所用的是"公然盗窃"和"权贵资本主义"方式。文章历数中国对缅甸从红木到野生动物资源的"灭绝性"破坏，并把缅甸警察打死一名抗议者归罪中国。文章以"缅甸人民"的名义呼吁遏制这样的"掠夺"和"榨取"。

这篇就差没对中国"骂娘"的社评很像是《纽约时报》声讨中缅贸易的檄文。它把中国描述成恶棍，而缅甸又傻又愚昧，被中国玩弄于股掌之间，而美国精英们则好像是洞若观火并且为那些愚弱民族主持公道的"正义力量"。

《纽约时报》这次没给中国戴"新殖民主义"的帽子，算不算是笔下留情？长时间以来，美欧舆论把中国在第三世界国家的经济活动通通看成搜刮和巧取豪夺，这大概是因为他们的祖先曾经倒卖黑奴，见什么抢什么，吸干了很多殖民地的血，他们就认为中国一定像他们的祖宗一样心狠手辣。

中国某些商贩在缅甸的经济活动的确存在一些问题，但必须指出，中国政府对诸如破坏性开采资源、贩卖野生动物及走私珍贵树种等，都是坚决反对的。对于贩毒，中国更是严厉打击。极少数中国人在缅从事不道德活动与中国的对缅政策完全是两码事，《纽约时报》故意混为一谈，显然是想通过其影响力在缅甸社会散布厌华仇华情绪。

《纽约时报》在文章中强调人权，但这些年美国在从阿富汗到伊拉克等广大发展中国家都干了什么，第三世界的公众不是瞎子。美军在那些国家炸死了多少平民百姓，《纽约时报》为那些冤死者的人权发过一篇社评吗？曾经非常富庶的缅甸这些年陷入落后，保障人权缺少起码的物质基础，美国的对缅制裁实际上一直是推波助澜的外力。

《纽约时报》的团队应当很清楚西方的繁荣与它们对第三世界的盘剥是什么关系，西方列强对殖民地的统治及控制延续了几个世纪，但很多那样的地方依然一贫如洗。西方对那里的发展是掐尖式的，开小煤窑式的，总是挑最肥的地方下手，往往留下的是一盘残局和严重倚赖西方的畸形经济。

一些西方人至今对第三世界怀有老爷心理，《纽约时报》这篇社评摆出的就是高高在上的救世主架势。它在教训缅甸人"离中国远点"，试图给中缅之间打下新的楔子。

中国在缅投资的莱比塘铜矿等大型项目遇到阻力，连昂山素季等政治家都感到遗憾，而西方媒体力量在这当中起了很坏作用。西方如今没钱在缅甸大规模投资，中国的投资它们又想方设法搅黄。难道缅甸就应长期与现代化无缘，保持某些西方人愿意看到的质朴与贫穷吗？这实在很不人道。

中缅之间的贸易问题需我们双方认真解决，希望缅甸方面对西方的挑拨保持警惕。中国很愿意与缅甸一起繁荣，缅甸的和平与稳定符合中国的利益。中国决不想被遭到现代化遗弃的国家包围。而《纽约时报》这样的机构在把缅甸等中国邻国当"棋子"看，它们最关心的不是缅甸等国的社会进步，而是这些国家怎么变才能最大限度地消耗中国。

作为中国的邻国，缅甸需要很小心不按照外部大国的利益逻辑审视它与中国的关系。缅甸只有保持心灵上的独立自主，才能看透《纽约时报》这样的"仗义执言"里究竟藏着多少狡诈。

（环球时报 2015-01-27 第 3524 期第 14 版 | 国际论坛）

土耳其，请与涉恐偷渡者拉开距离

据土耳其媒体报道，土耳其边防军近期先后逮捕上百名非法出入土叙边境的外籍人员，其中包括多名中国籍涉恐人员。这被理解为土耳其加大了对外籍涉恐人员非法出入境的打击力度，也是对国际社会长期呼吁的回应。

土耳其是中东大国，历来抱负不小。但这几年，其边境线却呈现让世人惊愕的"奇观"：数以千计的外籍涉恐人员在土耳其、叙利亚、伊拉克三国溜来窜去，边境线形同菜园门。据国际刑警组织的观察，土耳其已经成为外籍人员赴叙利亚、伊拉克参战的最主要中转国。而同样与叙、伊接壤的中东小国约旦，其边境线则"清静"得多。这显然有些反常。欧盟外交政策负责人莫盖里尼公开批评土耳其在土叙伊边境管控方面"做得很不够"。

有分析认为，这是土耳其影响中东政局的一种手段。如果真是这样，那这实在是一招臭棋，毕竟这种手段不光彩，且稍不留心就会伤着自己。恐怖分子已成全球众矢之的，一个国家行为体和恐怖组织沾上哪怕一丁点模糊关系，都是对这个国家形象的玷污。土耳其对此不会看不清楚。

土耳其对承担国际责任的公开表态并不含糊，也采取了一些相应的打击措施。但在土叙伊边境涉恐偷渡的状况始终没有实质性改变，这容易让人得出土耳其存在放任甚至暧昧的结论，给国际社会留下土耳其"说一套做一套"的不好记忆。土耳其需要做出更多具体努力，让国际社会看到更多实际效果，才能彻底摆脱负面影响。

中国是土耳其边境管控不力的直接受害者之一。另据土耳其媒体近日报道，IS组织在土耳其设有假护照制作中心，他们已制作了10万本土耳其假护照，其中至少5万本流到中国。这令人十分担心。

从去年起，不断爆出东南亚国家警方逮捕中国籍偷渡者的消息，很多偷渡者手里拿的是土耳其大使馆发放的护照，其目的地都是想从土耳其潜入叙利亚或伊拉克参加IS。这些偷渡者相当部分涉恐，流窜到哪儿都是祸水。如果这些涉恐分子接受IS训练并获得实战经验后，再原路返回，将对沿途东南亚各国公共安全构成更大威胁。

公开的案情显示，有土耳其公民直接参与、组织及策划了这些偷渡案，如近期发生在上海和广东的两起组织偷渡案件中，分别有10名和9名土耳其籍犯罪嫌疑人涉案，按中国刑法规定，这些人或将面临数年刑期。一些案子还有土耳其驻外使领馆的人出面，给偷渡者提供公开支持，如发生在中越边境地区的一起组织偷渡案件中，土驻越使馆直接插手对有关犯罪嫌疑人的处理；再如，在近期17名滞留泰国中国籍偷渡人员起诉泰移民部门的案件审理期间，土驻泰使馆为上述人员办理临时护照并派员旁听庭审，但泰国当地法庭对其的败诉判决，不仅让土方个别官员不光彩的行为暴露无遗，也无疑使土耳其护照的"含金量"大打折扣。中国籍涉恐分子偷渡活动屡禁不止，土耳其负有难以推卸的责任。过去一年，中国和土耳其加强了反恐磋商与合作，希望这会对涉恐偷渡起到越来越大的钳制作用。

土耳其一些人至今没有走出"泛突厥主义"的迷梦，他们的目光跨越好几个国家，投射到万里之外的中国新疆，与那里的民族分裂分子形成某种呼应。"东突"势力在土耳其经营长达数十年，在土耳其政界和民间都获得一些同情和支持，这让他们产生了幻觉，进而铤而走险，成为"分裂分子""恐怖分子"和"极端分子"的三合一。

无论从土耳其自身的利益讲，还是从中国等相关国家的利益讲，土耳其都不应为恐怖分子提供任何形式的庇护，而应采取更坚决的措施打击恐怖主义，不能让少数土耳其人的个人行为给整个国家脸上抹黑。

土耳其平时并不怎么出现在中国的舆论场上，偶尔出现的坏消息会占据中国人对土耳其的整体印象，这很令人遗憾。中国和土耳其互利共赢的潜力很大，它们等待被激活。我们不希望，它们被几个恐怖分子给搅黄了。

（环球时报 2015-04-29 第 3595 期第 15 版 | 国际论坛）

欧盟处理希腊之乱同中国有关吗

当中国拯救股市的大规模行动拉开帷幕的时候，欧洲的金融秩序遭到来自希腊的严峻挑战。希腊星期天举行的全民公决拒绝了国际债权人对其改革提出的要求，这是欧元区自建立以来从未有过的僵局。希腊已经对 IMF 的贷款还息违约，本月很可能继续对欧盟债务违约。希腊银行关闭已经一周多，这个国家处在破产边缘。

在希腊全民公决说"不"的情况下，一些人对中国的动向十分关心。

中国会援助希腊吗？以及中国会在欧盟的内部纠纷中扮演什么有趣的角色吗？

这样的好奇心情有可原。中国有雄厚的外汇储备，希腊又是中国"一带一路"建设方向上的重点国家之一。中国显然愿意成为希腊解决经济社会发展问题的一个伙伴。

然而中国对希腊摆脱困境的帮助一定会追求全面的建设性，这意味着中国会希望自己的参与既有利于希腊，也有利于欧盟。这是中国对外关系的基础性价值观，可谓根深蒂固。

中国总理李克强等人多次表示愿意希望看到希腊留在欧元区，这可不是冠冕堂皇的外交辞令。中国清楚，希腊问题事关欧元区治理及欧盟一体化全局。中国恐怕是欧盟之外最真心希望欧盟向好的国家之一，欧盟是中国第一大贸易伙伴，双方没有地缘政治纠葛，欧盟强大了，受到最多牵制的是美国，中国什么损失都没有。

中国民间当然也有一些对希腊向欧盟"造反"幸灾乐祸看热闹的人，但那是市井情绪，那些人世界上哪里出事都高兴，中国自己出事，只要直接意义上事不关己，他们也挺乐呵。这样的情绪经常会流向互联网上，看上去像是"舆论"一样。

另外希腊的事情毕竟离得远，再怎么着也疼不到中国人自己身上。中国天灾人祸多发，社会争议重重，外界发生矛盾和冲突，也会让一些人相信我们不是这个世界上最倒霉的。但这样的想法和它们的外露都会非常克制。

稍稍严肃一些观察欧盟，中国人就会很快发现或者悟出，如今的欧亚大陆西端汇聚着一批最有可能成为中国好朋友的西方发达国家。对它们和中国都有利的事情，我们应积极去做。对它们有利又对中国无害的事情，我们顺手做了也无妨。对欧盟有害的事情，或者对其中个别国家有利而对其他国家有害的事情，中国不能做。

中国与希腊前几年发展关系很快，2014年习近平主席李克强总理都访问了希腊，两国签了大单。中国还通过多边机构如IMF等参与了对希腊的资金援助，中国公司是希腊大型工程的积极参与者。中国不仅没有在希腊危机期间抛售欧债，还视情有所增持，这都极大地稳定了市场对欧债的信心。这些在希腊和整个欧盟受到同等的欢迎。

希腊虽然否决了欧盟的要求，但它继续留在欧元区仍是高概率事件。欧盟是援助希腊的主体，中国应当把帮助欧盟找到解决希腊主权债务危机作为主要方向。落井下石、趁火打劫从来都不是中国外交的风格。

希腊全民公投酿成轰动全球的新闻，但欧洲以外能搞明白希欧矛盾细节的人实在不多。中国有相当一部分人在从民主和民粹的角度看希腊之"乱"，认为这些因素瘫痪了希腊改革的能力。德国总理默克尔6日表示"尊重希腊人民的选择"，这倒更像是外交辞令，因为她没有同时承诺德国准备给希腊更多资金援助。

欧盟必须应对解决希腊说"No"的危机，中国首先应是认真的观众。希腊搅乱了欧元区，欧元区如何治这一乱，后者的承受力究竟有多强，以及是什么原因，这一切都很值得观察、研究。

（环球时报 2015-07-07 第3650期第14版 | 国际论坛）

伊核危机突破，中东一大战争引信拆除

在经过马拉松式的谈判后，伊朗与六大国昨天正式签署了解决核问

题的协议。伊朗从此限制核活动，确保不发展核武，联合国逐渐取消对伊朗的制裁。这一协议至少在一段时间内拆除了中东最大的战争风险引信，标志着伊朗在被西方舆论长期描述成极端、古怪的国家之后，将重回国际社会。

美国与伊朗的对立穿越了过去几十年的国际政治变迁，最后在核问题上拴成了死结。在中东旧格局的废墟上，伊朗成为美国最持久、也最公开的敌对国家。伊朗核问题长期埋藏着中东是否会再爆发一场较大规模战争的悬念。

美伊对立导致的安全危机通过种种形式扩散到了广阔的周边地区，它在中东成员之间造成了大量警惕和不信任，推动了公开或隐形阵营的出现。地区内部的极端主义势力也因此有了更多生存缝隙。

事实证明，美伊尖锐对立是一场对双方都是输大于赢的游戏。联合国在美国推动下对伊朗实施了4轮制裁，但没能摧毁伊朗经济，美国这么多年也因此没睡一个安稳觉。伊朗声称它从没想造核武器，而且到头来它也确实没搞核试验，但这10年它蒙受了巨大经济损失，而且经历了国家安全严重缺少保障的时期。

伊核危机让美国和伊朗都吃了苦头，美国大概了解了逼人太甚不是好办法，伊朗也清楚了国际社会一旦在反对它的核活动上形成团结，它终究"胳膊拧不过大腿"。

伊朗的遭遇对朝鲜等其他有核抱负的国家大概有一定借鉴意义。在这个有着惊人牵动力、中小国家很难按自己意志把控的问题上，审时度势或许是国家利益的真正生命线。

今天的协议带来的和平意义让六大国所代表的全球力量都舒了一口气。中国作为与伊朗一直保持合作关系的国家尤其会感到高兴。在这之前不断有西方舆论找中伊合作的茬，随着联合国制裁的失效，中伊友好关系的前景十分广阔。

美伊缓和关系将会影响中东内部的地缘政治结构，带来最初的一些不适感。但因此导致的地区内部痛苦会随着时间被消化，应不至于演化成新的重大风险。

伊核危机期间，不断有传闻称美国或以色列可能对伊朗核设施发动空袭，中国是谈判解决伊核危机的坚决主张者。事实证明这一主张是对的。一场有全球影响力的危机最终通过谈判获得化解，这是最明确的范例之一。

奥巴马政府不久前刚与古巴政府建交，现在又突破了伊核危机，他的这些作为应当会被历史记住。希望奥巴马这样做是为了推动世界范围内的和平与繁荣，而不是为美国开展更大的地缘政治赌博而做收缩准备。奥巴马任期所剩时间不多，但他有可能为今后的美国外交战略打造不同的接口。

（环球时报2015-07-15 第3657期第14版 | 国际论坛）

一天三国遭恐袭留给世界的震动

26日在法国、科威特、突尼斯三国都发生了恶性恐怖袭击事件，共造成至少44人死亡，袭击者在法国还将一颗砍下的人头挂在工厂栅栏。根据消息，至少两起事件跟IS（伊斯兰国）有关。

IS未必有那么大的本事，能够把黑手伸向世界各个角落。但IS逐渐成为全球恐怖主义新的精神支柱，它的嚣张刺激、鼓舞了各国出于不同原因仇恨社会的极端主义者。

恐怖主义在世界范围内屡打不绝，它总的名声很臭，但这种声名狼藉有一定的表面性。恐怖分子袭击了不同国家，这些国家由于彼此关系的远近对同一起恐怖事件的感受是不同的。当一起恐怖事件发生时，有些社会非常痛惜，但也会有感觉不关痛痒者，甚至实际上觉得发生这样的事情"活该"。

说恐怖主义者都是"疯子"有些简单化了，恐怖主义的发生都有较深刻的社会原因，但是人类社会尚没有能力消除这些原因，因此多数社会把管理这些原因所造成的后果作为了当务之急。应该说这也是没有办法的办法。

毕竟恐怖主义是直接杀人，而且大多是针对无辜普通平民的杀戮行动，反对恐怖主义具有道德上的优势。自"9·11"事件以来，世界主要国家围绕反恐怖主义达成了部分共识，但是这种共识不够牢固。西方社会在双重标准的问题上表现得最为突出，它们打乱了人类关于所有恐怖主义"都很罪恶"的认识，鼓励了通过识别原因来对具体恐怖主义行动定性。

其实IS这样的极端组织就是"恐怖主义原因神圣论"的煽动者，西方同IS势不两立，但IS成为西方的死敌更多像是因为它造成西方无法接受的后果，而不是因为它所主张的思维方式和逻辑。西方社会一些激进分子投奔IS，说明IS在思想和政治上对一些人有着常人难以理解的吸引力，它对目标的追求有其内在逻辑。

世界主要国家必须在反恐怖主义的问题上结成坚定的联盟。对恐怖主义的定义决不能考虑原因的因素，只应根据它的形式和结果做定性。只有这样才可以不断挤压具体恐怖主义行动在某个社会群体里得到同情甚至支持的空间，才能实现有一天当一个爆炸性的恐怖主义消息传出时，全世界从每一个角落发出的都是谴责和骂声。

(环球时报 2015-06-27 第 3642 期第 7 版 | 国际论坛)

中泰依法遣返偷渡者，土美闭嘴为尊

泰国 8 日向中国遣返了约 100 名中国公民，他们大多是新疆籍人。这引发了土耳其泛突厥狂热分子对泰国驻土领馆的冲击，土政府对泰国的遣返行动发出谴责，美国国务院以及"大赦国际"等人权组织也加入谴责，泰国则认为土美的态度有失公正。

据报道，泰国这次遣返的总人数要多得多，其中有 170 人被确认为"土耳其公民"，因而被"遣返"到土耳其。另有 50 人仍在泰国被关押着，他们的身份有待"进一步甄别"。而很多国际舆论都清楚，那些所谓的"土耳其公民"也大多为中国维吾尔族人，有土官方人士帮助他们做了护照身份转换。

美国官方和人权组织插手遣返争议是可以想见的，它们关于中国"违反人权"的指责已经让我们的耳朵磨出了茧子，同它们争辩无异于对牛弹琴，很无趣。

至于有人权组织宣称这些新疆人被遣返后将面临"酷刑"或"失踪"，这种毫无根据的编排让今天的中国哭笑不得。这几年中国打击刑讯逼供如此严厉，人们有理由怀疑警察是否还敢朝犯人的屁股上踹一脚。至于"失踪"，那已是西方对一个人在中国遭到依法拘留的"别称"，也就是说，拘留所里的每一个人都可以称为"失踪者"，如果西方对他感兴趣的话。

最令我们不解的是土耳其，其民间弥漫的泛突厥主义似乎走火入魔，让对土原本有着美好印象的中国人大跌眼镜。本来中土关系这些年发展得很不错，土耳其是中国热门旅游目的地之一，两国有军购合作，土还是中国"一带一路"计划的重点国家，中土关系看上去前景广阔。

但泛突厥主义老问题上浮，给中土关系横生枝节。上周一些土耳其人相信中国新疆穆斯林被禁封斋的谣言而上街游行，错将韩国游客当中国人打了。现在他们又要往中泰之间的遣返非法移民插上一脚。

非法移民活动，很多情况下与跨国犯罪行为相联系，相关国家不仅不应鼓励而应联手共同遏制。新疆各族居民有正常出国渠道，经泰国向土耳其偷渡者，一些有参与暴恐的前科，而且过去偷渡出境者中的一部分后又经土耳其去了"伊斯兰国"，他们与潜回新疆的暴恐分子使用了同一偷渡渠道。如果任由该渠道扩大，将严重威胁新疆及整个中国的安全，因此阻断新疆经东南亚前往土耳其的非法偷渡渠道既是中国与泰国等依法治理社会的正常行动，也对维护中国国家安全、促进国际反恐有进一步的意义。

客观说，土耳其可不是人权领域的榜样，库尔德人问题是该国形象的一块硬伤。说到泛突厥主义，它即使谈不上在世界声名狼藉，也是很负面的概念。土一方面接受了现代文明，一方面它的社会思潮难以摆脱不切实际的历史留恋，存在着一些很极端的东西。由于土国是中东大国，外界尊重其影响，因而对土国内一些激进势力的表现得过且过，有时睁一只眼闭一只眼。

中国一直着眼于中土的友好关系大局，对土耳其的某些人破坏中土关系的行径非常克制。但土一小撮狂热势力又是打游客，又是冲击外国领馆，看来相当野蛮，还有些政客为一己私利从中煽风点火，很不应该。

如果让泛突厥主义烧出大火,首先被烤的是土耳其自己。

认为中国会"迫害"被遣返者,完全是外部一些人的想象。有违法犯罪行为的会受到依法处理,其他人都会受到正常安置,中国的依法治国建设风头正劲,外界质疑这个问题在中国人看来是奇怪的。

对非法偷渡符合国际惯例的处理被搞得沸沸扬扬,这既非中国的错,也非泰国的错。中国人也能够了解土耳其社会钻牛角尖的缘由,但我们没有义务为他们的问题埋单。中国会坚持自己的原则,土如不加收敛,只能自作自受。至于美国和所谓人权组织,请它们歇歇吧,中国人没心情搭理它们。

(环球时报2015-07-11 第3654期第7版 | 国际论坛)

第五章

自由的背面

言论自由与国家安全决不能对立 / 宗教式笃信"言论自由"挺吓人的 / "标题党"恶意制造坑人噱头有点损 / 泄国家机密判 7 年与"言论自由"无关 / 没有"民共合作"的民进党以骂掩耻 / "藏独"分子故技重施只会自讨没趣 / "港独"荒诞不经，却不可当笑话看 / "港独"之荒诞令人警醒 / "港独党"，以"臭"博眼捞钱的怪胎 / 香港政改面临高难度摊牌 / 香港民主给内地做了糟糕示范 / "港独"滑向暴力，香港让人心疼 / 香港泛民或分裂，中央定力坚如磐石 / 香港站在严峻的十字路口上 / 大陆决不能与台湾地区重启服贸谈判 / 台湾不是国家，中国师生的较真没错 / 台湾对大陆善意的回应太小家子气 / 台军方发言人情绪化放炮有失自尊

言论自由与国家安全决不能对立

国家安全法二审稿草案20日提请人大常委会会议审议,这份草案新添了一些内容,其中引起人们最多关注的是关于文化安全的描述。据报道草案增加了"加强社会主义核心价值观教育和宣传""防范和抵御不良文化的渗透"的规定。此外二审稿还主张"建设国家网络与信息安全保障体系""维护国家网络空间主权"。

文化安全是国家安全的重要方面吗?一些互联网活跃人士迅速予以否定,但在专业安全学者的眼里,它当然是。

文化,包括意识形态是一个国家政治凝聚力的基础性构件,比如一个民族分离主义或民族沙文主义盛行的多民族社会,其国家结构不可能是稳定的。如果资本主义社会特有的价值系统对一个社会主义国家的意识形态做彻底改造,后者的国家安全就将面临严峻挑战。这些都是很基本的道理,任何群体恐怕都不难理解。

世界大国的国家安全法(或国土安全法)都会涉及文化领域,美国的国安法要求每任总统都必须出台国家安全战略报告。在2010年的国家安全战略报告中,明确将"在国内和全世界尊重普世价值"作为美国全球战略的主要目标之一。此外对于伊斯兰极端主义等在西方的渗透,美欧各国都予以严厉打击。

中国有人担心对文化安全的保护会对文化开放形成干扰,打击言论自由。这种担心有必要让立法者听到,但与此同时,它们不应成为阻止公众了解文化安全紧迫性的一道屏障。

中国既要文化安全，也要言论自由，当代和未来几代中国人应当有足够的能力和魄力建立二者之间的融合及平衡，而不是一再将它们对立起来，顾此失彼。

言论自由不能危害国家安全，人们对其他权利的行使同样不能危害国家安全，这是一条超越政治制度和国家治理模式的普遍底线。宣扬言论自由的至高无上，让它与国家安全PK，这违反基本的政治及司法逻辑。这样做只会撕裂国家的治理结构，增加内部的分歧和敏感，对言论自由的实际发展没有一点好处。

前两年中国互联网上危害国家安全并且产生了影响的言论相当多，近一个时期它们相对变少了，但支持那些违法行为的思想逻辑依然活着，一些人寄希望于有一天能借助它重新点燃互联网。

文化安全是国家安全极具现实意义的一个主题，也是国家踏实感的来源之一。文化安全牢固了，社会内部的百花齐放就多了信心元素，其对外交流的心态也更稳定，可以减少不必要的疑虑和犹豫。

不顾国家安全的言论自由是不可持续的，它或许会昙花一现，但它导致的严重后果不可能被社会长久承受。在大国围绕国家安全开展竞争的时代，言论自由尤其不可能成为社会运行的轴心，尽管一些知识分子视其为精神图腾，但现实世界的真实追求是多元的。言论自由必须促进国家和社会对其他主要目标的追求，而不能扮演破坏性角色。

人大常委会目前审议的国安法第二稿只是草案，是用来讨论的。很多表述都未必能是最后的成文。希望讨论是建设性的思想过程，不被一些激进观点引向岔道。目前有些人一提国家安全就反感，他们决不应成为这场讨论的主导者。

（环球时报 2015-04-22 第 3589 期第 14 版 | 国际论坛）

宗教式笃信"言论自由"挺吓人的

法国的"言论自由"里藏着很多奇奇怪怪的东西。法国《寒流》漫画杂志最新一期大概想学《查理周刊》搏出位，搞了个"黄祸已至，挡之晚矣？"的封面。其所画情景是中国人占领整个巴黎，作威作福，法国人都沦为黄包车夫、妓女、乞丐。

法国人可能视这为他们的幽默，但公然骂中国人"黄祸"，还是够损的。如果中国政府愤而斥责该杂志，或者中国社会发起抗议浪潮，那么《寒流》就一夜成名了。好在现在的中国人可以一笑置之，或者捂着鼻子骂一声"臭"就走了。

然而世界各国人并不都像中国人这样好脾气。

《查理周刊》爆红的最新一期被全球穆斯林认为捅了他们的信仰一刀，这个定性很严重。

世界多个伊斯兰国家出现针对法国《查理周刊》的激烈抗议活动，尼日尔的法国文化中心和数座基督教堂被纵火烧毁，至少10人丧生。法国总统奥朗德呼吁严惩这些暴徒，他表示"那里有时候人们不懂什么是言论自由，因为他们被剥夺了这项权利"。

纵火杀人的暴徒的确应受到严惩，然而这一众所周知的文明法则看来压制不住《查理周刊》漫画先知激起的全球穆斯林的怒火。欧洲的"言论自由"与穆斯林世界的"信仰自由"如今针尖对麦芒，谁也不想听对方的话。

在广大穆斯林看来，《查理周刊》就是在亵渎先知，他们的这一理解是宗教式的，没有回旋余地。而且过去只是那家杂志做了这样的亵渎，现在好了，它的发行量从六七万蹿成六七百万，全欧洲都因为支持而读它，这个梁子越结越深。

再看看法国和欧洲这边，人们对言论自由的信仰原本是世俗性的，但现在他们变得很"轴"，像是过不去了，穆斯林越是反对登先知的漫画，他们越要登。他们把这件事的意义上升得特别高，很神圣，宁肯为之冒新的流血牺牲风险。仔细想一想，这已经不太像是世俗的思想和行为逻辑，而更像是宗教化的。

如果欧洲人以圣徒的心态誓死捍卫漫画先知的"言论自由"，与穆斯林对先知的另一种誓死捍卫迎头对撞的话，那么21世纪就真的有事做了，它有可能成为"圣战"的世纪。

恐怕还是要劝欧洲一句：退一步海阔天空。言论自由是好东西，但连罗马教皇方济各15日在赞同言论自由的同时，都表示它是"有限度的"，认为它不能用来"挑衅、侮辱他人的信仰"。此外美国主流媒体都拒登《查理周刊》的新漫画。这一切说明欧洲有后退的空间。

人们并不否定法国的言论自由，法国的文化面貌总体上颇受外部世界欣赏，现在只是有很多人劝法国社会在漫画先知的问题上做出克制，就这么一点点，不扯其他。法国人应当有不使自己钻进牛角尖的文化魄力，避免让言论自由真的变成一种宗教。

《查理周刊》原本是法国的一本低端漫画杂志，在与外部世界的交流中，它是法国大家庭中"最淘气的孩子"。现在全欧洲因为它挨了打，吃了亏，从同情它、反对对它施以暴行，延伸为支持它、纵容它，从而客观上让它代表了法国和欧洲，这是很蠢的行为。

还是那句话，让穆斯林改变信仰，比法国和欧洲调整对言论自由的理解要难得多。如果法国人认为做这种世俗的调整是一种奇耻大辱的话，那么他们的言论自由就真的与"宗教信仰"差不多了。外界将以新的视角来看《查理周刊》带出的系列冲突。

（环球时报 2015-01-19 第 3517 期第 14 版 | 国际论坛）

"标题党"恶意制造坑人噱头有点损

几乎每天，互联网上都会出现某个官员或名人非常刺眼的"谬言"，在不少时候，它们是从很长谈话中掐头去尾拎出来的一个句子。最新的中招者是住建部原副部长仇保兴，他的一句"农民进城易引发贫民窟病"上了网站的标题，这句话在互联网语境中显然"不够正确"，因而招来大量批评。

这就是所谓"标题党"现象。媒体编辑从谈话人的大量言语中找出一句最容易冒犯互联网语境的话，恶意以偏概全，制造噱头。一些人宣称"这很客观"，因为从谈话人的话里的确能找到这些字眼。但这个标题割裂了谈话人自成一体的语境，强行附加了谈话人并不想强调的意思，因而它把谈话人"坑了"。

值得一提的是，"标题党"之风如今也蔓延到不少市场化的传统媒体上，形成揪官员和名人说话"小辫儿"网上网下的热闹互动。在当下中国，揪官员和名人"错话"成了很多媒体人愿意干、能抓眼球而且还很安全的事情。

舆论开放时代，这个世界充满"谈话"。就官员们来说，过去能不说话就不说话，如今胆子大一点的开始面对媒体了。这应当说是进步。然而"言多必失"，在一个谈话体系里，许多话可以相互平衡，形成总体的可接受度。单拎出来一句"最敏感的"，情况往往差之千里。

名人也是一样，说那么多话，谁能做得到句句正确？如果要找一个人说话的毛病，让他在舆论场上出丑，那是一定能做到的。

"标题党"已经成为舆论的常备游戏，别的新闻都"不争气"时，就靠它来"救场"了。它至少能让平淡的网站首页蹦出一个"亮点"，招来扎堆的跟帖，说不准还会引起其他媒体的跟进，形成"舆论狂欢"。

说实话，"标题党"经常要拿一个人的声誉开涮，因此"有点损"。但由于如今的舆论来得猛去得也快，这种伤害在多数情况下对个人已经不再是"不可承受"的。最后这些伤害会一点点沉淀下来，在中国官方的"脸上"结成一块疤。

"标题党"此外的一大坏处是会挫伤很多人面对舆论"畅所欲言"的积极性，逼人们重新认真考虑"小心说话"的必要性。打击那些带头与舆论互动的官员和名人，是对"多一事不如少一事"的强烈暗示。普通官员和未受专门训练的名人将被迫远离舆论场，只留下一些身经百战的"老油条"。

很多舆论活动变成了一种"钓鱼"，虽然原创记者完整呈现了被采访人的谈话，但是互联网站、微博的二次加工却可以毫无责任地给受访者"挖坑"，让后者吃了亏，都不知道该找谁讲理。这一切将最终绕回来，成为舆论界自身的损失。

"标题党"不是中国的特色产物，很多国家的媒体有着同样的偏好，即使发达社会里，也有一些喜欢通过这么干加强猎奇效果的"小报小刊"。中国一些互联网站在这方面可以说正后来而居上。

"标题党"最恶劣的影响集中在时政新闻领域，它们本身充满夸张和变形,但它们对应的社会情绪却有很大一部分是真实的。这样的"恶作剧"因此有一定社会舆论基础,只有社会情绪的面貌大幅改善,发泄失去了号召力,时政领域的"标题党"才会逐渐收敛。

"标题党"的活跃客观上提高了官员和名人同舆论互动的门槛,防止中招和中招后的公关危机将不断对中国互联网时代的精英们进行洗礼。官员和名人不可能不说话,他们当中终将涌现一大批敢说话而且善于把握分寸的能人。

(环球时报 2014-06-18 第 3343 期第 15 版 | 国际论坛)

泄国家机密判 7 年与"言论自由"无关

高瑜为境外机构非法提供国家机密案昨天做出一审宣判,高瑜被判处 7 年有期徒刑,剥夺政治权利一年。西方舆论从前天起就密集追踪宣判情况,并以"打击言论自由"等罪名对中国群起攻之。一些西方驻华外交官也为高瑜喊冤,形成了向中国发难的新波次。

高瑜案 2013 年东窗事发,当时她 70 岁,早年曾是中新社记者,之前曾两次入狱,其中一次是 1993 年因泄露国家机密被判刑 6 年。她本次犯案是因向境外网站全文传送中央机密文件,而那次泄密导致中方成立专案组开展侦查,高瑜落网是那次排查行动"大海捞针"的结果。

高瑜在中国没什么名气,西方舆论这样一发力,使她在国内外舆论场上有了名气。这几年攻击中国"打压言论自由"成了西方一个万能的筐子,中国发生什么事,他们都往这个筐里装。无论因为犯什么罪受到中国法律追究的人,只要被西方舆论相中,就都成了"人权斗士"或"言论自由斗士"。

这样的频率似乎在增加，西方支持中国"异见人士"的方式逐渐驾轻就熟，像是形成了"流水线"，各方的配合相当"自动化"。像高瑜这件事，把中央机密文件传送给境外网站，随便到大街上拉个中国人问违不违法，他们敢干不，回答肯定是违法，不敢干。但西方舆论齐声高喊这是"言论自由"，这看上去就像是电脑程序一样准。

中国有自己的法律体系，它与西方有不一样的地方，但也有相同处，那就是它必须得到执行。中国的保密法不是一个用来描着玩的字帖，有人因为触犯它而遭了牢狱之灾，其中被判重刑的不乏高官。高瑜没有任何权利可以特殊，她为境外新闻机构供稿，必须以合法途径做事，如果她对法律没有起码的敬畏感，视非法行事为儿戏，那么法律一定会在不远的地方等她。

西方一些势力用"人权"和"言论自由"反复围攻中国，证明了中西在这个老问题上很难调和，我们对此已彻底搞明白，就这一点不再抱什么幻想。我们知道，至少在可预见的未来，中西的这种对立将无休无止。

然而最重要的是，西方一些人对华的激进发难越来越成为他们的自娱自乐，那些表演能够对中国人产生的影响已经所剩无几，它们引起中国人的最多感受就是厌恶。西方舆论支持的中国人几乎无一例外是一些特殊的闹事者，甚至犯法的人，西方那些激进力量就盼着中国坏，并且不遗余力要给中国添乱，每次出高瑜这样的案子，都会加强一次中国人的这种认识。

极少数中国公民把西方力量当成一种依靠，以为有它们的支持，在中国干违法的事就能不被追究，中国法律对他们就会"高高举起，轻轻放下"。这是很幼稚的，在依法治国得到全面推进的时候，这样的处事态度将越来越危险。

高瑜已经年过70，她的人生有很多教训，其中很重要的一条是：西方靠不住。无论是西方的那套理念，还是它们的力量。中国公民和在华的外国人必须遵守中国法律，在涉及国家利益时信守一些最基本的伦理和常识，切不可被西方所宣扬的"普世"那一套忽悠了，以为自己加入了"世界主流"，变得胆大妄为。

（环球时报2015-04-18 第3586期第7版 | 国际论坛）

没有"民共合作"的民进党以骂掩耻

中共中央总书记习近平与中国国民党主席朱立伦4日在北京会谈，从而实现了国共两党时隔6年的最高级别会晤。"习朱会"是亚太地区的大事，备受瞩目。只有岛内民进党对这次会晤发出即使不是"唯一"、也是当今世界极其另类的反对声。民进党主席蔡英文污称国共会谈是对两岸关系"黑箱作业"，还有民进党要员称朱立伦的大陆行是"投降之旅"，从世界范围看，不能不说这是些乌七八糟的言辞。

中共与台湾地区各政党关系的大门都是敞开的，台湾地区多个政党领导人都参访了大陆，并且与中共领导人举行过会晤。国民党对民进党反唇相讥，认为对方不应指责国共合作，而应反思为何没有"民共合作"。这一说法倒是蛮有意思。

北京是什么地方？它已成为全球政要最常光顾的政治中心之一。一个大型政治集团的领袖如果没来过北京，没成为过人民大会堂的座上宾，那么他本人或者他所统领的力量恐怕有"很严重的问题"，他和他的力量在世界上大概是"孤立的"。如果不致力于消除、淡化这种孤立，反而强化它，以此为荣，显然是偏执、愚蠢的。

台湾内部政治充满竞争，有其自身规律，但台湾的内斗如果外溢成与大陆的敌对，是很危险的。陈水扁时期我们见证了那种极端情况，知道了它对台湾人民福祉的侵害。连战10年前打破僵局率国民党代表团参访大陆，为两岸关系转危为安做出卓越贡献。国共合作为两岸关系起到某种"安全阀"的作用，没有它，台湾说不准当年就被陈水扁当局的"疯狂驾驶"甩向了绝境。

我们注意到，民进党的言论似乎比受陈水扁领导时多少温和了些，可能是它从两次选举失败中汲取了一些教训。但民进党至今仍未放弃"台独"，它仍拒绝公开承认两岸的"九二共识"，这使两岸长期关系继续面临相当大的不确定性。

由于台湾"总统选举"渐近，可以想见，民进党现在说的每句话大概都是其"选举策略"的一部分。蔡英文一定清楚，她如果像当年陈水扁那样公开高呼"台独"，她就休想当选。台湾社会不想面临新的动荡，"台独"是死胡同，这已是一个不需再次证明的"定律"。

但民进党看来还是想在两岸问题上继续特立独行，从一些危险的"擦边球"中榨取短期政治利益。我们想在这里说，民进党在政治上操弄两岸议题的空间必将越收越窄，他们只要稍微抬起头看看亚太，就会知道自己正在多么可笑地瞎扑腾。

民进党在台湾政坛上发挥作用如果一定要以两岸关系倒退为代价，那么它决成不了台湾的"政治蓝筹股"，它即使偶尔涨一涨，也将像烫手山芋一样，买来就得抛。因为它要裹挟台湾社会与身边的世界级超级力量对抗，这无异于它每向前走一步，都要给台湾2300万人民挖一个深坑。

国共合作作为国民党的正资产经历了考验，也必能经受未来风雨的洗礼。国民党去年九合一选举失利的根源不是两岸交流，它的原因只能到台湾这些年的经济社会政策中去找。无论国民党人还是民进党人，谁要看不懂这一点，那可真是不配再吃政治这碗饭。

（环球时报 2015-05-05 第 3598 期第 14 版 | 国际论坛）

"藏独"分子故技重施只会自讨没趣

所谓"175 个西藏人权组织"联合致信国际奥委会主席巴赫，表示他们反对北京申办 2022 年冬奥会。国际奥委会评估委员会下周将对北京、张家口进行考察，由于 2022 年冬奥会的申办城市只有北京和阿拉木图，我们有一半成功率，这些"藏独"组织又抓住时机跳出来搅局。

这封长达 12 页的信件恶毒攻击 2008 年北京奥运会，并宣称北京奥运会之后西藏的人权"比以往任何时候都更糟"。他们还同时指责哈萨克斯坦的人权状况，要求"谨慎对待"阿拉木图的申办要求。

这封信散发着低素质的无理取闹，充满很不自尊的装腔作势。突然就冒出"175 个西藏人权组织"，那些组织有几个人，甚至是否真的存在都令人怀疑。他们说的那些话一定会让国际奥委会的官员和专家们哭笑不得，暗自叹息碰上了由职业反对者和职业起哄者组成的闹事团伙。

2008 年北京奥运会是奥运史上最辉煌的盛会之一。2010 年国际奥委会做出的正式评价写道："与以往相比，北京奥运会从根本上保持了向善的力量，并成为了协作和改革的催化器。在不同国家、文化和团体之间架起了一座桥梁，用共同的价值观将他们团结起来。"该正式评价还说：

"奥运会不只是展示世界上最精彩的体育比赛和最优秀的运动员，它们也帮助打破障碍，消除分歧，而这正是北京 2008 年奥运会取得的成就。"

"藏独"组织在 2008 年北京奥运会之前大闹在西方国家进行的圣火传递活动，现在又罔顾事实，攻击北京奥运会取得的成果。他们把国际社会都当成了瞎子和失忆者。

境外"藏独"组织欺负西方社会多数人不了解西藏，编织了一幅"青藏高原政治上暗无天日"的虚假画面。关于这一点，西方媒体也经常故意装糊涂，帮助传播境外"藏独"组织的声音，刻意忽略西藏宗教文化保护与经济社会发展的巨大成就。

这些闹事者显然影响不了国际奥委会的决策过程，而且他们大概就没做这种指望。很多分析人士相信，境外"藏独"组织知道自己"几斤几两"，他们就是想借北京联合张家口申冬奥之机闹出点动静，博西方社会的眼球，多挣一份自己的存在感。如今西方国家纷纷与中国加强合作，"藏独"势力自感生存空间受到威胁，他们不断寻找各种机会争取能在西方主流社会的视线里晃悠。

借北京申办奥运会闹一把，"藏独"势力练过一次，算得上"驾轻就熟"。但更重要的是，国际社会也通过 2008 年北京奥运会"认识了他们"，知道了这是一群什么样的货色。国际社会已经对借奥运在政治上捣乱非常厌倦，他们不是正经人，这是世界上绝大多数人心领神会的共识。

境外"藏独"分子已大致与西藏的发展和进步失去了利益联系，他们盼中国整体不好，盼西藏不好，骂中国政府和西藏既能让他们痛快，又能契合西方社会的某种需求，为他们赢得一些有助于在西方环境里自我谋生的资本。

然而世界在变，中国越来越强大，西藏的真相已越来越为天下所知。

今后"藏独"势力在境外瞎折腾必将付出越来越高的成本，收益也会越来越青黄不接。他们休想再赚到2008年时那么多眼球。他们这次编撰一封抹黑中国的信件，一些西方媒体虽仍帮着炒作，但这股声音终归有气无力，不仅不会有结果，连他们期待的热闹也不会有。失落将是他们唯一的收获。

（环球时报2015-03-21 第3564期第7版 | 国际论坛）

"港独"荒诞不经，却不可当笑话看

香港特区行政长官梁振英14日发表任内第三份施政报告，首次批评香港"自立自决"之说。这显示"港独"已经引起香港主流社会的警觉，它荒诞不经，但已经容不得视而不见。

梁振英点名批评港大学生会刊物《学苑》。该刊去年2月登出《香港民族，命运自决》封面专题，后结集出版了《香港民族论》一书。去年9月该刊进一步出版《香港民主独立》的专题，其中一篇文章将香港类比新加坡，估算香港可能招募到的军队人数，及从警察和驻港解放军手中可能"缴获"的武器数量。

该文将可能组成的"香港军队"与毗邻的广州军区"13万正规军"比较，甚至幻想广州军区"内乱"和两广"乘乱独立"，直至美日帮助"香港独立"，堪称满纸胡言。

香港岭南大学助理教授陈云被一些人捧为"港独之父"。他于2011年出版《香港城邦论》一书，鼓吹"香港本土意识"，他与一些人串通起来，自称建制派和泛民派之外的"香港本土派"。

香港警方近日开始拘捕极端"占中"人士,警方已要求陈云于本月19日下午四时半到湾仔警署接受调查,并称届时会拘捕他。

如何对待"港独",香港主流社会和整个国家大概一直都有些犹豫。它在香港的影响就很小,一开始多少像是恶作剧,往往被看成是未必与政治有关的不满情绪的夸张表达。由于香港是自由社会,一些人发表"港独"言论,常被认为不容易定性。

"港独"就这样慢慢形成了"模样"。它搞出歪理邪说,作为自己的"理论基础",有些极端势力和边缘人物开始琢磨它,表现出要把"港独"搞成新政治山头的企图。

一直有人担心太认真对付"港独",有可能反而刺激它变大。然而现实是,主流社会不搭理它,它并没有自生自灭。

看来不排除"港独"成为香港的现实问题之一。它当然不会有一天拥有"台独"那样的挑战力量,因为中央政府对香港局势的掌控力与台湾的情况完全不同。但是"港独"确实可能逐渐成为外部势力可资利用的一个杠杆。

香港拥有西方体制下的言论自由,但"港独"明显抵触《基本法》,严重违宪,是不应当纵容的。国家和香港特区应制定一些办法,对"港独"言行进行制裁。

比如有学者提出,对陈云这样的人,内地应禁止他入境。此外"港独"在大学里肆意表现理应受到限制。

"港独"分子不同于一般的反对派人士,国家和香港特区有必要早早就给他们划一条清晰的红线,避免这股势力真的坐大,成为香港社会里的"癌细胞"。说到底,香港需要针对维护整个国家的安全进行立法。

分离主义往往是从宣传"本土意识"开始,然后一步步把少数人的胡思乱想变成社会部分人群的思潮，接下来构建政治组织，发动挑战性政治对抗。"港独"目前仍处在最初阶段，但它显然在借"占中"前后的香港社会分裂加快滋长。

围绕香港治理一直能听到两种极端思路，一是彻底放手、退让，不惜给予反对派超过《基本法》规定的权利。二是采取强硬措施，用内地的做法对付香港极端势力。二者均不可取。

香港的治理之道仍需探索。国家的力量十分强大，香港的多数民意反对极端，如何把这一切转化成抑制"港独"等违宪主张的现实工具，并让这个过程促进香港社会内部和它与内地社会之间的团结，这道考题恐怕不是实力大小，而是政治意志和智慧的检验。

（环球时报 2015-01-15 第 3514 期第 15 版 | 国际论坛）

"港独"之荒诞令人警醒

近来香港反对派游行集会时，部分人高举港英旗、英国米字旗，高喊"香港建国""脱离中国"等口号。此外香港大学学生会刊物《学苑》最新一期鼓吹"港独"议题，其中竟有"港人面临灭族，只有一场彻底的本土抗赤革命，方可自救"等惊人言论。

"港独"，一个多么荒诞的鼓噪。它无疑只是香港最极端"一小撮人"的主张和表演，同时它像是要成心刺激国人的感情。大多数香港人，也包括内地社会，在如何对待"港独"问题上难免有些犹豫：搭理它吧，有点抬高了它，像是在帮一个恶作剧扩大影响。不搭理它吧，它又不时跳出来犯恶心，而且会吸引一些人等着看笑话，跟着起哄。

所有严肃的分析都认为,"港独"荒诞不经,痴人说梦,毫无实现的条件和可能,也不可能演变成一个大规模的政治运动。但"港独"言论的恣意散布势头则不能不引起人们警醒。

　　"港独"的思想根源是反华反共。因为仇视共产党,反对香港回归,祭出了"港独"这样最极端的旗号。如果那些"港独"分子是中国人,那是他们对历史、对民族无知之极,于祖宗来说亦属不肖子孙了。

　　极少数"港独"分子似乎很想重回殖民时代。然而遗憾的是,举望全球,脱离了宗主国的前殖民地没有一个重回宗主国的,也没有一个地方表现出这样的愿望。在香港打米字旗的那些不知天高地厚者如果想继续做大英帝国的子民,唯一办法看来就是移民了。

　　香港特首梁振英和中联办主任张晓明近来先后公开抨击"港独",反映了香港主流社会及内地社会的共同担忧。无论是中央政府、特区政府,还是香港社会,都有维护国家安全的责任,都不能容忍"港独"言行蔓延成势。

　　必须指出,"港独"本身严重违反《基本法》和中华人民共和国宪法。当它只是极少数几个人最初级的作秀时是一回事,一旦它开始获得传播能力、组织能力甚至行动能力时,就是另一回事了。后一种情况下的言行将构成刑事犯罪。即使在基本法23条相应立法未完成的情况下,这些煽动"港独"的言论和活动也触犯了香港现行的有关刑事法律。

　　希望香港所有人都远离"港独",连看热闹都不去。一旦有"港独"分子滋事,舆论或者不搭理他们,或者旗帜鲜明地呵斥那些小丑。所有人都应清楚,虽然"港独"闹不大,但祸害不小,其试图闹大的过程将严重危害香港的繁荣稳定,甚至荼毒青少年一代,毁了香港未来。香港社会有必要防微杜渐,在最初的时候就"废了它"。

"科幻小说""思觉失调",香港主流舆论已在这样描述"港独"的极端主张。我们相信,不管极少数"港独"分子多狂热,广大香港民众是理性而清醒的。不被任何歇斯底里的势力忽悠、绑架,这样的民智将是香港作为东方之珠永不凋谢之本。

(环球时报 2015-02-09 第 3535 期第 14 版 | 国际论坛)

"港独党",以"臭"博眼捞钱的怪胎

"港独"分子近日跑到国外搞出"大动作"。据港媒报道,主张"城邦论"的岭南大学助理教授陈云的"门徒"已于 2 月底在英国注册成立"香港独立党",从此可以用它收取国外捐款。据称这一做法受到"藏独"组织筹款方式的启发,"港独党"下一步还计划在今年年中去美国注册,"大干一场"。

"港独党",好拗口的新名词。一些大的罪恶就是从类似"胡闹"开始的,"港独"分子无疑给香港社会出了道该怎么对待他们的难题。

"港独"明显与《基本法》的精神相抵触,也违反中国宪法。但由于涉及国家安全的 23 条至今仍未在香港立法,"港独"分子滥用法律的灰色地带,气焰嚣张。

他们是香港的极少数人,属于政治"小流氓""小混混"级别。没有正经人认为他们的主张有政治上的严肃性,有什么前景或前途。

然而香港已经形成政治反对派文化,任何给政府制造麻烦的人和事情,不管是不是荒唐的,都有可能得到部分力量的支持或暗助。很恶心的是,也不排除因这一逻辑受到部分人以欣赏的态度围观。"港独"是个

怪胎，却这样迟迟不死，反而得到发育。

除非"港独"在法律上被禁止或严格限制，主流社会抨击它的效果将是复杂的，其中有一部分会提升"港独"的知名度，使它以"臭"的方式获取所需营养。

"港独"在现阶段的危害的确是有限的，但它有可能成为一颗罪恶的种子，留下面向历史的隐患。香港原本在"独"的问题上是干净的，"港独"分子制造了这个污点，他们希望通过与香港政治反对派的相互利用寻找异军突起的机会。

香港还是应考虑通过法治把"港独"彻底摘除，留着它并不是香港多元化的骄傲。它决不仅仅是对于香港当局的麻烦，它给香港社会的价值观层面提供了"假恶丑"的新示范，诱导人们审丑，突破社会应有的底线。

任何社会都须有神圣的东西，以及与此相关的敬畏感。对于回归祖国的香港社会来说，如果"港独"能够得到成长的合法空间，那么将无异于这个社会打开了一个"潘多拉盒子"。"港独"最初引来的或许是起哄及一时的气愤，但谁能保证围绕一个变态的东西，各种因素的排列方式会一直是有序的。

制约"港独"的最有效武器只能是法律，而不是舆论或其他别的力量。让法律来对付"港独"既是国家的利益所在，也是香港社会的最佳选择。别陪这个怪物玩了，它会搞脏我们的眼睛，让我们误解民主与法治的本意。香港有太多正事要做，别为它糟蹋了光阴。

（环球时报2015-04-03 第3575期第15版 | 国际论坛）

香港政改面临高难度摊牌

香港特区政府 22 日正式向香港立法会提交 2017 年普选特首的政改方案。该方案建议由一个 1200 人的提名委员会推举特首候选人，由香港全体选民以"一人一票"的方式选出特首，这一方案公布前后，香港反对派议员做出激烈反应，宣称将在今年六七月份立法会表决时否决该方案。

由于通过政改方案需要有香港立法会 2/3 以上票数支持，而反对派议员共有 27 人，多于否决所需的 24 票，这意味着至少要有 4 至 5 名反对派议员投赞成票，对政改方案的否决计划才能被瓦解。

香港特区政府表示对通过政改方案"有信心"，部分舆论认为，反对派议员的实际态度比他们向舆论表达出来的一致声音要"复杂"，特区政府或有能力促成足够的温和反对派议员临阵"反水"，对政改方案改投支持票。这将是一场高难度的博弈。

未来两个多月是建制派与反对派各自影响香港民意的关键时期。如果这期间有更多香港人支持通过政改方案，将会有助于促使部分反对派议员改变立场。如果激进派能够动员更多的人公开反对政改，就能从相反方向压制温和反对派议员的选择。

必须指出，所有立法会议员都是在为香港的未来投票，少数人将这次投票当成与中央政府的一场斗争是愚蠢的。有谁想搞斗争游戏，以后有的是机会，但请别在香港民主进程的重要关头胡来。

香港政改方案是严格按照《基本法》制定的，中央去年 8 月 31 日已经表明立场，现实主义者们都不会认为中央会改变决定。激进反对派实际对此也很清楚，但他们仍要把政改方案搅黄，其目的是要证明自己激进态度的"正确"，巩固自己在以后政治斗争中的地位。

香港的利益显然没被这些人放在首位，他们最关心的是个人和小团体的政治利益，并且不惜把香港大多数人的利益当做祭品。特首普选与之前的特首推选相比无疑是巨大进步，其意义是历史性的。激进派议员扬言要扼杀这一进程，他们的歇斯底里让人既厌恶，又有几分无奈。

说到底，激进反对派绑架不了中央政府，也绑架不了内地广大民众。祖国内地这些年全面崛起，香港在国家经济生活中的角色出现结构性的变化，反对派如果阻止政改方案通过，平静接受现有提名方式，也就罢了。如果他们进一步把香港搞乱，国家的承受力很强，对内地社会也没多少实际影响。但对香港广大市民来说，那些后果将是灾难性的。

香港越乱，政治上的戏剧化空间可能越多，但政治终究不能当饭吃，香港衰落最终将殃及反对派自身。正是出于这样的理性逻辑，我们寄希望于反对派阵营在强硬态度的表象之下，蕴藏着一些在关键时刻的妥协意愿和灵活性，希望有议员会不忍心香港被他们折腾得真的朝着"第三世界"一步步沦落。

民调显示一半以上的香港市民支持立法会通过政改方案，我们希望这样的民意在未来两个月充分活跃起来，影响更多的人，形成强大的正能量。香港是向前走还是原地打转，是要共识和稳定，还是让撕裂和冲突充斥这座城市，需要香港市民们以实际行动做出集体回答。

（环球时报 2015-04-23 第 3590 期第 14 版｜国际论坛）

香港民主给内地做了糟糕示范

香港政坛围绕政改出现严重的对立，泛民派议员宣称定会在下周的立法会投票中集体否决特区政府的政改方案。部分反对派的积极分子表示将在投票时包围立法会，制造压力。有人将之称为新的"占中"行动。

对内地绝大多数人来说，香港民主带给他们的观感真可谓越来越糟。内地除了少数与香港事务有联系的官员和学者外，多数人是大体带着"旁观者"的心态看香港政改争议的。香港通不通过政改方案，对他们的生活没什么直接影响，很多人甚至连香港政改是怎么回事也不太清楚。

但是稍有了解的人都会觉得政改方案与原来的机制相比的确是"进步了"，香港反对派要求更激进的政改，这种诉求如果换位到反对派的利益去思考，可以理解。但政治是妥协的艺术，反对派要求什么就有什么，这显然不现实。

因为达不到最高要求，反对派就要掀桌子砸场子，大家都别过了。而且他们能动员起相当一批社会力量支持他们明显非理性的主张，搞得香港越来越像"第三世界"，像是要"破罐子破摔"，这让内地人很难理解。

这就是"民主"吗？可是怎么看怎么像狂热的群众性政治运动。在我们的理解中，民主是理性的，有力争亦有妥协，它要制造双赢，而不是双输。政改方案的目标是国家治理和香港民主发展的双赢，而否决政改对谁能有好处呢？泛民的政治空间不会因此而扩大，香港乱了，衰落了，泛民今天的支持者会有很多人反过来怨恨他们，国家治理也将蒙受损失，这即是双输，而且首先是香港输，因为国家的回旋空间毕竟大得多。那么泛民为何还要否决政改呢？

这大概就是民主的尴尬。香港民主像是民粹化了，发酵出一些冲动、不计后果的能量。它在撕裂香港社会，让香港什么事都干不成。一些人陶醉在煽情的口号中，一边在毁香港繁荣的基础，一边为自己的"勇敢"和"坚持"感动着，觉得自己很高尚。

香港极端反对派要和中央对抗，这现实吗？内地人实在搞不懂这种毫无希望的事情为什么会有少数港人挺着迷，而且能忽悠来不少同情者。连"大英帝国"二三十年前都知道在原则问题上与北京对抗不可能胜利，为什么现在有些香港反对派会以为他们能获胜呢？

民主不该是这样，香港当下的面貌不是一个有活力社会的应有状态。香港回归祖国以来，内地社会关心、支持香港的发展，给予了力所能及的政策倾斜。中央没有让香港不好的动机，内地社会也没有让香港在大中华繁荣圈里逐渐边缘化的意愿。香港反对派如果尚存一丝理性，就应把握政治斗争的分寸，不把事情做绝，而是留下必要的回旋余地。

有人说，如果立法会是"不记名投票"，政改方案定能通过。因为一些反对派议员也知道政改方案应当通过，但是他们被由极端势力把控、其中他们自己也添了一把柴的激进舆论绑架了。一些分析人士相信，如果反对派议员集体否决政改方案，至少会有一部分人是"违心投票"。

离投票只剩下几天了，我们非常希望自己的一些观察是错的，泛民派议员会在"尽了反对之力"后，在最后关头拿出理性和政治勇气，对政改方案投出赞成票，促成香港局势的戏剧性转折。那将是他们面对历史的一份卓越表现，是对香港民主一次身体力行的塑造。那一幕会发生吗？人们拭目以待。

（环球时报 2015-06-12 第 3631 期第 14 版 | 国际论坛）

"港独"滑向暴力，香港让人心疼

香港警方 15 日宣布抓获了一个非法制造爆炸物的犯罪团伙，有 5 男

4女在试爆现场被逮捕，他们最小的21岁，最大的34岁，身份有学生、助教和工人等。香港多家媒体援引警方的消息说，这9人都是香港本土派激进组织成员，并认为他们试图在本周立法会表决政改方案期间引爆炸弹。

这是1997年回归之后香港社会首次查出有人为政治原因制造爆炸物，舆论不约而同想到"恐怖主义"。昨天香港街头巷尾都在议论这起惊人案件，很多人不敢相信一向以法治著称的港岛居然会内生出很符合"恐怖活动"特征的大动静：土制炸弹、激进政治主张、冲动的年轻人，等等。

很多人虽然吃惊，但并不感到这起事件"很偶然"。近一年来，香港法治受到前所未有的冲击，造反有理，"占中"当道，很多传统政治价值被颠覆，连"港独"这种异端邪说也招摇过市。9名被捕者据媒体分析就是"港独"人士，他们从喊口号壮声势迅速发展到制造爆炸物的"武装行动阶段"。除此之外，关于本周反对派大示威有可能夹杂暴力行为，一些抗议者帐篷里被发现刀具石块的消息也曾令人不安。

听到这些消息的一些内地人会以为香港"天下大乱"了，世界上也会有很多人因这件事不自觉地修改他们对香港的认识。尽管香港的实际情况未必就会那么糟。

然而外界对香港正"越来越乱"的印象大概值得港人的重视。这关系到世界对香港的信心。

很多港人或许没注意到，过去作为东方金融中心和时尚之都的香港，如今出现在世界媒体上的形象伴随了太多的政治激烈。"占中"，两派对立，"港独"，还有这次的"疑似恐怖活动"，这些信息之间几乎不再有以往繁荣香港的影子。

现在一些激进人士在等着立法会否决香港政改方案，他们期待着"欢庆胜利"的那一刻。政改一旦中断的香港有可能陷入长时间的政治动荡，那些人全然不顾深浅，好像香港如果乱了只是大年除夕的地上撒些鞭炮的碎屑，几个清洁工就能还回香港的整洁一样。

内地一些人以事不关己的态度看香港"热闹"，互联网上不断有香港乱了"活该"的声音。但更多的内地人为香港在动荡的通道上不断下坠而心疼。内地人吃够了动荡的苦头，他们不希望自己喜爱的"东方之珠"重蹈自己踏过的覆辙。

暴力必被千夫所指，我们相信警方打掉制爆窝点必会得到香港公众的拥护。然而那些人不是来自恐怖主义多发地的移民，甚至不是那类移民的后裔，他们都是香港居民，有些有"学生"和"老师"的身份。我们不能不让思绪走得远些，想想他们走上此路与香港持续动荡可能相关的前因后果。

香港政治再活跃，一定要有保持社会良序的定力。为政治原因走向暴力如果获得同情，香港就如同打开潘多拉的盒子，必将万劫不复。滋生暴力的政治情绪等外围因素也应受到抑制，堵住这些大的诱因，才能防止暴力活动在今后的复制。

无论立法会就政改方案的投票是什么结果，我们都期待香港社会平静接受它，并在法律框架内处理后续的争议。内地社会对香港的最大期望就是那座城市好，民众安居乐业，并且幸福。其他的都在其次。

（环球时报2015-06-16 第3634期第15版 | 国际论坛）

香港泛民或分裂，中央定力坚如磐石

香港公民党建党大佬之一汤家骅 22 日宣布退党，理由是公民党背离了其创立时的宗旨，走极端路线，这激起香港政坛的轩然大波，被看成是泛民阵营分裂的先兆。但它是否意味着形势将很快朝着抵制激进路线的方向调整，尚难看清。

激进反对派近日提出重启政改甚至修改基本法的"狂妄要求"，遭到断然拒绝。出于对少数反对派人士变本加厉行为的观察，也有人担心，香港反对派会随着汤家骅这样的温和人士离开变得更加极端，香港未来局势也因此有更多变数。

泛民阵营分裂出一支更极端的力量，完全是可能的。但我们相信，泛民的许多支持者不会跟着不断激进下去，务实会逐渐成为更多人的选择。反对派政治喧嚣的空间或许已经用得差不多了，香港目前处于政治相持阶段，会逐渐接近"由乱到治"的拐点。

反对派否决政改方案，以为自己赢了，其实这场斗争中让人印象最深刻的不是他们集合了立法会的超 1/3 否决票，而是中央对基本法和政改方案的坚持。不少极端泛民派人士和支持者们曾经幻想中央会在他们的压力下让步，但是他们现在开始看到，中央在原则问题上的定力是不可撼动的。

香港反对派曾经通过大型示威活动推迟了 23 条立法，并在国民教育等领域实现了自己的部分目的。他们尝过甜头，以为港府和整个国家都拿他们"没招"，他们一哭闹，一搞对抗，动员几十万人上街，国家就得向他们屈从让步。

但是这一次他们看清楚了自己能量的"上限"，也搞懂了"中央就是中央"。他们表面上踌躇满志，其实蛮心虚的。

全香港也都看清了这一点：基本法不可变，政改方案不可变。"占中"闹得那么凶，反对派否决了政改方案，但他们的实际政治收获是零。他们唯一带给香港的就是失序和动荡。

香港广大市民不是傻子。极端反对派漂亮的政治口号不可能成为现实，那么他们的这些口号就是政治毒品。随着几轮验证，香港将有越来越多的公众悟出这个道理，看清极端反对派的自私和虚伪。

国家只要坚定地恪守基本法，对"8·31"政改方案不动摇，香港政治氛围就一定会逐渐朝着不利于极端反对派的方向发展。因为他们在欺骗自己的支持者，他们根本没有同中央对抗的力量，却把自己装扮得无所不能，跟他们走香港只能在不断折腾中迷失自我。

"一国两制"治下，国家不会对香港的运行状况承担无限责任，香港是否继续繁荣的大部分责任属于香港人自己。一部分政客在"乱港"，但通常情况下，制止他们要通过香港的法律和社会机制来实现。这个过程或许有点慢，但国家有耐心，也愿意等。

香港极端反对派一直要以香港的"乱"来要挟中央，他们大概觉得国家输不起"面子"。这真是太小看了国家的见识和承受力。实际情况是，他们打过来的球全都会撞到墙上再反弹到他们自己的身上。国家相信他们搞不乱香港，因为香港社会不会答应。而且或者要香港社会的稳定或者要基本法是个伪命题，对这个国家根本就不存在对它们进行二选一的逻辑。

"一国两制"顺利推行是大好事。如果这期间出了意想不到的曲折，这点"脸上不好看"又何足惧哉？香港"占中"了，政改被否了，内地社会为香港惋惜，但内地人的痛不是直接的。香港社会需要奋起，亲手捍卫自己的权利。用民主方式迫使极端泛民放弃激进路线，这应是香港的上上策。

（环球时报 2015-06-24 第 3639 期第 15 版｜国际论坛）

香港站在严峻的十字路口上

香港立法会 17 日开始审议有关 2017 年行政长官普选方案的决议案，决定性的投票有可能今天或明天举行。昨天的立法会里充斥了激烈的辩论，立法会外建制派和泛民派的支持者们强硬对峙，整体氛围是撕裂的，妥协难觅踪迹。

香港处在真正的十字路口上，但泛民派和他们的一些支持者似乎并未领会这个路口的含义。一些人可能仅仅为了"出口气"，或者为了小团体的面子和短期利益而支持否决政改方案，顾不上深思这样做的严重后果，无心了解一旦错过了本次政改窗口，将不仅仅是机会的失去，它的连带损失、包括社会信心的损失将难以估量。

香港反对派的责任意识看上去大大低于西方社会里的反对派，他们给自己设定一个很高的目标，然后就使劲闹，用尽所有手段，甚至借助非法行动所能产生的能量，完全不考虑为避免香港动荡而应在某个节点上妥协。他们似乎没有这样的意识：对整个香港负责。

在美国等西方发达国家，政治团体在议会里激烈争斗，一旦社会上出现影响到社会甚至国家利益的严重骚动，议会反对派会非常谨慎，而且多数时候会与执政党一起谴责破坏性抗议活动。而在香港，立法会中的极端反对派同街头政治积极分子成了"一伙人"，这让人担心，少数议员是不是街头民粹主义的代表？

其实我们相信，即使在香港"闹事"的人，也大多不希望香港真的乱。但他们的行为的确很出格，"占中"一度搞得香港面目全非。一些泛民议员发誓要否决政改方案，要让不接受他们意见的香港"什么都搞不成"。这不仅"挺狠的"，而且动机和行为像是有些矛盾。

之所以为数不少的人敢这样"折腾"香港，大概是因为他们相信中央政府不会任由香港乱，他们拒绝承担的那部分责任也有香港其他力量和中央帮着承担。他们可以举着民主的大旗纵情表演，可以撒娇、耍赖，到头来国家总会花费资源和力量帮他们擦屁股。

如果香港因为政改危机真的经济凋敝，乱象丛生，社会治理完全失控，反对派的多数人恐怕不会愿意。问题是他们觉得自己站在楼顶往下跳时，国家一定会苦口婆心阻拦他们，或者在楼底下摆好准备接住他们的充气垫子。

香港反对派这么激烈，已经不像是民主制度下的反对派，倒是有点像是"革命运动"的鼓吹者。国家对香港潜在的"兜底承诺"可能让他们觉得即使那样干，香港也会安全。

然而现在的事实是，如果反对派执意否决政改方案，政改就将在较长时间内停滞，反对派再接着闹，香港的动荡有可能"变假成真"。一些年轻人现在觉得"挺刺激"的示威场景会成为香港非常疼痛的伤口，一些亲人和同学为政见不同反目如今被当笑话传，今后也可能成为香港社会极其痛苦的记忆。

政治往往是不能重来的单程票，明显是重大进步的一人一票因为香港反对派觉得"不过瘾"就随手扔掉了，就是为了让中央"尴尬"一下，这样的游戏实在是玩大了。如果整个香港社会需要陪着一起吃一茬苦，才能让未来反对派的态度严肃起来，那这将是这座城市的莫大悲哀。

泛民议员和他们的支持者们大概还有最后一天时间清理自己的思绪。他们早晚会知道，由于他们的不冷静，香港这座美丽的城市正站在严峻的十字路口上。他们怎么做很可能将深刻影响香港未来很多年的命运。如果他们能在最后的这些小时里明白这一点，而不是在许多年后回首时恍然大悟，那么这将是香港的造化。

（环球时报 2015-06-18 第 3636 期第 15 版｜国际论坛）

大陆决不能与台湾地区重启服贸谈判

在国民党籍全体"立委"缺席的情况下，台湾"立法院"8个委员会 24 日举行联席会议宣布，撤回两岸达成的《服贸协议》，要求台湾当局与大陆重启谈判。对此，大陆方面不可能接受。

国民党方面到昨晚尚未就民进党"立委"主导的上述决定明确表态，由于国民党在台"立法院"中占多数席位，民进党操纵的决定是否合法显然值得怀疑。台湾法治处于瘫痪状态，民进党这样做等于加剧台湾的无序，在学生占领"立法院"的同时，民进党对"立法院"的议事规则又捅了一刀。

民进党借乱逞威，露出其"街头造反派"的本色。但怎么对付少数派民进党对"立法院"名义的盗取，这是台"立法院"多数派国民党的事。大陆应当做的是，公开表达决不会同台湾方面二次谈判《服贸协议》，台方或者接受已经达成的协议，或者就彻底撤回它。

台湾党争严重，但大陆不会承担它们彼此恶斗的代价。台湾一些政客搞错了，大陆不是要看台湾脸色的小伙伴，而是美国贸易谈判代表也需认真对待的全球经济巨人。两岸《服贸协议》对台湾的重要性，要比对大陆的重要性大得多。

大陆一直重视台湾民众的利益和福祉，今后会继续这样做。但是大陆舆论不会允许政府纵容台湾方面无理取闹，我们不会惯台湾形成在大陆面前的恶习。大陆将会坚守必要的底线。

台湾一些人常常误读大陆的善意和高姿态，以为他们无论怎么胡来，高度重视两岸关系稳定的大陆都会退让。针对《服贸协议》，大陆需以不变应台湾内部的万变，让台湾各种力量从中解读大陆的实力、态度和决心。

台湾政坛过于以各种力量的大陆政策划界，这是拖大陆卷入台湾政治的无形陷阱，不断考验大陆的定力。其实随着大陆越来越强大，台湾内部混乱搅翻两岸局势的可能性逐渐式微。要知道2000年陈水扁上台时，大陆的GDP只是台湾的3倍，而如今大陆的经济实力已20余倍于台湾。即使民进党有朝一日再上台，它也决掀不起陈水扁时期曾让整个东亚紧张的风浪。

大陆要反复为台湾激进势力描清红线，让他们确信《反分裂国家法》会针对"台独"的极端行为拔出刀鞘。除此之外，我们要逐渐实现对台湾内部事务细节的超脱，大陆不能把台湾政坛的某个具体结果当做自己的工作目标。

促进台湾的繁荣，这是大陆的两岸同胞情，它应与政治功利主义无关。否则，我们势必被台湾激进势力牵制，谁越反大陆，我们就得越上赶着哄它。部分台湾激进人士现在就是这么认为的,大陆需用行动让他们清醒。

大陆经济规模与实力对台湾形成天然吸引力，它向政治元素的转化过程会自然实现，不需过多的人为促进。同时两岸经济联系对政治进程的推动又是有限的，大陆不必对之期望过高，在对台湾社会表达同胞情的同时，我们一定要坚守两岸经济合作的互利性。

台湾激进势力"逢中必反"，其中一个原因还是我们对他们的举动多少有些在意。我们需要真正蔑视他们，在他们面前竖起几道大原则的高墙，让他们在墙内蹦跶。大陆的实力和威严将最终摧毁他们兴风作浪的意志。

（环球时报2014-03-25 第3276期第15版｜国际论坛）

台湾不是国家，中国师生的较真没错

近日媒体爆出消息，上月底在哈佛大学举行"哈佛模拟联合国"（HMUN）活动时，组织者将台湾地区列在了手册的"Country"名录下，与会的中国师生指出这一错误，据理要求采取纠正性措施，后来几名中方领队竟被组织方驱逐出开会的酒店。有媒体援引中方当事人的说法描述组织方的表现，称后者斥中国师生"你们的存在让我们感觉不舒服"，等等。

"模拟联合国"是一种全球性活动，主要在大学和中学举行，其目的在于让学生通过扮演外交代表，了解国际关系和联合国的活动。这项活动在中国也有开展。HMUN是世界上最老牌的模联活动之一。

台湾被当成"Country"引发纠纷之事已在中外媒体上广为报道，引来纷纷众议。很多人支持中国师生的抗议行动，认为哈佛模联的做法很无理。也有一些人认为这不是件大事，中方师生反应有些"过激"。

哈佛模联的组织者主要是学生，中方与会者也是青年师生，虽说只是模拟性质，但活动本身又"挺严肃的"，这让事件的性质有了多面性。应当实事求是地一码归一码，客观予以梳理。

首先，哈佛模联的手册把台湾归入"Country"绝对是个严重错误，这一点没有置辩的空间。有人就"Country"的词义强行引申，称中国师生没搞懂它，这种说法属于狡辩耍赖，不值一驳。

第二，中国师生当时就指出这个错误并要求修改，他们做得对。模拟联合国要模拟对的东西，而不是错的东西，即使从这个层面，指出错误也是应该的。更何况他们作为"中国代表团"，去了"联合国"，当然要维护中国的合法权益，他们无论知识上还是道义上都有充分理由这样做。

第三，模联不是个官方场合，组织者又是帮"孩子"，有人认为不宜过分较真。但双方都是"孩子"，现在的情况是，中国的"孩子"占理，作为组织者的那群"孩子"有点耍浑。

第四，哈佛是世界名校，打着哈佛名头的模联活动印出这样的册子，被指出错误后组织者态度蛮横，这显然不是哈佛的光荣。我们借此知道，"哈佛"也有个别低素质、不讲理的角落。

台湾不是国家，不享有主权国家的很多权利，在国际公开场合把它列入国家名录、打青天白日旗等会有麻烦，这是世界外交领域的常识。尽管还是会有一些非政府组织、企业等把台湾地区写成"国家"，但多数情况下，有中方人员指出这个错误时，相关方面会做出改正，事情也就过去了。

也会有一些不愉快的情况发生，即相关方面拒绝改正这个错误。至于原因，有些是不愿意被挑错，有些犯上了"一根筋"，还有些是成心让中国嘉宾不开心，甚至有个别组织者想以此滋事引起新闻报道，抬升活动的知名度。

但一个规律是,把台湾地区错写成"国家"并且拒绝改正这个错误的,都不是"大场合",如果事情发生在西方社会,坚持错误的那些人也非真正的精英。他们往往是任性的、影响力也有限的人和力量。

中国人在海外见到把台湾地区当"国家"的情况,以恰当方式指出来的做法值得鼓励。这样的纠错并非失礼,而对方如何反应,表现的是他们的知性和文明程度。

(环球时报 2015-02-10 第 3536 期第 14 版 | 国际论坛)

台湾对大陆善意的回应太小家子气

台湾新北市严重粉尘爆炸造成数百人不同程度烧伤,对伤者的救治少不了皮肤移植。大陆方面日前表示将向台湾提供援助,包括捐赠一批价值 3000 万人民币的移植皮肤和人工皮肤。不曾想,台湾官员的回复让人听上去很不舒服。

据台湾媒体报道,台湾"卫生福利部长"蒋丙煌 7 月 2 日说,很感谢大陆的协助,但要合乎法律规定,先确定移植皮肤不是从死刑犯身上取得的才行。

大陆完全可以这样评论上述报道:这位"卫生福利部长"显然"不太会说话",他的发言不是对大陆善意有尊严的回复,看似"严谨",实则很小家子气。

媒体上确实有一些大陆移植手术使用了死刑犯器官的报道,但几乎没有听说过使用死刑犯皮肤的具体消息。之前的争议大多围绕着肝、肾等器官移植问题，而大陆方面也从未有过主动将死刑犯器官出口的记录。

即使蒋丙煌先生有皮肤来自死刑犯的担心，他也应当通过两岸沟通机制进行询问，而不应通过公开报道对大陆的善意泼冷水。客观说，他的做法是非常不礼貌的。

台湾个别从医者担心大陆捐赠的皮肤在卫生上不达标，表示更信任美国的皮肤。他们的这些态度也不该通过传媒来炒作。参与抢救伤员的都是专业医疗机构，它们使用什么皮肤，完全可以通过台湾医疗系统来协调，用不着台湾大众舆论的参与。这种参与不可能是专业水平上的，而且很容易引起大陆舆论的反弹，影响两岸公众之间的感情。

近年来，大陆的医疗卫生事业发展很快，专业标准不断提升。大陆人口众多，各地都有一些积累了丰富治疗经验的顶级医院，它们治病救人的纯技术能力基本达到世界先进水平。大陆这些年因为各种原因出国出境人数众多，但是出国治病却没有形成潮流，也是因为国内的医疗技术能力基本满足了人们的需求。

在大陆从未听说过台湾的医疗水平有多么了不得，台湾的"卫生福利部长"和有的医院院长一起谈论大陆移植皮肤的"质量"问题，是挺令人诧异的事。

当然，目前不清楚蒋丙煌是主动对媒体提"死刑犯皮肤"，还是他在记者的反复追问下这样回答的。但不管怎么说，这表现了台湾社会整体上不大气。也许他们不会以恰当方式表达自己的担心，也许他们觉得说一些让大陆不舒服的话能给他们自己带来快感。

大陆方面不愉快是肯定的，但也不必因此有多么生气。台湾是个小地区，对大陆关系很难大气起来，喜欢拨拉小算盘。那里的官员和知识分子对大陆说出不懂礼貌的话或许在所难免。毕竟都是同胞，台湾有了难我们应当支持。中间出点小误解或者风波，不值得过于在意。

（环球时报 2015-07-04 第 3648 期第 7 版 | 国际论坛）

台军方发言人情绪化放炮有失自尊

台湾"国防部"发言人罗绍和 3 日谈到抗战胜利 70 周年，用很情绪化的语言指责大陆"歪曲"国共两军的抗战表现，并介入大陆媒体关于张灵甫是否是"抗日名将"的争论。其谈话的激烈调子就像是在互联网发言一般。

大陆总体上不愿意与台湾搞争论，除了涉及统"独"问题，大陆官方很少就台湾官员的"意识形态言论"表态。相反，台湾某些官员近来屡屡发出"挑衅"，不能看成是后者的自尊。

海峡两岸曾高度敌对，那时两边对对方抗战贡献的描述不可能是正常的。随着两岸打破坚冰，大陆方面主动肯定了国民党方面在抗战中发挥的作用。大陆去年公布的首批 300 名著名抗日英烈与英雄群体名录中，出现大量国民革命军将士，大陆如今的影视作品活跃着很多"国军"形象，对抗战正面战场的讲述在大陆已充分开放。

倒是在台湾，共产党的抗战功绩始终没有得到肯定和宣传。台湾当局今年印制的抗战月历里只收录了左权一名共产党军人。

尤其可悲的是，台湾社会如今对抗战已经很少提及，即使"国军"的抗战英雄们也越来越被遗忘。恰恰是大陆方面在铭记、展示"国军"的抗战名将和那支军队的正面形象。

大陆近年出现一些"国粉"，舆论场不断闹国共两党谁对抗战贡献更大的争论。但这不是真正的历史之争,而是我们这边内部的意识形态斗争,有着史学之外的政治含义。台湾官方根本不该掺和进来。

台湾当局应当感谢大陆针对"国军"及正面战场的各种纪念,国民党尤其应持坦诚、谦逊的态度。客观说,国民党当年拥有全国资源,指挥着国家正规军,但正面战场的表现实在有负全国人民。说句更直率的,国民党应当不好意思在大陆举办抗战纪念活动时争功。

当年执政的国民党面对日军侵略丢了中华半壁江山,而今天的台湾社会媚日情绪严重,纪念日本殖民统治的各种活动似乎比纪念抗战的活动还多。台湾社会还有不少抗战老兵,对此他们早就痛心不已。

不过,台当局还记得今年是抗战胜利70周年,表示将有印画册、开研讨会和"纪念大会"等行动,总是值得欢迎的。台湾所有认同中国和中华民族的力量应当团结起来,集中精力在今年打一打"媚日派"的嚣张气焰,而不是针对大陆纪念活动的细节斗气。

如果有台湾官员要纠缠张灵甫是否是"抗日名将",那么只好请他们去参加大陆网民的混战,大陆官方估计不会搭理他们的。

(环球时报2015-02-04 第3531期第15版 | 国际论坛)

第六章

一带一路

国务院反垄断专家暗助外企太不该 / 达沃斯，世界那副怂样更需打气 / 高通接受处罚，《纽约时报》叫什么屈 / "一带一路"与马歇尔计划迥异 / 英国加入亚投行测出美国小心眼 / 多国示好亚投行，"一带一路"大进展 / 亚投行将倒逼中国更高水平开放 / 中俄不同开放度对应各自国情 / 美国反对亚投行难免致自我孤立 / 亚投行之赢不是中美间的胜负 / 四大自贸区化改革决心为倒逼力量 / 拿布雷顿森林喻亚投行，恶意还是无知 / 亚洲是命运共同体，此乃大实话 / 反完服贸反亚投行，不毁台湾不过瘾 / 亚投行可不是中国的"面子工程" / 切莫跟着外界炒亚投行"政治胜利" / 让"巴铁"因与中国"铁"而走向繁荣 / 西方质疑中拉大项目的调子太酸了 / 中韩签FTA，韩国较日台先行一大步 / 中澳签FTA，美亚太三大盟友已签俩 / "辱华"德国公司8年后被揭伤疤怨谁 / 希腊，拒绝紧缩最坚决的钉子户 / 应对不测和争议，承受力至关重要 / "金砖和上合"，西方别看啥都像对抗

国务院反垄断专家暗助外企太不该

国务院反垄断委员会专家咨询组成员张昕竹因"违反工作纪律"遭解聘。知情人士向媒体透露，张昕竹在受聘于反垄断委员会的同时，未征得反垄断委员会同意，向正在接受发改委反垄断调查的美国高通公司提供服务，为其出具所谓"未垄断"的经济学证据，并收取高额报酬。张昕竹本人接受采访时表示，他被解聘"是因为帮外企说话了"。

张昕竹是中国社会科学院的研究员，也是国务院反垄断委员会专家咨询组的约20名成员之一。他为自己辩护说，"就好比我给死刑犯做了辩护，任何一个案子都有正方和反方，不能连说话的权利都没有吧。"

如果张昕竹是一名独立学者，至少他与国务院反垄断委员会毫无关系，那么他帮助高通公司应对中方的反垄断调查就谈不上什么违规问题。但他现在明显是在对原告和被告"两头通吃"，这首先在职业道德上就讲不通。

此外，反垄断委员会专家咨询组明确规定其成员"不得从事与履行专家咨询组职责利益冲突的活动"，张昕竹的行为明显违反了该守则。

我们不知道张昕竹通过受聘于国务院的专家组，是否接触了一些保密信息，以及获得了一些特殊资源。如果这一身份是高通购买其服务的决定性条件，那么他就不仅涉及违反专家组纪律，这件事还应当进一步从法律的角度得到审视。

必须指出，中国社会的转型在不少领域带来了混乱，而且这些年由于"官不正"的影响，一些有点资源和影响的人也失去了对规则的敬畏感。

像张昕竹这件事，他是不难感觉到"不对劲"、自己触犯了某道边界的。但他还是那样做了，除了为了钱，我们看不到还能有别的什么解释。

张昕竹 2014 年 8 月 13 日否认网络上所传自己收了高通"600 万元"这个数字，但他对自己是否收取了"高额报酬"做了回避。

张昕竹的行为大概也是一种腐败。因为如果媒体所报道的官方信息都是准确的话，张昕竹将自己公职所拥有的优势用于了与这一公职所指向公共利益相反的目标，并且从中牟利。其实可以"以权谋私"的不仅是官员，这样的私欲往往能够因地制宜，在各领域中找到实现自我满足的管道。

在中国官场反腐败都还开展不暇的时候，社会其他领域的倡廉很难成为焦点。然而大家都应记住，出来混，迟早要还的。还是早早对自己加强管束，真正激活自己的良心为好。

(环球时报 2014-08-14 第 3392 期第 15 版 | 国际论坛)

达沃斯，世界那副怂样更需打气

李克强总理 21 日出席世界经济论坛 2015 年年会，做本届达沃斯最重要的主旨讲演。这一演讲发生在北京时间 22 日凌晨，此前舆论认为，李克强将借这个机会帮助世界解读中国经济的"新常态"。

就在李克强总理发表讲演的前一天，中国刚公布了 2014 年 7.4% 的增长率。对 1990 年以来中国的这一"最低增长率"，一些外部人士所需要的安慰，似乎比中国社会所需要的还要多。

就在昨天，著名会计师事务所普华永道在对达沃斯参会的 1300 名各国企业家做调查,其中将美国选择为"最愿意去的投资地"的人,5年来第一次超过选择中国的人,排在第一位。据认为这同中国"不太好看的经济数据"有关。

中国的经济发展这些年在全球保持了最稳的节奏感,按世界标准衡量的"大起大落"在中国长期没发生过,但外部舆论对中国的评价却一直像过山车一样。那些好似把中国当股市看得高度警觉,让人不知道都是真的,还是些不严肃的舆论泡沫。

中国经济的基数大了,发展从高速挡转到中高速挡,这是依据常识就能做出的预期,值得惊慌吗?此外今天中国7%左右实际带来的经济增量,不比前些年的10%少。恰恰是2014年,中国GDP首次突破10万亿美元,成为全球两个十万亿级超大经济体之一。中国经济的影响力又上了、而不是又下了一个台阶。

中国经济的内在逻辑在逐渐升级,但中国给世界提供的机会一直是简单明了的,那就是中国从世界的进口规模越来越大,带动的各国就业越来越多,中国为世界经济提供的动力逐渐增加,而不是减少。

如果外部还想了解中国经济更多些,那么可以看到,不断深化的改革强化了市场杠杆在中国经济中的角色,法治建设使中国经济运行的大环境更规范,这些都是西方经济界所熟悉和欢迎的。

处于"换挡期"的中国经济面临一些适应性工作,包括调整和创新,在中国改革开放史上,它们称得上是困难,但决非最了不得的考验。内部讲起来,中国差不多每年都是"关键的一年",乍一听常常像是"过不去了",但中国不是都过来了?

改革开放以来中国有过严重通货膨胀和严重通缩,大量国企曾亏损得一塌糊涂,国企裁员曾让人对社会稳定捏一把汗。还有过很吓人的银行呆坏账，让企业动不得身的三角债务，双轨制顶峰时带来的问题更是让人一筹莫展。经过很多大风大浪的中国，今天横着比竖着比都算不上最困难的时候。

如今中国经济的基础、政府的宏观调控能力、社会对问题的承受力，都是前所未有的。如果有人对今天中国的宏观经济形势悲观甚至慌张，最大的原因恐怕是他们太不了解中国这些年是如何走过来的，不知道当前问题在中国发展路上的实际位置和含义。很多人都曾犯过低估中国社会韧性的错误，犯同样错误的人今后也大概少不了。

中国全面深化改革有形势的倒逼因素，但不全是。它同时也是中国着眼未来的主动战略抉择。中国新一轮的改革不是身陷穷途末路时的仓皇行动，从顶层设计到开辟试验区，改革表现出应有的章法和稳健，这不是一场撞大运的乱仗。

中国为了推动改革，近一段时间谈危机和紧迫性比较多，关于"形势总体是好的"说得少一些。中国人自己没觉得不适，但一些老外好像是糊涂了。

西方很多国家同中国比起来都属于"小国"，战略回旋能力有限，看什么都像"天塌了"。中国总理在达沃斯给外界上一课，看来很有必要。

（环球时报 2015-01-22 第 3520 期第 14 版 | 国际论坛）

高通接受处罚，《纽约时报》叫什么屈

美国芯片制造商高通 9 日同意支付 9.75 亿美元罚款，从而了结了中国政府对该公司违反《反垄断法》的调查。高通股价在 9 日的盘后交易

中上涨 3%。

高通 2013 财年生产了 7.16 亿张芯片，其中约一半卖给了中国手机制造商等 IT 企业。高通受到收取不公平的高价专利许可费等三项指控，它在欧洲、韩国也曾多次因垄断吃过官司，这一次它对中国的调查采取了配合态度。高通股价大涨，表明投资者对中国处罚公平的认可，以及他们相信这一了结方式对高通在中国市场的前途有利。

然而《纽约时报》是个例外。它以这件事为由头大批中国的"经济民族主义"。《纽约时报》的一篇文章宣称，这件事对于在华经营的外国公司来说，是"时代的标志"，它们近来"都面临着涉及腐败、垄断和逃税行为的更密切的关注"并"成了中国的攻击目标"。该报认为这一裁决"开辟了中美经济冲突的新战场"。

中国无疑是当今世界最开放的大经济体之一。只要遵守中国法律，跨国公司进入中国市场之便利往往既高于它们进入其他大的新兴国家，更高于中国相关公司反过来进入美欧市场。如今美国一些大公司闹在中国的待遇，而中国的华为等高科技公司往往连美国的国门都进不去。

改革开放之初中国像是一片"处女地"，我们国门洞开，以各种优厚待遇吸引外资前来。有些外资"不规矩"，我们也忍了。

中国逐渐发展壮大起来，为了继续前进，理顺经济秩序变得十分重要。像反垄断这种事，过去中国社会几乎搞不太懂，但到了今天，它有了现实迫切性。

这本是非常容易理解的，但《纽约时报》代表的那些力量对此很不适应，它们大概希望中国永远是外资想干什么就干什么的乐园。中国推动依法治国，经济领域的规矩自然越来越多，但纽时等却宣扬这一切是"专门冲着外企来的"，它们的嗓门大，声音传得远，往往能够影响西方社会很多人对中国的看法。

世界上最早具有现代意义的反垄断法《谢尔曼法》就诞生在 1890 年的美国。美国人相信，没有这部法律，就没有后来美国的强大与繁荣。美国司法部反垄断局仅 2013 年就发动近百项反垄断调查，日本 9 家公司当年被罚 7.4 亿美元。同样，今天的中国如果不坚决反垄断，我们这个国家就不会有未来。

《纽约时报》这一次的反应恰恰是很标准的民族主义表现，上述文章拼凑了一些人的评论，观点很不专业，以把这件事同中美关系挂钩，以及给中国扣"经济民族主义"帽子吸引眼球。只要中国与美国企业发生摩擦，错肯定是中国的，这成了纽时的基本逻辑。

其实这次中国开出的罚单虽大，但却是合理的，也得到了不少西方舆论的认可。韩国曾对高通开出一年在韩营收 10% 的罚单，而中国处罚比例为 8%。

中国社会决无刁难外资的意愿。对外开放已是中国的基本国策，它不仅影响了中国社会的一些基础性认识，而且在很大程度上影响了我们的思想方式。我们对共赢原则深信不疑，对"你中有我，我中有你"的合作格局非常喜欢。中国的城市都愿意标榜自己"国际化"，跟这个世界发生持久联系让中国人感到骄傲和踏实。

非常希望各国企业搞懂并相信中国社会对外资的欢迎，同时对中国在经济领域加强法治给予积极配合。中国在不断改革，大方向必然是越改越规矩，外企需要跟上中国变化的脚步。谁在这方面做得好，谁将下一步在中国赢得先机。

（环球时报 2015-02-11 第 3537 期第 14 版 | 国际论坛）

"一带一路"与马歇尔计划迥异

60多年前的马歇尔计划影响了这个世界上不少人的思维方式：大国发起的经济援助或者战略合作都是单向推行其全球意志和价值的工具。

从改变人们这一思维定式的意义上说，中国领导人习近平2013年倡导发起的"一带一路"计划，是世界经济援助及合作领域的一个里程碑。中国政协发言人吕新华2015年3月2日在回答相关问题时说，"一带一路"强调共商、共建、共享，中国官方文件此前不断强调它的目的是合作共赢。

"一带一路"计划的推出时间还很短，但它已经受到沿线广大发展中国家的热情欢迎和公开支持，即使领土纠纷、政治制度差异、文明背景不同也最终难成合作障碍。因为"一带一路"是全方位开放的合作平台，平等互利是它的首要原则，不会有一个国家会因为"被迫"而进入这个合作体系，但吸引力却是真实、难以取代的。

美国当年提出马歇尔复兴计划时，附加了苛刻政治条件，欧洲的所有亲苏联国家都被排斥在外。即使是盟国，美国也为进入该计划的国家制定了标准和规则，受援的西欧国家只能无条件接受。该计划的最终结果导致了欧洲的分裂。

"一带一路"欢迎沿线所有国家加入，不问这些国家是谁的盟国，信奉什么宗教，政治上推行什么主义，以及以往与中国的关系如何。这个计划既是中国的全方位国际合作计划，也是中国自身发展计划。中国人民银行行长周小川曾公开说，中国的外汇储备比较多，就需要有一部分用于走出去，把资金拿到国外运用，这就是丝路基金要做的事。

"一带一路"沿线大多是发展中国家，它们对基础设施建设有旺盛需求,这与中国成熟而强大的基建能力和资金实力是一拍即合的关系。很难有国家发展战略如此般配的对接,这几乎是命运为那些国家带来了同时获得资金和工程能力的机遇,也同时为中国升级发展战略提供了新纵深。

客观说,历史上的崛起大国没有一个是以这种推动发展的方式开拓空间的,大国对周边谈平等互利,常常受到怀疑。但中国做得正,行得端,我们的言行清澈见底,从"一带一路"受益的国家不断增多,其正能量加速度扩散,前景一片光明。

有没有"一带一路",中国都难以超脱地缘政治的纠葛。但这个计划终将让沿线广大国家看清,中国的确是一部拉动区域乃至全球经济增长的火车头,在与中国的关系中有比地缘政治更具现实意义的内容,它就是共享发展,造福于人民。

中国有着全世界最庞大的社会,我们最清楚民生乃国之本,发展乃国之幸,而这一切既是一个国家、也是整个地区和平稳定的根。中国崛起决非初尝这种滋味,我们有太多历史经验和教训,这个国家不想走传统地缘政治对抗、突围、争霸的老路,我们下决心创造一个大国真正和平崛起的先例。

"一带一路"是中国的一份坦然,也是一份自信。我们看得懂这个世界真正需要什么,而且很确信自己不会看错。我们不欺诈,不威胁,而是以尊重、平等的态度邀请各方与我们合作。这样的开放合作将不断枝繁叶茂,因为它既符合利益原则,也契合人心向背的规律。

两会已经开始,"一带一路"将是热题之一。外国记者们会发现很多中国各地的代表委员对这个话题很兴奋,因为它与他们那里的发展大计有关。这也是外界从中国内部搞懂"一带一路"战略奥秘的大好机会。

(环球时报 2015-03-03 第 3548 期第 15 版 | 国际论坛)

英国加入亚投行测出美国小心眼

英国 12 日宣布愿意成为亚洲基础设施投资银行（亚投行）意向创始成员国，被舆论普遍当成国际关系的大事件。美国官方在第一时间对英国的做法提出批评，其匿名官员抱怨英方的此决定几乎未与美国磋商，并称应当警觉"不断迁就中国的倾向"。由于美英存在"特殊关系"，美国公开与英国龃龉十分罕见，美方的这次表态显示了它不同寻常的焦躁。

亚投行由中国发起，目前已有印度、新加坡等 28 个国家表示要成为创始成员国，中国按照规则占有其最大出资比例。美国表示亚投行应具有世界银行的"高标准"，世界舆论就此评论说，美国显然希望华盛顿主导世界银行的模式不被挑战，亚洲有个其盟友日本主导的亚洲开发银行，更能维护华盛顿的利益。

美国显然想多了，它把成立亚投行完全看成了地缘政治事件，而没有心思从经济角度认真审视它对亚洲国家的现实意义。美国第一眼看亚投行的视角就是歪的，它看到的全是中国与美战略博弈的谋略。

美国人应该数一数，任何一个大城市的金融街上有多少家银行，它想用自己主导的世界银行覆盖全球的需求是多么幼稚。中国倡议成立亚投行对应了亚洲基础设施建设的庞大融资需求，这件事首先是再真实不过的金融和生意，用政治手段对付它，不可能奏效。

美国早就不是二战结束后 GDP 几乎占世界一半的那个超级帝国了。虽然它仍是世界老大，但世界经济中有越来越多的大块内容脱离了它的影响，它对世界经济的主导力的确在江河日下。世界要发展，各国要繁荣，商人们要挣钱，美国如果为了"世界领导权"而挡大家的道，它就是在犯愚蠢的战略错误，不断给自己找不痛快。

华盛顿太敏感，太脆弱了，中国牵头成立亚投行，是世界经济格局不断变化必然导致的动向，所谓"世界经济秩序"更多是世界各经济体之间的现实关系总汇，它可以被强行安排、塑造的程度是有限的。政治和军事力量能在这当中扮演的角色尤其不像一些人想的那么多。

美国要求盟友都不参加亚投行，是它给那些盟友出了个难题。美国并没有对盟友承担保障它们经济繁荣的义务，它事实上也缺乏这样的实力，那些国家都要为保持自身繁荣而自谋出路。英国看到参加亚投行是本国的大好机会，它不顾美国反对而做出12日的宣布于情于理都应被理解。

美国长期以"世界领导者"自居，不想遭遇任何挑战和竞争，希望舒舒服服地继续按其驾轻就熟的方式"领导世界"，它这是把自己的利益凌驾于全球利益之上：只要对维护它的霸权有利，任何国家牺牲自己的发展利益都是应该的。这样下去，美国必将在越来越多的事务上招人讨厌。

美国需要放下身段，在保持全球影响力的问题上顺其自然，不对自己做力不从心的加码。它应当欢迎中国在促进全球繁荣方面发挥作用，克制自己的妒忌和酸葡萄心理。这样的美国才是自尊的。

我们相信，亚投行的未来一定非常光明，美国以地缘政治的老套思维阻拦它，看错了目标，也拿错了工具。世界上会有更多国家热衷于亚投行的事业，因为没有人会对难得的投资和赚钱机会无动于衷。中国不会用"挑战美国"的思路来推动对亚投行的功能和规则设计，亚投行在经济和政治上一定是开放的。

美国需要一次心胸的拓展，它应当清楚自己的手掌捂不住整个世界，同时明白这种捂不住本来就是正常的。那样的话，它今后将更容易接受世界的多元和千姿百态。

(环球时报 2015-03-14 第 3558 期第 7 版 | 深度报道)

多国示好亚投行,"一带一路"大进展

澳大利亚外长毕晓普 16 日表示,澳"相当有兴趣"加入由中国牵头组建的亚洲基础设施投资银行。从英国公开申请加入亚投行以来,韩国、法国、澳大利亚相继亮出入行的兴趣,表示正在就是否或如何加入该行进行研究,沙特阿拉伯则更明确地表示希望加入亚投行。这一切被看成是针对美国阻止盟友加入亚投行的"多米诺骨牌"效应。

事情未必已经确定,前面仍可能存在变数,但这一轮新动向决非是昙花一现的,它们是中国建立亚投行倡议符合全球利益并受到欢迎的明确信号,它们是在各国间对亚投行前景信心的大规模传递。

亚投行被世界看好,是"一带一路"战略的重大利好。这一动向对中外关系的整体面貌将产生基础性影响,其最终形成的意义将超过中国单一双边关系的进展或问题。它对崛起中国的阶段性状态具有更强的描述力。

亚投行的不断成功也将影响中国人对外部世界的诸多认识,增强我们坚持以和平、共赢方式走向世界的决心和信心。美国对抵制亚投行是花了些力气的,中国对于化解美国的抵制,说实话工具并不多。我们就是实实在在做事,看准世界经济的需求,调动中国的优势与之匹配,打造中国与世界各国的利益结合链,美国的抵制自然难以奏效,其盟国为自己的利益与其离心离德。

在这个世界上，合作共赢的确是穿透地缘政治力量的杠杆。中国的"一带一路"不是战略自私的产物，它的共赢性质货真价实，经得起反复推敲和检验。世界各国不是傻子，即使有些国家开始时疑虑，它们终能看清中国这一战略对它们的好处。每个国家都有在各种战略构想之间比对利弊的能力，因为某种政治担心而放弃经济发展的重要机会，这不是21世纪的信条。

亚投行相对顺利地组建和发展，可以被看成是"一带一路"具有全局意义的"开门红"。中国今后就该这么干：立足现实，脚踏实地，不搞对抗，只求共赢。谁要想阻挡这样的战略，几乎无处下手。推进"一带一路"是一个进程，是对伙伴关系的不断积累，也是对人类合作潜力的不断挖掘。这种利人利己的事情从本质上说就是不可阻挡的。

中国的大国外交经验不算多，但中国这些年并没有严重的外交失误，原因就是我们心正，向外发展过程中注重尊重他国利益和感受，懂得己所不欲勿施于人。中国向全球拓展利益的过程相当平稳，当中虽有曲折，但没有摔大跤。

美国对亚投行采取了偏执态度，但中国并没有以对抗回应，我们按部就班，不断做有助于解疑释惑的推广。中国的合作态度不是装出来的，也非厚此薄彼，这是一种很有力量的外交哲学。

围绕亚投行的格局性变化有可能提供全球社会进一步了解中国的机缘，也会让很多国家重新评估与中国合作的利弊。亚投行以及"一带一路"都不是零和机制，它们是高度开放的，各国利益可以在这当中开展多元的交叉及融合。历史将证明这就是21世纪的精神，这就是新世纪里生命力及活力之所在。

（环球时报 2015-03-17 第 3560 期第 15 版 | 国际论坛）

亚投行将倒逼中国更高水平开放

卢森堡官方证实该国已正式申请成为亚投行（AIIB）意向创始成员国，从而使申请加入这一中国主导的国际金融组织的国家达到32个。这一阵容已经大大超过创办国际金融组织的最低要求。舆论分析，到本月底提交申请结束之前，大概还有其他国家加入这个行列。

筹办亚投行取得国际热烈响应的关键成功，接下来制定规则、实际创办等工作将陆续跟上。中国作为发起者，如何扮演西方喜欢用"主导"一词所描述的那个角色，如何让该行成为当今世界超一流的国际多边金融机构，还将面临诸多挑战。

可以肯定，创办并经营好亚投行，必将带来中国进一步面向世界开放的过程。亚投行是中国全面提升自己国际金融能力的机会，它也是对中国与世界在更高层面"接轨""融合"的倒逼。我们对这些耳熟能详的词汇有可能形成更深的理解。

首先，亚投行不会是中国向国际多边金融机制进军的终点，而这样的创办和参与需要大量国际化的金融人才。把这个问题解决好，将对中国主流社会的人才观产生新触动，进而为中国的人才格局注入改革动力。

中国已是大国，但亚投行让中国第一次在世界级的金融大事中发挥所谓"领导作用"。迄今的意向创始成员国中已有"欧洲列强"，也有与中国存在领土纠纷的国家，中国将成为各种意见和诉求的主要交汇点，这将考验中国作为发起国的心胸，以及我们处理各种问题的智慧和弹性。

我们亲眼目睹了英国作为美国最重要的盟友之一如何"反水"申请

入行，并会在今后通过更多切身感受，体会国际关系中那些决定变数和确定性的元素。亚投行注定要带给我们一些过去没经历过的遭遇和考验，中国社会围绕它不是在读一本书，我们将快速增加自己的阅历，朝着更成熟的大国迈进。

亚投行与美国主导的世行将形成既竞争又合作的关系，给中美互视增加新的活跃点。中国对外开放的内涵更加多元，挑战性和收益的方式都更趋复杂，它要求更高的设计能力和更强的执行力，它不再是出台个政策大笔一挥就可大功告成的事情。

站在经济、政治利益的高处和站在低处，连对"朋友""对手"的认识也会有角度上的微妙变化，与一些对立性力量打交道的轻重缓急原则也会有所不同。

总之，亚投行需要学习世行等国际多边金融机构的成功经验，同时避免重蹈它们现有或曾经出现的问题，成为从管理到实际运行效果都最优秀的世界性同类银行。中国作为它的发起者和总部所在地，需要有一系列的自我提升对其进行支持，它不仅仅是局部小环境的跟进，而应是中国社会有全局意义的不断改善。

2001年中国加入世贸组织，关于它对中国开放及改革的拉动，舆论一直津津乐道。中国牵头创办亚投行对社会没有那么大的直接牵动面，但它对中国综合能力的提升要求却非常高。可以这么说，如果亚投行在中国"主导"下成为广受世界称赞的最高水平国际金融组织，AIIB成为备受尊敬的标识，那时的中国就将成为名副其实的"世界大国"。

（环球时报 2015-03-20 第3563期第14版 | 国际论坛）

中俄不同开放度对应各自国情

中国俄罗斯都是大国，都不属于西方体系，不时受西方舆论奚落。两国比邻，是全面战略协作伙伴，这些年越走越近。但仔细看，两国各有千秋，有非常不同的国家性格。在与西方复杂而曲折的关系中，中俄采取了差别较大的策略。

曾经高度封闭的中国自20世纪70年代末以来奉行对外开放战略，开放成为中国国策的最大标志之一。俄罗斯也曾全面向西方开放，但是后来它再次成为西方围堵的主要目标，其向西开放策略受挫，转为与西方对立直至对抗。对外强硬成为俄外交的主色调。

大量分析认为，中俄走上不同的对外战略之路有其必然性。

中俄两国的基本立国条件截然不同，两国社会发展的主要矛盾和可选择的解决办法亦有很大差异。俄罗斯的国土面积接近中国的两倍，资源总量前者高居世界第一，而俄人口只比中国的1/10多一点。俄的现代化早于中国，底子厚，中国为实现现代化所面对的挑战要比俄罗斯多得多。

俄也有对外开放的意愿，深知不开放就很难全面现代化。但它对外开放的紧迫性并非"生死攸关的"，如果开放搞得不痛快，它有退回来固守现有格局的资本。俄罗斯的主要资源品种齐全，自给自足绰绰有余，其国家任务的重要一条就是守护好本国资源，确保它们给自己带来最大利益。

中国的对外开放则属于"必由之路"。从改革开放之初起，中国缺技术，缺现代观念，而且越来越缺资源。中国如果不对外开放，别说"全面小康"，连可靠的温饱恐怕都实现不了。因此无论与外部世界打交道有多难，中国都没资本重新"闭关锁国"，对外开放注定是中国现代化进程的单程票。

俄罗斯为其国家利益不断对西方示强，摸索出了它的一些独特经验。普京打出的一些牌曾让华盛顿颇感无奈，俄近期因乌克兰危机与美全面角力，外交一时被动，但其长期战略效果还取决于事态的进一步走向。

中国则积累了与美国用合作冲淡矛盾，用巨额贸易抑制对抗冲动，用新型大国关系取代历史记忆和陷阱的经验。对其他西方大国，包括疑虑中国的力量的国家，我们也尽最大努力扩大合作面。这样做很辛苦，有时还会事倍功半，但中国崛起在姿态并不完美的情况下逐渐成形。我们对开放的总体感受是正面、积极的。

发起建立亚投行，这是中国对外开放的一次高规格检阅。做这件事所要求的开放积累和进一步的开放加码都不能含糊，这再次证明中国在已走的大道上没有退路。

很难说中国这样做的政治风险有多高，但如果这是中国的唯一道路，那么谈"如果不这样做风险会不会更小"，是没有意义的。中国必须把对外开放作为自己的长处和优势，不断巩固全社会的自信，克服在开放路上迎面而来的问题，永不气馁，不用那些无聊的"假如"扰乱自己。

中国的正式说法是"改革开放"，但在很多时候，开放更像是"因"，改革是被拉动的"果"，因此叫"开放改革"也蛮贴切的。开放已成最近三十几年中国最重要的国家经验之一，它与改革的绝妙搭配也在释放出广泛的世界意义。只是中国发展的紧迫性从来没有松弛一下的时候，我们因此没有沾沾自喜的资本，我们总觉得自己做得还不够。

（环球时报 2015-03-20 第 3563 期第 15 版 | 国际论坛）

美国反对亚投行难免致自我孤立

亚投行的事情仍在发酵,包括美国在内的西方舆论出现大量批评白宫"失策"的声音,认为美阻止盟国加入亚投行导致了自己的孤立,华盛顿应当从中汲取教训。

围绕亚投行之争的本质是,中国做了一件符合亚洲整体利益的好事,并向世界其他国家提供了参与和实现共同繁荣的良机,而美国却出于一己之私非要阻止亚投行的顺畅发展。而对美国的很多盟友来说,与中国合作参与到亚投行进程中来的好处,要多于拒绝参与向美国"表衷心"的利益预期,所以英法德等欧洲国家决定对华盛顿"反水"。

如果美国至今保持足以全面和绝对影响世界经济的实力地位,那么欧洲的"背叛"就不会发生。此外如果中国发起成立亚投行的确就是冲着美国去的,其主要目的就是要"夺取美国的领导权",那么欧洲国家也会在评估利弊之后远离中国。

问题是,美国对亚投行的地缘政治审视仍沉浸在权力角逐旧思维窠臼里,把大多数国家"搞烦了"。华盛顿给人一个强烈印象,它的眼里只有地缘政治,拒绝承认地缘经济的合理因素。而对欧亚国家来说,发展是第一位的,连与中国有领土纠纷的越南、菲律宾等也不例外。美国要大家为配合它的对华战略而放弃发展机会,很不得人心。

华盛顿的确要吸取一个教训:它不能给一个广受欢迎的国际多边发展计划捣乱,即使这个计划的发起者是被美国保守主义势力视为"竞争对手"的中国。美国并没有"衰落",它仍是"世界老大",但它的力量的确已不足以任意支配盟国。它以损害盟友利益的方式强力维持其"领导权",就会置自己于尴尬境地。

英国等欧洲主要国家加入亚投行，是中国倡导的合作共赢新型国际关系的一个里程碑。亚投行的这个方向如果得以巩固，有可能成为国际关系从旧时代向新时代历史性过渡的起点。

美国毕竟实力雄厚，拥有运用政策工具的足够空间，它如果能调整对华心态，不再眼里只有地缘政治博弈，大家今后都会好受些。顺势而为比逆水行舟更智慧，也更轻松，这个道理同样适用于美国。

我们很不希望华盛顿以钻牛角尖的方式看自己在亚投行问题上的挫折，为以后扳回"领导力"投更多的赌注。中国不会与美对抗，北京仍会以合作共赢原则设计今后的每一个计划和行动，如果美国未来坚持"抵制中国挑头的计划"，它实际选择的对立面也将是世界上的多数国家。

美国只要淡化一下自以为是的思维，就能像其盟友一样看清国际贸易与金融领域事态发展的来龙去脉。美国一直不肯对其主导的世行和国际货币基金组织进行改革，增加中国等新兴国家的投票权。它同时又不想接受中国倡议发起新的国际金融机构。美国想垄断世界的发展，它无力出资又不许别人干，天底下哪有这样的道理。

亚投行不是"美国领导力"的滑铁卢，也不是中国从此与美"平起平坐"的转折点。它就是美国一个错误逻辑的失败，也是对合作共赢原则的重要肯定。那个错误逻辑的确是美国的，但合作共赢原则决不为中国所专有。

所以，美国完全没必要因为眼前的挫折同中国过不去，因为那样的话，它将是与这个世界的公理过不去，与世界的潮流逆着来。

（环球时报 2015-03-23 第 3565 期第 14 版 | 国际论坛）

亚投行之赢不是中美间的胜负

中国发起成立亚投行突破了美国设置的阻力,这令中国人的视野和自信都焕然一新。但是世界舆论出现一些很夸张的评论,称中国"击败"了美国,开创了自己有力量同美"分庭抗礼"的新纪元,有少数中国人也因这些评论的出现沾沾自喜,这就很荒唐了。

亚投行不是中国搭起的与美对抗的擂台,围绕它的创办聚集了亚欧很多国家的利益,形成了新的原则。美国视这种非它主导的利益安排为异类而反对之,导致它的一些盟国对其公然"反水"。这件事清晰展现了华盛顿力量的局限,它因想管住一切而不成,陷入尴尬。

中美这次是典型的"得道多助、失道寡助",但这不是中美综合国力对比达到临界点的标志,它也不可能是中美博弈形势大逆转的开始。因为美国霸道过头而一时孤立就"看扁"这个超级大国,是很不明智的。

外部世界对美国遭此挫折的意义引申,远远大于美国因此实际感觉到的痛苦。外部的很多评论认为华盛顿"丢脸"了,但这对美国意味着什么,外界未必揣摩准确了。商业文化深厚的美国并不那么看重面子,因此不太在乎"丢脸"。它有较强面对现实而自我调整的能力,这通常也被看成是美国的承受力。

华盛顿 23 日提出,希望未来亚投行与世行、亚开行就同一个项目开展共同融资的合作,这被广泛认为是美国见"堵"亚投行不成,开始转变态度和策略,其调整之快,明显比东京一副纠结的样子要轻松得多。

我们经常通过美国对华抱怨越来越多的角度,捕捉到其自信心动摇的一些迹象。但客观说,美国社会整体上的自信还是蛮强的。原因是这个国家经过一个多世纪领先世界的发展,攒起支撑自信的丰富资源。美国至今在技术和文化上颇具创新力，这使得它应对危机的心态不那么紧促。

大国需避免大悲大喜，遇事平和就是一种力量。中国经历了漫长的积贫积弱，屡遭欺凌，因而渴望成功，也很看重每一次成功的意义。但我们必须知道，中国崛起是一次真正的"长征"，我们需要补足的短项很多，在未来很多年里，中国都成不了全面的"超级大国"。

亚投行"挑战"了美国，这是舆论热衷于借题发挥的典型夸张。亚投行对应高度专业的金融事务，难免有点枯燥，而寻找其中的地缘政治元素，最简单也最刺激。21世纪地缘政治对现实的渗透被说成像过去的时代一样绝对，这很引人入胜，但却偏离了这个和平与发展世纪的主轨道。

中国不是怀抱阴谋要"重整世界"的国家，这个大国的社会发展任务极重，周边外交的历史包袱也很多，没有什么事情比和平发展对我们来说更重要。

发起创办亚投行是中国对外开放的升级性事件，它最终应促成中美的进一步理解和相互包容，而不是给两国关系打下永久楔子。如果这当中有什么输赢的话，那么是合作共赢原则赢了，零和博弈的原则输了，以此评论中美两个国家的胜负是肤浅的。

美国应当从中学会与天下共赢的重要性，而不是处处坚持美国利益优先。中国除了坚定信心，也应观察美国的承受力和灵活性。发展这种大国的特质，中国不断前进路上的续航能力将增添颇具价值的一部分。

（环球时报 2015-03-25 第 3567 期第 14 版｜国际论坛）

四大自贸区化改革决心为倒逼力量

中共中央政治局 2015 年 3 月 24 日审议通过广东、天津、福建自由贸易试验区总体方案，和进一步深化上海自由贸易试验区改革开放方案。上海自贸区建立仅一年半就向全国三个重要区域推广，这一速度大大超过人们的预期。

中国目前除了加快国内的自由贸易试验区建设外，在国际上也正在积极地推进自贸区战略，中国去年已同韩国、澳大利亚完成了自由贸易协定谈判，今年将进入实施阶段，对外对内同时推动自贸区建设，决不是偶然的。中国的对外开放在形成越来越多的线索，它们相互呼应、支撑，不断释放倒逼改革的强大合力。

有人说，中国的改革开放路线实际遵循了"开放改革"的逻辑，这话应当说颇有道理。中国沿海地区在过去几十年里做了改革先锋，地域的开放便利不能不说起了关键作用。对外开放必然导致自我调整的跟进，而且自己的单方意志很难成为终止这些调整的充分条件，持续的改革的确需要这样的倒逼力量。

一种观点认为，看中国改革的决心是否真实，就看它是否把国门越开越大，是否在推动本国的经济运行方式与扩大对外开放衔接。这是一把非常务实的尺子，中国在主要方向上必须接受它的检验。

从上海自贸区扩展到从南到北的 4 个自贸区，很多人相信，自贸区试验的最终目标是要将成熟的经济和金融制度向全中国推广。目前中国沿海及内地的其他多个省份也在申请自贸区试验，这一次的"扩容"显然不是句号。

一些人顽固地认为中国在走一条与世界隔绝之路，他们因不喜欢中国政治上的自我探索而陷入将这个国家标签化的偏执。他们不想一想，一个世界上的大贸易国，每年出境人数已全球第一，怎么可能在文化观念上是自闭的呢。中国这次扩大国内自贸区建设，是加快全面深化改革的又一自我鞭策。这一代中央领导集体的施政战略不断呈现越来越清晰的轮廓。

"倒逼"这个概念已经进入中国官方表述多年，它在中国民间的使用率也颇高。改革的这一动力机制已被全社会认识并接受，开放的纵深效应广受期待。因此昨天政治局关于自贸试验区的决定一公布，民间的感受就像听到了把全面深化改革落到实处的又一波冲锋号。

谈论改革开放令人骄傲，但它的真实过程却充满纠结、痛苦。这几代中国人注定要不断摸索，评估风险及得失，在学习外部经验和不自我迷失之间形成判断力。既然学习西方，为何又要走自己的路，这个最基本的问题会在不同时期变幻出种种方式，再考验中国社会几十年。

中国最早的4个经济特区有很成功的，也有不那么成功的，但总体上它们发挥了拉动中国改革的作用，鼓舞了当时的全国人民。如今4个自贸区的起点已不可同日而语，它们的雄心也更大。希望它们能不辱使命，通过高水平实践，为开创中国改革开放新局面奉献特殊建树，为全国各地升级发展模式提供可复制的经验。

亚投行，申冬奥，拓展国内自贸区，加快签署国际双边及多边自贸区，更有"一带一路"顶层战略，中国的对外开放不断开辟新的战场，渐成新的格局。未来一些年，很有事情可做。

（环球时报 2015-03-25 第3567期第15版 | 国际论坛）

拿布雷顿森林喻亚投行，恶意还是无知

一些境外媒体将筹建亚投行称为"中国的布雷顿森林时刻"，歪曲解读中国发起成立这一国际多边金融机构的意图。由于亚投行还未实际运行，人们通过现实表现认识它尚需时日，那些炒作中国谋求金融霸权的声音如果很高，就可能让不少人了解该行产生先入为主的不好印象。

布雷顿森林体系是指以美元为中心的战后西方金融秩序，它因二战结束前在美国新罕布什尔州布雷顿森林举行的一次国际金融会议而得名。1944年7月，这一体系确立了美元霸权，其代表性机构就是世界银行和国际货币基金组织。该体系的有形框架随着美元汇率与黄金脱钩而于1973年崩溃，但它所代表的金融秩序在很多方面保持了持久惯性。美元作为国际主导货币，美国以此获得特权的方式，都延续至今。

有的境外评论者宣称亚投行是中国谋求"人民币霸权"的开始，他们没有直接说出的弦外之音是：中国要当第二个美国。这种用历史经验忽悠公众的说法属于闭着眼睛的高谈阔论，它既无视常识，也脱离时代，根本经不起推敲。

布雷顿森林体系奠定了二战后美国进入全盛时代的货币霸权，这一霸权成为美国全球战略的金融工具，以此对因战争创伤而千疮百孔的欧洲盟友们发号施令。

并不具备美国当时实力地位的中国倡议创办亚投行，30多个亚欧国家迅速聚拢过来，它们当中包括与中国有领土争议、或在政治上有体系分歧的国家。它们显然不是捧中国，更不想推动"人民币霸权"，它们追捧的是中国倡导的合作共赢原则，而在该原则之下，不存在任何国家将本国利益凌驾于他国利益之上的机会和空间。

亚投行不是要与世行及国际货币基金组织作对，更不是要把美元霸权变成"人民币霸权"。亚投行的精神是多元、公正和共赢，它所尊崇的方向与垄断南辕北辙。宣称中国开始谋求"人民币霸权"，是很典型的"以小人之心度君子之腹"。

另一方面，人民币无疑会在国际金融体系中产生越来越大的影响，但这种影响只会是中国经济份额和世界市场对人民币的自然需求带来的。它决不会是中国以地缘政治博弈方式推动的结果。中国的人口规模这么大，靠控制钞票来搜刮别国的利益，既会让外部怨声载道，其所得拿到中国来也属杯水车薪。

国际关系终究在进入民主时代，这个时候再追求传统上的大国霸权，无论对现有国际秩序的"领导者"，还是对崛起大国来说，都不是正道。

不难发现，中国是世界大国中对展示力量最低调的国家，中国的公众舆论对"第一""超级大国"这类炒作相当抵触，普遍担心这些高帽是对自己国家的捧杀。中国社会希望将国家的绝大部分经济政治资源用于国内社会建设，人们支持政府在国际舞台上为这个国家争取发展的平等权利，但不会支持国家走谋求霸权的道路。

布雷顿森林体系是旧时代的产物。全球化时代活生生的新现实催生了亚投行，后者决不会走回头路，犯新瓶装旧酒的庸俗错误。一些西方媒体的恶意或无知的类比，都将被真实的事态击碎，这当中不会有什么悬念。

（环球时报 2015-03-26 第 3568 期第 15 版 | 国际论坛）

亚洲是命运共同体，此乃大实话

博鳌亚洲论坛 2015 年年会 26 日至 29 日召开。今年年会主题是"亚洲新未来：迈向命运共同体"，莅临的各国领导人规模达到博鳌论坛创办以来之最。习近平主席将参会，他的主旨演讲备受期待。

"亚洲命运共同体"，这是近两年的新提法，它凝聚了中国人对国家发展一些重大内外关系的新认识。中国说到底是亚洲国家，中国现代化的启动性因素来自欧美，但确保中国发展纵深的很多条件却在亚洲。这块大陆不可能上演中国"赢者通吃"的一幕，中国崛起能走多远，将在很大程度上取决于我们是否善于与亚洲国家分享发展的机会，拓展合作共赢的空间。

亚洲在历史上基本是个地理概念。纵观亚洲，它的复杂性大概超过了其他大洲复杂性的总和。亚洲同时拥有几大宗教，不同地区人们的价值观差异非常大，领土纠纷多，经济发展水平有巨大落差。亚洲如今有世界 GDP 的老二老三，有精致的经济发展"小龙"以及石油巨富，也有全球当下最战乱和最贫穷的地区。

在政治上，亚洲有社会主义国家，有按欧美制度发展的国家，也有被西式民主害得很惨的国家，还有走"中间道路"者。这尤其让亚洲看上去像"一盘散沙"。

就中国来说，近年来自周边问题的牵制似有增多之势，它们既有周边"内乱"或地区紧张的波及，也有因领土纠纷产生的中外双边争议。这些问题一定程度成了美国"亚太再平衡"战略的具体依托，进而成为中美大外交若隐若现的敏感点。其他亚洲国家的外交消耗，更是集中在各自的周边地区。

亚洲需要共同发展、繁荣，需要团结，亚洲国家实为命运共同体，中国作为亚洲综合实力突出的国家，这一感受尤其强烈。强大不会赋予中国在亚洲的特权，它只会交给中国更多的责任，要求中国为促进区域繁荣发展发挥更大作用。

亚洲合作和逐渐一体化应从经济入手，这样能绕开很多差异，扩大共同利益。政治纠纷越掰扯越尖锐，多搞经济合作，互利共赢，政治矛盾就能一定程度淡化。亚洲的多样性远远高于欧美，抱怨这里一体化的条件太差没用，把主要问题迅速解决根本不可能。但只要在经济一体化的方向多迈步子，走得远些，我们对政治分歧的感受有可能慢慢变化。

不是所有国家都像大国一样关注国际大战略和长远战略，国家越小越容易注重眼前的实际利益，因此亚洲命运共同体要成为区域内大多数国家的共识性认识，需要更多推动力。中国如果想提供这样的推力，它不仅是思想交流的问题，中国还需带头搭建合作共赢的平台，多为各国汇聚共同利益提供支点。

亚洲国家的现代化大多是把各自与西方的联系作为起点，现在它们彼此有了相互依托、创造本地区内生性发展动力的能力。这是亚洲走向未来强有力的崭新的"帆"，它今后所能给予亚洲的贡献怎么估计都不为过。

中国的"一带一路"战略契合了亚洲的这些需求，它的资金能力及项目创建能力都很优越，因而将成为亚洲命运共同体的一条重要线索和纽带。但亚洲国家不仅会听中国怎么说，还会看中国怎么做。实际情形一定是这样的：中国推行"一带一路"有多认真，很多沿线国家理解亚洲命运共同体就会有多真切。

（环球时报 2015-03-27 第 3569 期第 14 版｜国际论坛）

反完服贸反亚投行，不毁台湾不过瘾

台湾"黑色岛国青年阵线"等"台独"组织 3 月 31 日晚冲击台北"总统府"，抗议当局申请加入亚投行，宣称这是"黑箱操作"，也是"矮化国格"之举。抗议活动持续到 4 月 1 日凌晨，成为全球范围内有关亚投行的第一起示威行动。

当世界各经济体"打破脑袋"一般往亚投行创始成员圈子里挤，美国的盟国们不惜为此对华盛顿"反水"，最后导致连美国也放软身段的时候，只有台湾街头上演了反其道而行之的对抗性一幕。台湾究竟在发生什么，它是当今世界一个什么性质的角落，外界难免会有些疑问。

大陆在忙于创办亚投行事务，根本没心情、也顾不上借此机会挤压台湾。台湾这时如果不提申请，不在这个节骨眼上额外增添两岸的敏感问题，而把自己是否加入的问题往后放一放，大陆恐怕不会有什么意见。大陆已经收到五十多个公开申请，这个数字对亚投行开门红来说足够了，台湾方面应当清楚自己在这件事情上有几成分量。

马英九当局赶在截止时间的最后时刻申请加入亚投行，说明他们清楚这件事对台湾有多重要。亚投行事务中没有折腾两岸关系的空间，大陆国台办 1 日表示欢迎台湾"以适当名义"加入，是一个完全可以预期的表态。加入亚投行对台湾意味着更多商业机会，是它在经济上不被边缘化的一项保障，其他都是台湾反对势力的臆想。

当越来越多的经济体同中国大陆签署自由贸易协定的时候，台湾"太阳花学运"搞黄了两岸服贸协议。现在几乎同一拨人又找理由要阻止台加入亚投行。如果说闹事团体真的代表台湾主流民意，会让全世界跌破眼镜，很多大陆分析人士相信，最新抗议是那些闹事团体不想被遗忘，欲在台"大选"到来之前再捞一把关注。

台湾民主很像是少数人绑架了多数人，使这个岛屿与时代发展的主题渐行渐远。它已经是当年亚洲"四小龙"的尾巴，并且在继续沉沦的同时，形成部分势力用反对与大陆各种联系来撒气的奇怪做派。

我们相信台湾最终还是会以"适当名义"加入亚投行的，这最符合台湾利益。但在这之前，台湾说不定会内部折腾一阵子。实话说，这种折腾完全是台湾的内耗，外部世界几乎无关痛痒。外部如果有什么兴趣，也就是看看热闹。

而且无论台湾加不加入亚投行，它都不是一个国家，全世界对此很清楚，台湾绝大多数人也心知肚明。台湾地区不能以国家的名义加入任何国际组织，台湾社会对此早已接受。一些势力反对"自我矮化"，那是他们在以自欺欺人的方式自娱自乐。

如果台湾内部就两岸问题不停折腾下去，这个岛屿将不会有前途。大陆虽会受些牵连，但后者的承受力是岛内想绑架大陆的人无法想象的。台湾千万别被少数极端势力毁了，它需要有能力避免是非被颠倒，确保岛内社会在众声喧哗中不失去重大判断力。

（环球时报2015-04-02 第3574期第15版 | 国际论坛）

亚投行可不是中国的"面子工程"

50余国家申请加入亚投行的惊人成绩震动了世界，但少数泼冷水的声音也随之而来，它们有一部分是国内舆论场的。有点冷风，未必是坏事，它有助于刺激人们在成功时刻的警觉，避免骄傲自大。

然而对那些很荒唐的说法，还是要予以说明，以正视听的。

比如有人从根本上否定中国发起成立亚投行，宣称这是"虚荣"，对中国有害无益。一篇宣扬这种观点的网上文章认为，向第三世界国家投资建设的金融风险太大，中国应继续坚持把外汇盈余用于购买美国国债。文章大赞国际货币基金组织和世界银行的放贷原则，而且说中国帮第三世界国家发展是为自己的产品出口培养竞争者。

写这种文章的人似乎懂点金融的 ABC，会用一些术语，但对涉及国际多边金融机构的竞争，以及大国的实际成长历程像是一无所知。世界经济总体上遵从的是"政治经济学"，而不是普通经济学，对这点有关作者也像是懵懵懂懂。

亚投行是国际关系在秩序层面的重要突破，这一点全世界都看清了。尽管它的后续意义并非是现成的，但这是个对中国非常有利的起点，各国政界和学界对此几无疑义。

亚投行不是中国的国际开发银行，它是国际多边金融组织，有利益共享和风险共担机制。包括欧洲主要国家和韩澳都进来投钱，如果亚洲基础设施建设真是"烂生意"，莫非那么多国家的决策者都是傻子不成？

所有大国都希望在国际货币基金组织和世界银行中有尽可能大的发言权，能够在亚投行这样的国际多边金融机构坐"第一把交椅"，大家都梦寐以求。做这种"老大"当然意味着很多责任和麻烦，但收益也是成正比的，这是国际政治及经济领域的基础性逻辑。

许多中国人的对外心态通常来说自信不足，容易多疑，有时对成功也无所适从。一些人担心参加亚投行的国家太多，其中有些国际上的博弈老手，它们有可能忽悠我们，"宰"我们，由于我们缺乏经验，有这些忧虑应当说是正常的。

　　做大国需要学习，也要勇于实践。所有大国都交过"学费"，但什么都跟着别人跑，"学费"是不是更高？第一次世界大战后的巴黎和会上，美国因外交不太成熟，其威尔逊总统被欧洲人耍得晕头转向。但美国很快一步步成熟起来。

　　有意思的是，前些年中国出口盈余赚的绝大部分外汇买了美国国债，受到舆论批评。国家也意识到那样做的风险，努力把外汇多放几个不同篮子。现在有了向外国基础设施投资的新出路，这样的多元化又被质疑，而且这两拨批评者中，有一部分是同一批人。"为批评而批评"，似乎成了挺正经的营生。

　　在亚洲有的国家，中日就高铁项目展开激烈竞争。中国在向世界各地推广高铁项目时，竞争者一直如影随形，没有一处中国能够"白捡"。如果说这些项目都是"乱撒钱""面子工程"，如何讲得通？

　　中国为促进本国企业走出去，成立了国家开发银行和进出口银行。国家金融引领本国企业闯世界，这是全球大国的共同经验，也是唯一符合当今世情的金融现实。二十多年的国际实践证明，这是中国迄今走得很成功的路线。

　　然而最后还要再说一遍，亚投行不是中国的"国开行"或"进出口银行"，它是政府间的多边金融机构，中国做它的"首席"，与对"进出口银行"大幅增资，甚至再复制它一个，完全不是一回事。亚投行成功聚拢人气不是为了虚荣，它具有重大政治意义。今后围绕亚投行必将有诸多挑战，但现有的成功就是成功，未来的成功需要我们尽最大努力去争取。

　　　　　　　　（环球时报 2015-04-03 第 3575 期第 14 版 | 国际论坛）

切莫跟着外界炒亚投行"政治胜利"

亚投行最初阶段大获成功,世界舆论从地缘政治解读它的不少,其中中国媒体跟着起哄的也挺多。必须指出,对亚投行的"地缘政治解读法"来自美国决策层和华盛顿的政治精英,这导致了美国相当程度的被动,同时也深刻误导了世界上很多人看这一新事物的角度。

申请加入亚投行的国家数量远超预期,而且这是在美国公开反对其盟国加入的情况下发生的,这些意外刺激了国际社会的政治想象力。从道理上说,世界上很多事情搞得很大很轰动时,都会有政治意义附加上来,亚投行也不例外。

亚投行是对国际金融秩序有所触动的事件,金融秩序又是国际秩序的基础框架之一,当美国力图固化原有金融秩序,而在一开始对亚投行采取抵制态度时,这件事的政治味道日渐浓厚和突出。结果是美国高估了自己的号召力,在亚投行问题上失了分。

在美国转变态度,表示愿意推动世行等与亚投行合作之后,相关"政治游戏"随之告一段落。这段"插曲"当然不会像一颗流星划过天际一样消失得无影无踪,它的余音会长期萦绕在国际政治领域,对人们今后的思考和行为产生影响。

但是这样的后续影响决不应被夸大。亚投行不能被看成是地缘政治的标志性事件,它也不是测量中美实力此消彼长的里程碑。它的确显示了美国霸权的局限性,但它决不是衰落的美国霸权可以逐渐被另一种霸权取而代之的象征。

中国能突破美国阻挠，把亚投行的朋友圈搞得这么大，是因为中国认真把这一多边金融机构当成合作共赢的事情来办，以高度开放姿态将地缘政治因素降到了最低。美国将一件大好事硬生生往地缘政治上硬扯很不得人心，因而"失道寡助"。

中国今后在"主导"亚投行的过程中，应当坚持就金融论金融，以贸易谈贸易，切实履行最初的承诺，致力于将亚投行办成超越任何单一国家利益的国际性机构。如果中国因为华盛顿"玩输了地缘政治"，自己"乘势扩大战果"，借亚投行大打地缘政治牌，那么我们不太可能会有新得分。情况很可能是相反的：我们会跌比美国更大的跤。

从一定意义上说，竞争是人的天性，中国这一次围绕亚投行做得很体面，成果显著，美国的捣乱最终让自己难堪，我们的舆论为此很高兴，一些人顺势揶揄美国几句，这些总体上不能算不正常。但是中国的学界应当高度清醒，不应在舆论的兴头上"顺势泼油"。

近日有媒体通过访谈节目得出结论：欧美板块正逐渐向欧亚板块漂移。对这种过于轻率的说法，学者在评论时应慎之又慎，避免误导中国公众，向外部舆论发出不正确的信号。

中国复兴是个漫长过程，中国主导的经济事件会不断受到来自外部的地缘政治审视，而且客观上说，它们的地缘政治意义在很多时候的确"不是零"。这种情况下，中国一定不能被外部牵了鼻子，把经济事件变成我们与外部的地缘政治互动和博弈。我们有必要淡化它们的地缘政治元素，坚持专注于经济本身。

经济是中国的优势，也是我们走向世界的主要抓手。地缘政治有时看上去像抓手，其实它往往是藩篱，也可能成为沼泽或陷阱。合作共赢从未收录到西方传统地缘政治概念的词典中，但它却漂亮地穿透了零和思维的固有阵地，预示了不同的未来。中国今后的成功或许就取决于我们能否把合作共赢这条路拓得更宽广，走得更通畅。

（环球时报 2015-04-07 第 3576 期第 14 版 | 国际论坛）

让"巴铁"因与中国"铁"而走向繁荣

习近平主席 2015 年 4 月 20 日起出访巴基斯坦，并将去印尼出席万隆会议 60 周年纪念活动。据悉，习主席访巴期间双方将围绕中巴经济走廊签署一系列大单，而落实这一计划被中国外长王毅称为"一带一路"交响乐的"开场曲"。

习主席的巴基斯坦之行因此具有了更深远的意义，中巴全天候友好关系的示范效应也将更有价值。巴基斯坦被中国人广泛称为"巴铁"，两国关系的模式及内涵与很多著名的双边关系都有所不同，它在世界上很可能是独一无二的。

中巴两国的综合国力相对一强一弱，但与美日、美韩、美菲等一比，巴基斯坦作为中国平等伙伴的特点就突出了出来。在与中国关系高度紧密的同时，巴基斯坦保持了完全的独立自主，其外交及内政都不受中国左右。中巴友好是巴基斯坦百分之百的正资产，没对巴的内外政策有任何牵制。

巴基斯坦并非中国的"小兄弟"，更不会被中国"当枪使"。中国从没有利用巴基斯坦的"地缘政治软肋"逼它做什么，更没有试图把它变成维护中国国家利益的"地缘政治前哨"。中巴的所有合作都本着互利双赢原则，在这方面两国关系经得起最细致的挑剔。

"一带一路"一旦落地会是什么样子？中巴经济走廊将成为这一宏大构想的"样板间"。中方将为此在2030年前向巴投资约460亿美元，建设公路、铁路、能源管道、光纤、电力设施、经济开发区等诸多项目。如此大规模的投资几乎使巴基斯坦面临"重建"的机遇，它对巴基斯坦经济的拉动力难以估量。

当然中巴经济走廊建设也将使两国面临考验。对巴基斯坦来说，在全境范围内巩固和平，尤其是确保经济走廊沿线区域的局势稳定，是国家摆脱动荡、走向经济振兴的关键。对中国来说，中巴经济走廊搞得如何，全世界都看在眼里，这因而堪是"一带一路"对外"立木为信"的过程。如果巴基斯坦因为"一带一路"走向稳定和繁荣，中国的整体影响力将迈上新台阶。

为使中巴经济走廊成功，中国恐怕要为促进阿富汗实现政治和解付出更多努力。事实上，中国也的确在阿富汗和平进程中扮演了更重要的角色。

西方有一些戴着有色眼镜看中国的力量，在他们的眼里，连中巴经济走廊都是中国为瓦解某些大国影响力下的一步棋。其实中巴经济走廊向外辐射的都是正能量，它不仅为巴基斯坦创造大量就业，提供源源不断的经济推力，也将为整个地区的经济带来刺激，培育内生的活力。

21世纪初，巴基斯坦曾一度被国际看好是新兴市场的重要国家，但后受反恐战争和内乱所累，逐渐掉队。经济恶化与政治动荡相互作用，在巴形成恶性循环。但是最近几年巴局势呈现难得的平复趋势，与"一带一路"有可能形成新的合力。

巴基斯坦是中国的"铁哥们"，"巴铁"不应是动荡、贫穷的，它应当和平、小康，重走繁荣富强之路。那样的话，中巴友好才能真正作为世界性的佳话流传开来。而为了实现巴国经济社会发展的转折，巴国自己是决定性因素，"一带一路"将提供不可多得的帮助和休戚与共。

（环球时报 2015-04-20 第 3587 期第 14 版｜国际论坛）

西方质疑中拉大项目的调子太酸了

李克强总理于当地时间 18 日抵达巴西，开始对拉美四国的访问。这次访问将推动中拉经贸合作，促进人文交流，提升多个双边伙伴关系。其中最引人注目的是中巴届时将签署"两洋铁路"可行性研究合作文件，就启动这一研究做出安排。

"两洋铁路"是一条计划从巴西大西洋沿岸修建至秘鲁太平洋沿岸的铁路，总长约 5000 公里，由习近平主席去年访拉美时首次提出，中国、巴西、秘鲁三国政府就推进开展这一宏大的项目达成了共识。如果这条铁路有一天真能建成，南美大陆的交通面貌将得到改写，它会成为全球意义上的现代铁路建设奇迹。

"两洋铁路"的可行性研究尚待开启，一些美国和西方的精英人士已经坐不住了。他们对这条拟议中铁路的反对几乎是习惯性、不假思索的，支撑这种反对的背后心理大都是些摆不上台面的东西，因此它们经过了一些道德化的"装扮"。

不仅对中国可能参与建设的"两洋铁路"，包括对中国公司已动工开掘的尼加拉瓜大运河，西方舆论都从"环保"的角度发动了一波又一波的质疑和攻击。环保似乎是永远都正确的理由，以它的名义即使扼杀了本该有的发展，搅局者也可以瞒天过海，继续唱他们的高调。

"两洋铁路"受到巴西和秘鲁政府的欢迎，两国社会也持大体积极的态度。当然拉美是多元化的，不同声音不可能是零。但那些激烈、传播也远的批评声大多发端于西方媒体，西方的精英们好像比巴西和秘鲁人对可能出现的"环境破坏"更着急。

然而美国人对拉美是其"后院"的实际坚持被普遍认为高于他们对拉美环境和生态的关注。对中国公司进入拉美开展重大合作，西方很多精英有抵触情绪。公开反对拉美同中国合作是站不住脚的，但西方的工具箱里有很多隐形的招数，比如通过操纵舆论，煽动一些当地人针对中拉合作项目闹事，大大增加这些项目的立项和建设成本等等。

中国是作为平等伙伴与拉美国家开展合作的，因而不可能存在当年西方殖民者曾经有过的强势。有西方舆论搅动，加上当地竞争激烈的政党政治，中拉大型合作将面临某些不确定性是可以预期的。

李克强总理此访将会促成中巴秘三国对"两洋铁路"建设的再确认，增强三国社会对在西方舆论干扰下开启这一历史性合作的信心。

拉美各国社会一定要从自己的利益出发，审视它们同中国开展广泛合作的利弊关系。中国的进入成为外部在拉美开展合作竞争的一个重要条件，这将会增加拉美在全球经济中的地位。中国向非洲的投资显然带动了西方对非洲市场的再审视，那块大陆因中国带来的变化而受益。

拉美大概还不曾见过中国这样大手笔并且高度尊重当地利益和感受的战略伙伴。中国以寻求多赢的诚恳态度来到这里，我们既不想"掠夺"拉美，也不想"挖美国的墙脚"。反过来，我们认为中国也不应受到法律和贸易规则之外的排斥。

拉美和中国同属发展中社会，我们都需要发展，也都需要在经济社会进步的种种指标之间寻求平衡。中拉经济的互补性很强，合作空间巨大，只要我们不被来自外部的价值观和利益观主导，保持思想方法上的独立和自主能力，中拉合作就一定能前景广阔，硕果丰富。

（环球时报 2015-05-19 第 3610 期第 14 版 | 国际论坛）

中韩签 FTA，韩国较日台先行一大步

中韩两国 6 月 1 日正式签署自由贸易协定，这是中国迄今对外签署的规模最大、含金量最高的 FTA。协议生效后，进入中韩贸易的超 90% 商品将享受零关税，有研究称，它将刺激两国的经济增长，有望直接拉动中国 0.3%、韩国 0.96% 的 GDP 增长。

这是东亚自由贸易的重大成果，必将造成广泛和多重的影响。中韩 FTA 研究和谈判持续 10 年，很多人一度不看好它。中日韩三国的自贸谈判相当曲折，政治因素带来了干扰。中韩也有意识形态差别，半岛局势跌宕而微妙，韩国又是美国的盟友，对加入美国主导的 TPP 态度积极。中韩自贸谈判如果今天仍在路上，是可以有充分理由的。

中韩终于签署 FTA，这是"只要意愿明确，困难都能克服"的成功范例和写照。韩国是中国的重要邻国，中韩 FTA 向世界宣示了北京对外开放的真实态度。它也在对世界说:如果韩国能同中国成为自由贸易伙伴，那么世界上的很多国家都应处在"也能"之列。

东北亚中日韩这三个主要经济体中，中韩签了 FTA，日本落了单，后者将因此受到一定压力。2014 年中韩贸易达 2905 亿美元，已经比中日的 3124.4 亿美元差得不多了。如果日本继续犹豫，中韩贸易用不了多久就将成为整个东亚最大的贸易，它也将成为整个地区的贸易重心，日

本的经济影响力将会受到侵蚀。

台湾一段时间以来对与大陆开展自由贸易踟蹰不前，服贸协议受到"太阳花"学运的打击。与韩国比起来，台湾的"闭关锁岛"一目了然。政治不能当饭吃，想必会有更多台湾人在中韩FTA的冲击下醒悟。

韩国既是美国盟友，又欢迎中国做它的绝对第一贸易伙伴，与中美同时保持良好关系，它的八面玲珑、避免极端在东亚显得十分突出。战略上的成熟、平衡正逐渐成为韩国作为亚太新兴发达国家的核心竞争力。

中国首先是经济高速发展的国家，是世界第一大贸易国，这是中国最本质的要素，是世界同中国打交道最实质的接触面，中韩FTA无声地向世人重申了这一点。所谓中国是咄咄逼人的大国，中国在向世界秩序发出挑战，这些是少数国家和力量从自私角度的主观臆断，是它们对地缘政治的放纵狂想。

在亚太搅动着各种胡思乱想的时候，中韩正有条理、耐心地清理自由贸易的新空间。韩国电子产品、汽车、化工产品等将在中国市场上卖得更便宜，这将考验日本、中国台湾地区相关产品的竞争力。与此同时，中国的服装、食品、手工艺品则将在韩国获得更大的价格优势。

韩国是同中国建立外交关系最晚的东亚国家，至今只有23年。但中韩贸易一路成长为世界级的大规模贸易之一，成为地区和平与繁荣的重要支柱，这值得亚太广大国家和经济体认真审鉴。

中国还会与更多国家和经济体寻求开展FTA合作，这是中国静悄悄迈出的脚步。南海和东海被扩音器放大的纷争吸引了大量注意力，造成了误导。中国对周边和世界究竟意味着什么，这不应是一个高度意识形态化、带着冷战味道的问题，而应是全球化时代面向未来的深刻思考。

（环球时报 2015-06-02 第 3622 期第 14 版 | 国际论坛）

中澳签 FTA，美亚太三大盟友已签俩

中国与澳大利亚 17 日在堪培拉正式签署中澳自贸协定（FTA），这是今年 6 月 1 日中韩签 FTA 之后的又一重大事件。中澳 FTA 谈判持续 10 年，终结正果，其意义将波及很多国家和地区。

根据中澳自贸协定，两国 85.4% 的货物进出口将在协定生效后立即实行零关税，今后这一比例还将高达 97%~100%。澳大利亚的能源、矿产、农产品、乳制品的对华出口将直接受益，中国的机械、电子产品、服装和皮革、化工产品等将在澳更具竞争力。

澳是南太最大国家，也被视为"西方中等强国"，人口近 2400 万，是迄今与中国签 FTA 最有影响力的西方典型成员。中澳 FTA 与中韩 FTA 构成了一种声势，使得一个大趋势呼之欲出。这两个 FTA 分别为中国周边国家和亚洲之外国家树立了样板，它们有可能开启一个与中国谈判、签署 FTA 的潮流。

中澳签 FTA 强化了人们的一个印象：21 世纪不是国家安全需求不断膨胀的时代，经济繁荣的需求则越来越突出。澳和韩国一样是美国的盟友，安全上与美国走得很近，但这挡不住堪培拉在经济上不断靠近北京的愿望。澳是中国第八大贸易伙伴，中国自 2010 年起成为澳稳定的第一大贸易伙伴。澳国内一直有要求在政治和安全上"对华强硬"的声音，但中澳经济合作的动能不断抑制它们。

澳大利亚像是成了"两面派"，安全上依靠美国，经济上依赖同中国的关系。这样的"两面派"做法在亚太的美国盟友间蔓延。这些盟友同

中美的距离越来越恍惚，这样的平衡属于什么性质，人们的感受也在逐渐变化。

世界上发生安全冲突的危险总的来说在下降，经济竞争的意义逐渐压倒了其他。很多人相信，一旦亚太出现极端地缘政治事件，堪培拉会立刻倒向华盛顿。但如果澳大利亚在其他漫长时间里越来越和中国"穿同一条经济的裤子"，局面的变化也将是实质性的。

中澳FTA谈判经历了多届澳大利亚政府，它成为不以具体领导人意志为转移的进程。这10年里中澳政治及意识形态的龃龉时有发生，有的当时在两国舆论场上还蛮热闹。今天回过头看，它们大多又都像是"鸡毛蒜皮"级别的，中澳FTA成了两国关系最华丽的"凯旋门"。说真的，中澳贸易额从2000年的80多亿美元蹿升到如今的1300多亿美元，较之美国向澳派驻1200名士兵，这两件事哪一个更加震撼？

中澳、中韩FTA，以及英法德意等加入亚投行告诉人们，世界的焦点朝着经济领域转移的速度比我们预想的还要快。顽固地用地缘政治尺子衡量一切，这是把今天还当成20世纪过的执迷不悟。

美国的3个亚太主要盟友中，已有韩国和澳大利亚两个与中国签了FTA，剩下日本一个在变本加厉地"政治挂帅"。在外交上坚持错误立场，有时就像熊市里股票跌了下不了决心抛掉，攥在手里越亏越多一样。日本在对华关系上与韩澳相比已经露出了高下之分的明显迹象，但让日本下决心采取断然措施"止损"又谈何容易。

韩国和澳大利亚都对加入美国主导的TPP协议态度积极，如今它们又与中国签了FTA，这是世界贸易体系不必彼此排斥的鲜明证据。此外韩澳都与中国大陆签FTA了，台湾地区却踯躅不前。一些台湾年轻人从两岸ECFA中居然发现了太多政治，他们需要想想自己的眼神出了什么问题。

(环球时报 2015-06-18 第 3636 期第 14 版 | 国际论坛)

"辱华"德国公司 8 年后被揭伤疤怨谁

德国奢侈品牌菲利普·普莱因 8 年前的 2007 年推出一款 T 恤，公然印上"F-U-C-K YOU CHINA"，还在 T 恤正面印上一个样子夸张的中国小丑，被普遍当成了"辱华事件"。由于当时互联网社交媒体尚不发达，没有微博微信等，这件事在中国的传播有限。该品牌当时的道歉更像是一种申辩，宣称引起争议的文字是在表明不生产廉价时装、不造假。

不想近日有中国网友翻出 8 年前的事情，这让菲利普·普莱因公司颇为尴尬。该公司重新做出道歉，但道歉内容与 8 年前相似，解释是讽刺中国仿制品，同时也是一种"幽默"。这让很多中国网友不爽。

为什么 8 年前的事会被重提？这对正试图进入中国市场的菲利普·普莱因公司来说显然糟糕透了。个中详情我们不得而知，但就事论事，还是该公司自己屁股不干净，它怨不着别人。这件事对很多国际品牌都是一个启示：别对中国做出格的事，你今天或许与中国市场无缘，但你如果不想被边缘化，明天或许就要拜中国市场的码头。

那么是不是中国人太小心眼了呢？

平心而论，菲利普·普莱因公司 8 年前那一市场营销创意蛮低俗的，德国奢侈品牌干这种事，挺让中国人吃惊。幽默也应高尚些，在中国骂脏字的幽默属最低等的一类，相信全世界这方面都差不多。

再说了，哪个国家的名字在 T 恤上被印到"FUCK"的后面，那个国家的公众都不会觉得舒服。不信的话，请菲利普·普莱因公司再出一款 T 恤，印上 "FUCK YOU GERMANY" 试一试？或者把英国、法国、俄罗斯都当成 "FUCK" 的对象试试？

中国社会大概有点敏感，毕竟我们历史上受过西方列强的欺侮，存在一定的所谓 "悲情"。但中国在发展中国家里绝对不是最敏感的之一。这些年中国不停遭到来自西方的批评，千锤百炼，承受力已经大增。德国这家公司如果在 "FUCK" 的后面印上印度、土耳其、伊朗或者巴西、印尼、韩国，那或许才更有它的好看。

当然这毕竟是 8 年前的事了，而且说到底 "事情不大"，一些中国人在舆论场上出口气，也就过去了。如果菲利普·普莱因公司真想进入中国市场，还是可以来的。至于这件事会在中国市场上留下一个烙印，该公司为除去这个烙印所付出的代价肯定会远远高于当年 "别出心裁" 的收益，则是他们应当接受的。

中国人幽默大多是自嘲，骂人的幽默最多出现在低档相声里。西方不断出现骂中国的 "幽默"，哪怕不为了中国人高兴，就为了提高他们自己的素质，还是改改吧。

（环球时报 2015-06-23 第 3638 期第 14 版 | 国际论坛）

希腊，拒绝紧缩最坚决的钉子户

希腊总理齐普拉斯 28 日晚宣布将银行和股市关闭一周，在 7 月 5 日公投决定是否接受国际债主 "紧缩换援助" 之前，希腊公民每人每天最多只能从 ATM 机上取 60 欧元。不仅欧元区，全球市场一片震动。

希腊政府这一次祭出狠招。它让不太可能支持紧缩的全国公民代替政府来决定，几乎是提前判了紧缩计划的死刑。欧盟如果因此将希腊踢出欧元区，将意味着希腊国家破产，所有债务将打水漂，或者通过希腊货币贬值而大部分赖掉。欧元将受重挫，欧元区股市汇市都将剧烈震荡，损失将很严重。

现在希腊把银行和股市都关了，这是在展示决心，要和欧盟比"谁先眨眼"。欧盟昨天像是先有些软了，德国总理默克尔与美国总统奥巴马就此事通电话，双方皆认为让希腊重回改革道路且留在欧元区"至关重要"。默克尔说："如果欧元失败，欧洲就失败了。"

削减福利让整个欧洲很不自在，希腊成了最坚决的"钉子户"。希腊只有1100万人口，经济发展水平又是欧盟的末流，但它的福利政策却很激进。希腊的民粹主义成为不合理福利政策风吹不进、水泼不入的保护伞。谁敢让人民受委屈？老百姓会毫不客气地把他们选下去。

我们就是要少干活、多花钱，德国法国你们就应借钱给我们花，希腊人在利用欧盟的规则以及该国的民主体制做坚决博弈。既然制度设计允许希腊人这样做，就不能简单说他们这是"赖"。所有人都会利用规则追求自己的利益最大化，从这个意义上说，希腊人搞这一套也是他们的"权利"。

在一个国家里，通常会有"吃救济"的落后地区。欧盟把一些发展较差的南欧国家圈进来，还发行欧元，搞得欧盟就像是个"国家"，法德这个轴心挺风光的。那么它们只好为欧盟的团结出点血，对希腊等敲一敲，哄一哄，避免分裂。

去年苏格兰因为觉得留在英国里"吃亏"，差一点独立。伦敦吓得忙不迭许出一堆诺，总算把苏格兰留下。为什么欧盟怕希腊闹事？逻辑都差不多。

欧盟的一体化进程前些年高歌猛进，但现在看来它并不扎实。欧盟有福同享相对容易，有难同当却困难得多。希腊"耍赖"成了一个先例，不管结局如何，后果都是长期的。

不过话说回来，希腊寅吃卯粮借债享福总非长久之计。想必希腊政府和有识之士也想发动改革，但他们一定很清楚，这个国家根本改不动。希腊的民粹主义太厉害了，它就像是一锅硫酸，削减福利的任何钢铁意志都会被它熔化成一缕青烟，消失得无影无踪。

（环球时报 2015-06-30 第 3644 期第 15 版｜国际论坛）

应对不测和争议，承受力至关重要

中国股市前两周不断暴跌，政府在上周末推出大规模救市措施，从本周前两天的情况看，A股大盘的狂跌之势似乎有所放缓，但创业板跌势仍猛，沪市中也有不少个股继续陷在跌潮中寻求突围。股市的严重局面确为中国重新开市以来所少见。

股市非正常暴跌必有原因，查清它们并做有针对性的改革和调整非常重要。然而从另一方面说，出现"股灾"又是金融市场成长路上很难避免的一幕。不断完善的监管并非总能跑赢风险的积累，历史显示，任何社会总会阴差阳错导致各种危机的出现。而一个社会能否前进得平稳，一方面取决于它避免和修正错误的能力，一方面取决于它遭遇大小问题和危机时的承受力。

总体来看，中国比较重视避免危机，对发现问题、将问题控制在爆发之前或者爆发早期很下功夫。这显然是对的，这种思维对中国社会这些年保持大的稳定做出了贡献。

与此同时，我们需要注意，当一个社会相对平静的时间久了，"不出问题"广泛成为社会治理目标之后，这个社会的承受力就会相应逐渐减弱，管理者和民众就会对具体问题变得敏感。从更宏观的角度看，这也许是另外一种"风险"的积累。

中国是复杂的大社会，国际上以及内部有可能脱离国家调控机制的因素很多，这些年的总体形势是稳定的，但具体问题乃至危机实际上层出不穷。仅 2008 年以来，中国经历了西藏和新疆大的暴力恐怖事件，奥运会圣火传递遭到罕见破坏，互联网舆论集中导致了一批公共事件，此外出了一批过去不可思议的高级别贪官，等等。

在这些事情爆发之前，都会有人认为它们一旦出现带给中国社会的冲击是很难承受的。但现实是，它们来了，造成了局部和一时较严重的麻烦，但中国社会大的稳定岿然不动。事实上每一个较严重问题的爆发在带来冲击的同时，也锻炼、洗礼了中国社会的承受力。中国强大有一部分是因为我们穿越了这二十几年从苏联解体开始的国际大动荡，也经历了国内一次又一次的"意外事件"，中国是什么都见识了的、也什么都应对了的国家。

中国社会的承受力有可能在一定程度上被低估了。这种低估在民间和政府层面都有。它的表现是，一旦出了某个问题，一些舆论就嗷嗷叫，普通事被喊成大事，大事被说成"天要塌了"。官方应对手段其实挺多的，但应对方式有时显得紧张，从而又导致官方应对是否"正确"和"过度"的争论。由于中国互联网舆论场是分裂的，官方挺想让大家都满意的，但又不可能做到。

社会的承受力问题和国家治理理念紧密相关，首先国家的治理理念应当越发清晰，其次具体措施应建立在对社会、人心深刻的理解基础上。比如，社会对这一次股市暴跌的承受力到底如何，与政府出什么样的救市措施，以及管理金融市场的理念、政策是否得当有密切关系。居安思危并不是一句过时的话。

中国具有防范和解决危机的强大能力，我们还需让自己和世人都相信，中国同样能承受终归要漏网跑出来的各种不测事件。这样的中国不仅稳在当下，而且为稳在长远储存了宝贵的信心。

（环球时报 2015-07-08 第 3651 期第 15 版｜国际论坛）

"金砖和上合"，西方别看啥都像对抗

金砖国家和上合组织双峰会 8 日至 10 日在俄罗斯乌法举行。今年的金砖峰会将通过金砖国家经济合作伙伴战略，落实金砖银行和组建 1000 亿美元的金砖应急外汇储备库，这一组织将具有一些连西方七国集团也没有的行动能力。由于没有一名西方国家元首参加金砖和上合双峰会，西方的警觉又一次忍不住飘了出来。

那些担心的议论都是很老套的，比如认为双峰会意味着与西方的对抗，把中俄战略合作看成"联盟"或"轴心"等。只是随着中俄及金砖国家在世界上所占经济份额不断上升，这些担心显得更加强烈，用词更为明确。

无论是金砖还是上合国家，恐怕没有一个认为它们加入了这个或这两个组织，与西方的关系就可以"好坏都无所谓了"。金砖和上合都不以

对抗西方为目的，这是成员国的基本外交利益决定的。关于这一点，中俄一直在带头说。

然而如果华盛顿认为，只要有中俄在而它又插不上话的组织都有"反西方"的嫌疑，事情就很难办了。这是一种"不受美国领导就是反西方"的逻辑。

西方、或者说美国需要大度些。我们今天所处的已经不再是安全利益竞争无处不在的世界，经济竞争的方式也因全球化及力量格局的变化发生深刻调整。旧的思维无法解读当今世界的多样性，中俄是什么性质的关系，以及金砖国家组织又有什么性质，人类社会的以往经验无法定义它们。

金砖国家没有彻底改变现有国际秩序野心，它们不具有这样的实力，而且现有秩序崩溃对它们的风险未必就比对西方小。这些国家希望改善自己在现有秩序里的位置和待遇，实现更好的发展，彼此给予一些支持，西方发达国家应对此予以体谅。

如今国际组织的成员交叉越来越普遍，新成立的大多是发展组织，而非有强烈针对性的、带有零和色彩的国家集团。冷战那样的政治驱动力不复存在，国家都变得很实际，横贯政治经济军事的利益集团往往被具体的、甚至临时的利益共同体分化了，这是真实的趋势。

美国、乃至西方加在一起也捂不住整个世界，新兴国家需要发展空间。中俄分别提出"一带一路"和欧亚经济联盟计划，这两个计划在中亚地区明显重叠，但中俄没有因此而相互警惕，公开表示要让两个计划相互对接。而美国和西方的一些人却忧心忡忡，不能不说，他们不开心的最大原因就是他们的心眼太小。

中俄合作增加了彼此的安全感，它填补了因西方政治冷落而在两国心理层面造成的真空。但中俄合作是内敛的，从不拿到地缘政治竞争的舞台上张扬。看看美日澳是怎么故意凸显它们同盟关系针对性的吧，它们应当清楚中俄合作的确不是为了对付谁而刻意设计的。

美国和西方对双峰会召开多少有点焦虑，这或许也没什么坏处。它们需要适应世界的变化，尊重其他国家的正当外交权利。如今的新兴国家整体上是人类历史上最温和的，发达国家不需过度疑神疑鬼，它们应当有把新兴国家看得和自己一样正常、甚至在某些方面做得比自己更好的心胸。

华盛顿和它的少数追随者别看什么都像对抗。新兴国家都在忙发展，这个世界哪有那么多对抗。利益纠纷是正常的，不要因为别人的利益与自己的利益稍有冲突，马上就上纲上线说成是对抗。有了20世纪的那么多教训，21世纪的大国之间该学会更聪明地相处了。双赢和多赢应当成为21世纪的政治新公式。

（环球时报2015-07-09 第3652期第14版 | 国际论坛）

第七章

谁在南海搞小动作

G7若陪日美干预南海将是邪路 / 中国应义无反顾完成南海岛礁建设 / 永暑礁等将完成陆域吹填可喜可贺 / 让缅北冲突离边境远点才是真挑战 / 美防长来亚洲"大声咳嗽"秀军事存在 / 美国不来捣乱，南海会平静得多 / 美菲军演秀不吓人，倒有点滑稽 / 美日新防卫指针是亚洲新危险源 / 美军若在南海挑衅中国必遭坚决反制 / 报复缅方炮击先要搞清"报复谁" / 美部署B-1轰炸机须是真的 / 对付美南海挑衅，你打你的我打我的 / 到底谁损害了南海地区稳定 / 中美南海军事冲突的可能性有多大 / 中国公布军事战略，透明而非恐吓 / 中美究竟谁在南海推胳膊肘 / 南海问题只能是中美关系的插曲 / 美司令"视察"南海只能忽悠菲律宾

G7若陪日美干预南海将是邪路

据日本媒体报道，该国首相安倍晋三将致力于推动昨天和今天在德国举行的七国集团首脑会议讨论南海问题，形成G7的统一立场。由于G7峰会肯定要谈乌克兰问题和对俄制裁问题，如果它同时对中国"开火"，将是很有趣的。

同时对中俄强硬，这似乎是七国集团的不可承受之重。G7峰会虽然每次都要"总揽全球事务"，但大多也是蜻蜓点水。G7早已失去20世纪90年代高峰时的影响力，那时它简直把自己当成了世界的"政治局"。而现在随着G7占全球经济比重的缩水，它对世界的实际干预力也已今非昔比。

另一点同样很重要，今天的欧洲离南海地理和心理上都很远，美日介入南海问题的动机引不起英法德意的兴趣。相反它们都成为亚投行的意向创始成员国，热衷于支持人民币成为国际货币基金组织特别提款权的一揽子货币之一。

此次G7东道国德国的舆论还有一些其他诉求，比如希望更温和地对待莫斯科，重新接纳俄罗斯，恢复G8，甚至也请中国进来，形成确能影响世界的G9格局，等等。G7去年的会后声明温和地提到了南海，安倍关于突出南海议题的要求很不主流，他将面临与欧洲国家围绕对华态度激烈的讨价还价。

没有中国参加捧场，又与俄罗斯搞翻，是G7一目了然的缺陷。G7如果想让自己的影响力大一些，就要多寻找同外部世界的最大公约数，从善如流。如果它四处制造对立，就会让自己的影响力在已打折扣的基础上再打"折上折"。

乌克兰危机后，G7像是成了帮助美国压制俄罗斯的附庸性组织，因此而强化的政治面相进一步淡化了它的经济功能。如果G7今后也变成西方向中国施压的政治话筒，这显然是该组织的"邪路"。

这严重不符合欧洲国家的利益。冷战结束后，曾经作为地缘政治前沿的欧洲本应受益巨大，但大多数好处都让美国掠走了。欧洲发生了南斯拉夫战争，现在又出乌克兰危机，欧洲成了世界格局变化的输家，一些欧洲国家在经济上被边缘化的程度要高于其他西方世界。

欧洲国家对亚投行态度积极，这似乎反映了它们自己国家利益的再觉醒。当前西方世界的重大问题是如何认识俄罗斯，以及如何认识中国。在对待中国问题上，意识形态之争很普遍，然而欧中之间的共同利益在冲淡彼此的争议。美日的对华地缘政治竞争则凸显出来，与意识形态分歧形成叠加。

欧洲国家有可能被美国甚至美日的利益拖住，继续输下去。它们同时面临在战略上实现突破、走出欧洲21世纪繁荣新路的机遇。伦敦在力争成为人民币离岸中心，这有可能使它获得东京甚至纽约所不具备的特殊金融优势。

安倍如果想把七国集团变成攻击中国的战略新据点，即使美国不反对，也很难奏效。南海问题由于中国的克制并无实质升级，它无碍欧洲的利益，不可能进入欧洲国家最高一级的关切。连日本也属于南海问题的域外力量，它该反思自己的干预冲动，而不是试图劝说他人与自己一起抓狂。

（环球时报2015-06-08 第3627期第14版 | 国际论坛）

中国应义无反顾完成南海岛礁建设

在 5 月 31 日结束的香格里拉对话会上，中美军方的冲突没有像媒体预期的那样"爆炸"。中美都坚持了各自的立场，美国防长卡特继续要求南海"各方"、当然首先是中国停止岛礁建设，但他回避了如果中国继续扩建岛礁美国将怎么办的问题，没有发出进一步的威胁。

但是美国有可能采取进一步的挑衅行动，它或会派侦察机更靠近中国在建岛礁 12 海里的上空，或派军舰贴近 12 海里海域。中国应当对此有所准备。

无论美国做什么，中国都不应停止对那些岛礁的建设。这的确是中国主权范围内的事，如果美国一威胁，它纠集西方的和几个相关国家的舆论一抗议，中国就往后退，将会开一个恶劣的先例。这会鼓励以美国为中心的这些力量今后以更强硬的姿态对付中国。

中国需要做的是争取把扩建后的岛礁变成繁荣南海航运、促进区域经济发展及抗御灾害的支点。一旦形成这样的局面，当下的尖锐争执自会逐渐平息。

如果中国操作得当，这些扩建的岛礁不仅不会激化南海局势，反而可能开启建设性思维，提供打破局势恶性循环的契机。

扩建的岛礁会给中国实施自己的南海政策带来主动性。目前在战略上最在意南海和平的恰是中国，因为这是中国战略机遇期的重要条件之一。不能说其他方面愿意打仗，但美国显然最在意它对东南亚的"主导权"，菲律宾越南等对算计具体利益似乎更专注，这几方相互勾结增加了南海的复杂性，中国一旦在南沙有了稳定的立足点，必会把那个海域朝着和平稳定的正轨上扳。

今后一段时间最要防止美国采取更激进的干扰行动，中方需多做预案，予以及时回应和反制。

对中美有可能发生军事冲突的最坏情况，我们应做好充分的心理和现实准备。中国不想战是很清楚的，中国不惧战也要让美国不存疑义。中国对海上冲突的准备越充分，最终避免它发生的可能性就越高。

南海问题涉及中国核心利益，它对美国属于什么层级的利益不是很清楚，但较之中国显然不在同一个层面。中美这一轮的博弈是双方战略态度的一次对话。中美要通过这一对话建立起两大国在中国近海相互尊重的模式和原则。这里不是墨西哥湾和加勒比海，这个事实必须在中美关系中凸显出来，如果这意味着中国需要付出一些代价，我们也应义无反顾。

同时中国不能让美国有我们要把它从东南亚"赶走"的误读。中国不排斥美国在这一地区的存在，这一信息我们同样要向华盛顿传递清楚。

那么中国坚决把扩建岛礁的工程搞完，同时突出它的和平利用功能，避免它成为中美在南海相互军事威慑的突出部，应最终被各方接受。只要中国用力量＋意志＋智慧的公式推动这一结果的实现，我们能达此目标的概率将会很高。

（环球时报 2015-06-01 第 3621 期第 14 版 | 国际论坛）

永暑礁等将完成陆域吹填可喜可贺

中国外交部 16 日应询表示，根据既定作业计划，中国在南沙群岛部分驻守岛礁上的建设将于近期完成陆域吹填工程，新华社发布了永暑礁新的卫星照片。尽管后期建设仍有大量工作，但建成后的永暑礁等有多大面积，已经形成轮廓。

中方没有公布永暑礁等新的面积数据，但这是可以通过卫星图片进行测算分析的。有外媒提到"800公顷"，由于外媒倾向于说大中国吹填工程的面积，它的可信度无法确定。北京清华大学的本部校区占地面积约为404公顷。

北京顶住各方压力推进陆域吹填工程，显示了中国在复杂环境下按计划完工的坚定毅力和能力，显示了中国维护领土主权和海洋权益以及向国际社会提供公益性服务的坚定决心。

最近一段时间美国方面对中国南沙工程的指责很多，而且有美军用侦察机抵近作业岛礁挑衅，菲律宾、日本等个别国家也挨个粉墨登场，指责北京的"霸道"和"一意孤行"。如今，面貌一新的永暑礁等静静躺在南海之上，这就是中国对外界各种鼓噪和压力的回答。

当然中国的岛礁吹填工程不会一直继续下去，中国有能力在华盛顿刚开始组织外交及军事压力不久就完成这一工程，这一节奏近乎"完美"，它比中国顶着美国的海空挑衅开展作业更显示出中国做事的游刃有余。

建成后的岛礁不是要充当中国在南沙地区的军事前哨，中方16日列出"除满足必要的军事防卫需求外"，这些岛礁未来从事各类民事需求服务的长长单子。中国社会没有人希望永暑礁等从此成为南海地缘政治冲突的风暴眼，不愿意它们不仅增加不了和平的保障，反而把国家拖入愈演愈烈的实力和军事对抗。

在菲越等围绕它们所占岛礁搞了大量工程之后，中国此轮作业算是我们的一种"补课"。希望各方能从中真正看懂中国，既了解中国维护自己权益的决心,也看清中国珍惜南海和平局面的善意。中国以及各方在南海问题上都不断重申自己的立场,这些立场虽有不同,但邻居总要相处,那么大家就要在复杂局势中把握各自行动的分寸。

永暑礁等将成为中国在南沙的重要立足点,中国使用它们的方式决不会像一些外部观察家宣称的那样咄咄逼人。我们真诚希望围绕那些岛礁将出现南沙地区最大、最活跃的服务中心,当然,那些岛礁都应是安全的,对中国保护它们安全的权利,外界应予以充分尊重。

南海上的纷争一时恐难平息,但矛盾集中爆发的这些年并没有出现军事冲突,这一迄今的结果终究令人欣慰。本轮岛建争议如能逐渐平息,将再次成为本地区的福音。各方要喊的喊了,要作秀的作了,但只要结局是稳妥的,就意味着整个地区的一种成长。

南海保持和平符合东亚各国的根本利益,在民族主义有活跃表现的这个地区,看来人们对这个道理的认识还是蛮深刻的。对中国人来说,它尤其是帮我们认识南海的思想大厦的钢筋水泥。用和平方式解决所有争议,只要外部力量不来搅浑水,这样的决心最终会变成地区内的政治习惯。

(环球时报 2015-06-17 第 3635 期第 14 版 | 国际论坛)

让缅北冲突离边境远点才是真挑战

2015 年 3 月 13 日下午有炸弹从缅甸方向落入中国云南省边境地区,造成我方无辜平民 5 死 8 伤。这一事件引起中方舆论的密集关注,中国官方,包括外交部门和军方都就此与缅方做出严正交涉,要求缅方迅速查清事件，惩处肇事者，确保类似事件不再发生。中国军方还对"否则"的情况撂下狠话：中国军队将采取坚决果断措施，保护中国人民生命财产安全。

中国互联网上则有很多激动的声音，包括对政府的"谴责""交涉"冷嘲热讽。那些声音最突出的意向是，如果中国军队能回手揍缅甸的肇事方一顿，那才是解气的。

有人质问：如果美国边境地区被墨西哥人"误炸"，或者俄罗斯遭遇这种事，又会是怎样的？

说实话，中国边境地区遭此飞来横祸，的确让人生气。这时候在网上呼吁军方"冲啊"，是最简单的泄愤。如果中国能用扔炸弹解决来自缅甸方向或是周边其他方向的麻烦，那就像是老天给我们手里塞了一把万能钥匙。

然而这样的万能钥匙并不存在。中缅边境地区的悲剧告诉我们，中国的真正挑战在于要避免我们的边境对面发生战乱，如果它还是出现了，中方需要有能力让它尽量远离国境线。总之，事情难在根本不让炸弹飞越国境线的事情发生，一旦炸弹飞过来并造成伤亡，怎么处理都挺难的。

如果美国或俄罗斯从"友好方向"遭遇这种事，可以肯定，它们处理事件的手段和工具也相当有限。美国一艘驱逐舰1987年在海湾地区被当时的盟友伊拉克用导弹"误击"，造成舰上57名官兵伤亡。美国当时被报道最多的应对措施就是举行了给予死者和他们家属尊严的送葬仪式，包括获得巴格达的道歉。

要避免中国边境对面发生贴近国境线的战乱，比在我国境内采取稳定措施要难得多。那是对中国外交实力和国防威慑力的综合考验，中国为此要与很多力量协调甚至博弈，它们有时不光是邻国范围内的，还可能包括区域内和区域外的力量。

从中国外交和军事当局事后对缅交涉的内容看，它们作为事后补救已经相当全面。如果说有什么缺陷的话，它们已经不属于事后补救的范畴，而是我们在事发之前究竟能够做些什么，它们能起多大的作用。

缅北的军事冲突离中缅国境线实在太近了，其实在本次悲剧发生之前，也有过缅方炮弹落入我方境内的事情，只是那些炮弹之前都落在了无人地带。中缅民间的经济活动和交往极少考虑战乱风险，并未对可能的军事冲突预留出"安全地带"，这使得缅甸政府军和民地武几乎是在中国边民的枕头边大打出手。

中国最彻底的安全保障一是把缅北的军事冲突朝着远离国境线的方向推，能推多远推多远，同时让最危险地区的经济活动具有抗风险能力。不难看出，这比简单采取报复性措施难度高很多，但如果有进展，实际效果亦将更加真实、可靠。

二是如果能帮助缅甸实现民族和解及永久和平，它们能带来的积极效果将更彻底。其实这应是中国发展综合外交实力的长远方向。

云南边境地区的意外惨剧令人震惊、难过，社会广泛关注它、议论它，进一步增加了国家确保边民安全的紧迫性。我们看到国家从外交到军事力量的紧急行动，我们也相信，除了这些临时性做法，那些致力于长远甚至永久性解决问题的措施也会陆续投入。迅速成长的中国不会容忍边境对面的炸弹不明不白地飞过来，有形的和无形的屏障都会逐渐竖立起来。

（环球时报 2015-03-16 第 3559 期第 15 版 | 国际论坛）

美防长来亚洲"大声咳嗽"秀军事存在

美国国防长阿什顿·卡特昨天从日本抵韩国访问，舆论普遍预测双方将谈及美国在韩部署萨德反导系统问题。韩国方面坚称卡特的访问不涉萨德，美方在这次访问中将对萨德采取"三不"态度，也就是不要求、不商讨、不决定，这被认为是韩国顾忌中国感受的表现。

萨德是高空反导系统，美韩均称该系统在韩部署计划只针对朝鲜，不针对中国。但这被几乎所有中国军事分析人士当成是"哄小孩子的话"。可以肯定，如果该系统最终登陆韩国，将沉重打击中国舆论这些年积累的对韩国的好感，动摇两国关系的基础，首尔切莫对此存侥幸心理。

亚洲当前最热的话题是亚投行和"一带一路"，卡特在这个时候过来，使劲咳嗽了几声，像要显示美国几个军事同盟的威严。卡特与日本方面共同表示加速修订美日防卫合作指针，进一步给日本自卫队松绑。双方谈话涉及钓鱼岛、南海，很多话或明或暗都是冲中国来的。

人们注意到，美日是亚太主要成员里仅有的两个没加入亚投行的国家，两国对提升军事同盟的威慑力倒是很麻利，这种"巧合"让人想到，这就是两国对以亚投行为重要象征的这个时代的回应。

而韩国像是存了个心眼，它有挣脱美日路线的明显迹象，它在东北亚对平衡术的钻研最认真，它的未来倾向不太好说。

中国如今对军事谈得相对最少。尽管中国军费在增长，军力在提升，但"一带一路"、亚投行这些经济规划更被突出，它们对中国的符号代表性显然超过了新造的航母或者隐形战斗机。日本能不能告诉我们，它这几年除了闹解禁集体自卫权，调整美日防卫合作指针，还有闹参不参拜靖国神社，它给亚洲和世界带来了什么更刺激的经济发展计划？

如今日本很像完全钻进了地缘政治的牛角尖，眼里除了现实安全威胁和危机，就是潜在的威胁和危机。神经质的日本与忧心忡忡的美国一拍即合，双方在东京发出的地缘政治尖叫似乎要逼人们从亚投行的合作热情中"猛醒"。

然而美日的思路错了。亚洲没人想和它们打仗，它们自己也不是真有勇气靠动武解决问题。美日防卫合作指针调来调去，也调不出能够补足两国对21世纪信心的药方。这是铸成两国对亚投行错误态度的同一战略思维在另一方向的表现。

美日在亚太所面临的问题都不是它们的安全体系出了多大漏洞，也许美国调遣军力、强化同盟做起来最容易、方便，日本搞政治突破也最容易找到抓手，所以两国不停地在这些领域折腾，以此"平衡"中国崛起。然而中国走了一条面向亚洲和世界的合作共赢之路，我们推出亚投行，使得传统地缘政治那一套使不上劲，找不到北。美日该认真反思了。

美国加强和扩大它在西太平洋的军事同盟关系是逆时代潮流而行，日韩澳等国在这方面有的跟美国紧些，有的松些，其中跟得最紧的日本把美国当成了"国际社会"，但东京的孤立性已经开始露出苗头。日本从加强美日同盟的所得越来越小于它与中国对立的损失，与韩澳比起来，它在显出某种"另类"。美国的"亚太再平衡"战略究竟会把日本等朝"孤僻"的方向带多远，这是个有趣的未知数。

（环球时报 2015-04-10 第 3579 期第 14 版 | 国际论坛）

美国不来捣乱，南海会平静得多

美国总统奥巴马2015年4月9日就中国在南沙岛礁的建设和维护工作说三道四，要求中国不要把越南、菲律宾"挤到一边"。美国国务院发言人使用了更夸张的语言，宣称中国在南沙的"填海造陆"可能使"南海有争议岛屿上的前哨军事化"。

越共中央总书记阮富仲刚率"1/3政治局"访问中国，巩固了两党两国关系，双方一致同意管控海上分歧。美国官方连续责难中国，明显与中越之间的这股暖流顶着来。

看看越菲之前在南海岛礁上做过多少基建、移民的事情吧，美国从未吭过一声。中国建设岛礁，美国马上以"严重事态"对待，给它未来是否会做更多干预设下悬念。全世界都对美国"拉偏架"看得一清二楚，华盛顿都不好意思再说自己"中立"和"公正"了。而且，它像是要以越来越公开的不公正实现对南海的"再平衡"。

中国建设南海岛礁与地区局势紧张之间没有必然的逻辑关系。新建的设施完全可以用于促进区域经济发展，做各种纽带性补缺。中国官方已经提到新设施将发挥避风、助航、搜救、海洋气象观测预报、渔业服务等功能，这个单子肯定还会更长。

南海各方存在一些相互疑虑实属正常，随着地区局势承受力的增强，域内国家之间驾驭疑虑和分歧的能力不断提高。时间在逐渐创造对复杂性的理解，提供彼此发现善意或并非就是敌意的视角，南海局势在磕磕绊绊中显示出向稳定方向前行的隐约趋势。

美国是个添乱的外力，它明显在破坏南海各方用相互对话与合作对冲、淡化分歧的进程，它所做的事都是制造和强化纠纷，诱导越菲走与中国对抗之路。华盛顿试图让南海上演由它做编导的地缘政治恶斗大戏，域内国家皆输，美国独赢。

然而美国在南海的得分远没它预期的那么高。东南亚国家大多都参加了亚投行，"一带一路"越来越受南海周边国家的欢迎，这些都说明地缘政治并没在南海压倒一切。南海虽有问题，但这里同时流动着多元、乐观和理性。美国只能与菲越等"相互利用"，但它主导不了南海的议题，更别想由它来设计南海未来的政治路线图和时间表。

中国在南海建设岛礁不会受奥巴马表态的影响，中国也有足够的能力管控与此相关的分歧。这些分歧不会成为本地区最突出的焦点，因为这不符合域内各国的利益。相关各方正逐渐悟出这一点。

华盛顿需明白，它如果口袋里空空的，只带着一张大嘴来南海，同时让舰队在这里晃悠，不断制造对立，为一己之利耍弄各方，它早晚是要讨人嫌的。搞尖锐的安全竞争不符合各方利益，大家还都有经济社会发展等诸多正事。谁也不想把后者同安全对立起来，美国一味挑唆到头来只会自讨没趣，亚投行就是这方面的一个教训。

南海将是和平的，因为中国有实力和智慧保持南海的和平。南海岛礁建设与中国的和平愿望一脉相承，时间将证明这一点，美国的卫星拍照和官员发难最终将被证明都是泡沫。

（环球时报 2015-04-11 第 3580 期第 7 版 | 国际论坛）

美菲军演秀不吓人，倒有点滑稽

菲律宾和美国昨天开始"肩并肩"联合军事演习，今年演习人数"突然翻倍",且演习地点最近离中国黄岩岛仅220公里。虽然菲律宾总统阿基诺三世一再强调军演"并非针对中国",但没多少人认为他说的是心里话。

南海争端诸当事国中,菲律宾的动作可谓最多最花哨,但没有一样管用,毕竟小聪明从来都于大事无补。难道会有人真认为靠展示武力秀肌肉能"吓唬"住中国?会"逼"中国从既有利益和立场让步?想象菲律宾士兵跟跟跄跄跟在美国大兵后面演习的画面,我们只会觉得有点滑稽,决不会觉得"可怕"。

美菲军演搞了31次,一次也未能成为菲律宾在南海"牌局"中的有效筹码,倒是菲律宾渐渐成了别人的筹码。美军在世界有不少练兵场,恐怕只有菲律宾最以此为荣。当美军小跟班这么多年,除了偶尔得到些美国人不要了的二手武器,还有一点虚空的安全感,未见菲律宾军队的作战能力因此有什么提升,或者得到其他什么实际好处。最后它倒把自己"吓唬住了",对美国的心理依赖越来越难以割舍。

南海格局说复杂也简单,无非是找出问题、讨论问题、解决问题。中国的利益诉求和底线都是明摆着的,对存在的分歧,中国一以贯之地坚持在谈判桌上双边磋商解决。可菲律宾非要走出一条"野路子"出来,撞了南墙又去撞北墙,我们真心希望菲律宾当局能在"黔驴技穷"之后更能智慧一些。

不得不说,美国人的算盘打得很精。美国的钱袋子这几年紧张,却能以很小的成本"重返亚太",动动嘴皮子就能在南海掀起波澜,通过炮制一个简单的"中国威胁论",拢住它在亚太的几个小伙伴,实现其在亚太的战略存在。

对美国来说,南海的水越浑,它的位置越有利。美菲军演在客观上起到了搅浑水的作用，但南海毕竟不是任由一个外来者随意拨弄的算盘珠子。亚太大势是合作共赢，南海岛礁之争在这个大势里属次要矛盾，种种事实表明，南海诸国有认清这一点的集体智慧。

如果美国不来，那么南海会平静得多；如果菲律宾不瞎搅和，那问题会简单得多……但现实容不得"如果"，也没法"快刀斩乱麻"。所有南海声索国只能以极大的耐心接受现实。有一点可以确定，南海诸国合作共赢的盘子做得越大，越会稀释并最终化解岛礁之争。中国正在朝着这个方向带头努力。

印尼正在隆重举办万隆会议60周年庆，几乎所有南海声索国在内的100多个亚非国家政要参加了这一盛会。我们有必要再回味一下，由中国最早提出并写入60年前万隆会议宣言的"和平共处五项原则"，它对今天的南海及东海岛礁之争仍具有鲜活的指导意义。

连菲律宾都第一时间加入了亚投行，"一带一路"在南海诸国受到大范围的积极响应，这足以让我们对南海维持和平感到乐观。美菲在南海上空演习的炮声，不合时宜但也没什么用处，让我们把它当"秀"看吧。

（环球时报 2015-04-21 第 3588 期第 14 版 | 国际论坛）

美日新防卫指针是亚洲新危险源

美日新防卫指针在东亚造成的恶劣影响正逐渐扩散，它公然将钓鱼岛纳入日美安保的范围，并鼓励日本自卫队走向包括南海的"全球"。这一切有可能对亚太区域的政治现状形成根本性冲击。

中国是东亚发展最强劲的发动机，但美日新防卫指针以一套咄咄逼人的军事布局回应中国和平崛起的宣示。很显然，美日在对21世纪做一种危险的引导。

美日关系的军事要素得到前所未有的增强，军事还成为美国在西太、南太发展外交关系的轴心。美日同盟越来越不掩饰其遏制中国崛起的前哨作用，这对中美、中日本来就很脆弱的信任将形成新的动摇。

在中国一再倡导和平与发展主题的时候，美日如此固执、并大张旗鼓地在东亚围着中国"挖战壕"，同时假惺惺地说这些"战壕"就是"随便挖挖"，"并不针对谁"。美日应当清楚其所作所为的挑衅性质，它们不应指望中国无动于衷。

华盛顿明明知道日本正在历史问题上倒退，政治右倾化十分嚣张，自卫队扩大行动区域很难被亚洲国家接受，但它对日本的纵容甚至超出了很多日本人的预料。看来美国很想把亚洲搅得更乱些，强化东北亚地区的内在矛盾，挑起中日之间更多的对立。

中国与周边的所有摩擦和纠纷都因美国的介入而趋复杂化，在这一轮的东亚事务变动中，美国基本没有为区域繁荣注入资源和动力，它搞"再平衡"的杠杆就是炮舰和陆战队员的晃悠，其结果也必然是增加地区的紧张局势。

钓鱼岛是中国固有领土，钓鱼岛之争是中日之间的事情，美日同盟再强化，也改变不了该地区的主权争端形势。中国人会把这看成是美国在怂恿日本采取更激进的政策，但美国大概忘了，钓鱼岛离中国大陆很近，那里不是美国军队可以恣意妄为、或者可以像大哥一样对其盟友拍胸脯的地方。

亚洲和平是中国的真实愿望，因为中国身在亚洲，而且这符合中国加快发展的战略需求。中国同时追求亚洲稳定，并高度重视稳定与和平的关系。但美日都把破坏中国和平发展作为它们战略目标的一部分，日本对亚洲稳定的欢迎并非绝对的，它更像在随时掂量稳定和不稳定对日本的利弊关系。美国把维持其霸权放在首位，亚洲稳定与否更不是它最看重的。

美日或许低估了它们这样做到头来对自己利益的伤害。尤其是日本，它决不会从与中国的相互消耗中占得便宜。日本从"小泉时代"开始与中国不时"恶斗"，但这些年正是中日实力发生历史性逆转的时期。如今中国的战略回旋空间大大超过日本。

必须指出，日本所面临的问题都不是中国强加给它的。它们有一些是发达国家的瓶颈效应，还有一些是日本面对中国崛起心理失衡，自己"作"出来的。它偏要折腾历史问题，主动挑起钓鱼岛争端，将自己置于匪夷所思的"悲情"之中。

美国以最容易做的加强军事同盟方式展现对华优势，这是它在掩盖竞争力下降的尴尬，是在经济全球化时代的自欺欺人。美国搞再多军事同盟也挡不住中国的发展，它应从其欧亚盟友纷纷"倒戈"加入中国倡导的亚投行一事中汲取教训。

美日加强军事同盟犹如把磨刀声用扩音器向亚太播放，它们在搅动人心，加剧西太平洋的风险积累。这不可能毫无后果，而对那些后果，美日是需要承担责任的。它们别以为亚洲人都那么好骗，把它们的军舰当成宣扬和平的彩船。

（环球时报 2015-04-30 第 3596 期第 14 版 | 国际论坛）

美军若在南海挑衅中国必遭坚决反制

《华尔街日报》援引美国官员的话称,美国军方正考虑动用飞机和军舰,对中国正在南沙群岛扩建的岛屿采取激进行动,包括命令海军侦察机飞越这些岛屿上空,以及派遣美国军舰驶入距离这些岛礁12海里以内的水域。报道说,这一计划正在等待白宫的批准。

西方媒体在评述这一消息时,都意识到美国一旦这样做可能对南海地区稳定造成严重冲击,并将中美推向对抗。它们的这一嗅觉是靠谱的。

中国扩建岛礁的行动不仅发生在南海"九段线"之内,而且都是在中国现在实际控制的岛礁上进行的。菲越之前都在它们控制的岛礁上搞过人工建筑物,有些仍在继续,中国的岛礁建设在法理上挑不出一点毛病。

美国认为中国将把扩建后的岛礁用于军事以便控制南海,这只是华盛顿以己度人的猜测,中国已经表示岛屿建成后将用于和平目的,一旦发生台风等自然灾害时,它们将向包括美国在内的各国过往船只提供避风等人道主义服务。

美国如果采取《华尔街日报》所指的那些行动,将是对中国主权赤裸裸的侵犯,中国被迫采取强有力的反制是必须发生的举措。事情发展下去有可能将导致中美在南海的摊牌。

中国珍惜南海地区的和平与稳定,因为这符合中国作为域内最大国家的根本利益。中国与菲越等国虽有领土纠纷,但中国一直致力于不让这些纠纷成为这一地区的地缘主题,而是不断用发展的共同利益冲淡它们,为通过谈判解决问题创造条件。迄今为止,南海领土纠纷没有在声索国之间引发爆炸性冲突的迹象。

如果美国军机和军舰对中国控制的岛屿采取冒险行动,它们将成为南海局势下一步的真正危险源。鉴于中美双方在南海投入军事力量的能力都很庞大，南海或将因美军的挑衅而成为全世界 NO.1 的危险地区。

华盛顿如果以为它的军机军舰可以对中国控制的南沙岛屿"想做什么就做什么"，而中国政府和军队将忍气吞声，对它们采取避让态度，那就太天真了。事情不可能形成这样的局面。美国让中国多难受，它自己就会多难受。它让中国承受多大风险，它自己就会承担同样大的风险。要知道中国毕竟是大国，而且是核大国，南海就在中国大陆的边上，这里不是美国军队可以尽情撒泼的地方。

如果双方在南海进入军事对峙，美国军力的质量优势将被中国的数量优势及地理接近的优势抵消掉。双方的决心和意志也将发生对决，由于中国是在捍卫领土主权，美国是在谋求海洋霸权，是在挑衅中国，中国的牺牲精神决不会输给美国的贪婪，在双方进入漫长的战略消耗之后，美国不会有压倒中国的任何希望。

中美一旦在南海发生对抗，整个地区必将大乱，没有一家会是赢家，菲越也将是输家，东盟必将深受其害。久而久之，菲越及东盟的态度都将发生变化，美国将失去地区内个别国家对它采取冒险行动的支持及配合。

我们还是劝华盛顿在做出有可能颠覆中美关系以及亚太和平大局的决定前三思。中国没想挑战美国，不愿与美对抗，但如果美国一定要对中国的领土主权发出尖锐挑战，就是另一回事了。

（环球时报 2015-05-14 第 3606 期第 14 版 | 国际论坛）

报复缅方炮击先要搞清"报复谁"

2015年5月14日晚,两枚炮弹从缅甸方向落入云南省临沧市一个镇的居民小区内,致5人受伤,其中2人重伤。这是自3月13日缅军航空炸弹落入我国境内造成平民死伤后的又一起严重事件。

中国边民因缅甸内战遭"池鱼之殃",是令中国人非常生气、却又很难根除的问题。"3·13"事件发生后,中国军方严厉警告缅方,并为避免缅战机再次飞越国境线作出军事部署。从那时起,只要有缅军飞机在边境地区活动,我军战机就会起飞监视。事实证明,中方措施是有力的,效果也是好的。

然而挡住缅甸军机相对容易,如何让缅地面交战双方确保不把炮弹打到中国境内,看来是项更复杂的工作。

几乎所有中国的国际问题学者都相信,目前并不存在缅甸政府对中国进行军事挑衅的政治逻辑,因为那样做对缅甸现政权没有一点好处。虽然美国近年恢复了其在缅甸的部分影响力,但与中国保持友好关系仍是缅甸国策的牢固要素。为讨好美国而对中国做犯境伤人的军事冒险,这在地缘政治上是不可思议的。

缅甸方向飞来炮弹炸伤边民,看来更可能是一些与内战有关的临时及偶然性因素促成的。

确定这些因素需要认真的调查。由于缅甸内战近日正酣,局势混乱,交战地点又离中国边境太近,使得基层炮兵都可能成为这些致命因素的生成源。此外这些因素既可能是乱局中的"失误",也可能是恶意的,不难看出,确定这一切需要时间。

中国舆论昨天群情激奋,这是必然的,这件事出在任何国家恐怕都会这样。一些网民呼吁国家采取断然报复措施，也完全在情理之中。

然而实施报复首先要确定"报复谁"的问题。报复"缅甸"？这个国家显然不是中国的敌人。如果这次炮击是恶意的，我们需要揪出组织这次犯罪的具体力量。如果它确是一次"误击"，我们要做的是通过与缅方合作，在现场层面排除这种错误再次发生的可能性。

我们若是不加甄别地朝着炮弹来的方向倾泻一堆炮弹，或许能帮助舆论"出口恶气"。但是如果我们在没有充分调查和证据的情况下这样做，其后果将非常不确定。因为这样一来，中方的炮击将很容易被解读成"报复缅甸"，世界上想引导这种解读的人和力量实在太多了，他们很可能正望眼欲穿地等着我们这样做。

中国不是缅甸面前的"受气包"，对此全体国人都应有百分百的自信。现在敢有"给中国点气受"妄想的国家没剩下几个了，缅甸肯定不在其列。

无论采取什么应对措施，对事件做彻底调查必须先行，中国应当就开展这一调查要求缅方全力配合，调查过程的认真性和结果的真实性都需达到中国的要求。中国根据调查结果采取有针对性的措施，才能打击真正应当惩罚的力量，除掉未来的隐患。

有人提出既激进又简单的报复办法，比如通过计算炮弹打来的弹道开展炮火还击。这样做听上去很痛快，但根本不可行。那意味着一种宣示：炮弹打来方向的大部分人都是"敌人"或者"敌人的帮凶"，即使打错了我们也在所不惜。对缅甸这个友好邻国，我们做这样的宣示显然既不符合中国的国家利益，也不符合广大边民的长远安全利益。

与缅甸交战区相邻是挺倒霉的一件事。在这种情况下保卫中国边民安全和边境地区安宁，我们必须有坚决的意志，还要清醒，务实不务虚。

（环球时报 2015-05-16 第 3608 期第 7 版｜国际论坛）

美部署 B-1 轰炸机须是真的

澳大利亚总理阿博特 15 日表示，美国助理国防部长施大伟日前所说美将在澳部署包括 B-1 轰炸机在内的更多空军装备是"口误"，他说美澳之间没有这样的计划。

施大伟是上星期在参院关于南海问题的听证会上声言美空军攻击力量将进澳大利亚的。很多人对这样一位高级官员能有如此"口误"感到怀疑。有中国分析人士认为，美澳很可能就 B-1 轰炸机和侦察机向达尔文基地部署进行过商讨，但也许尚未做出最后决定，或者澳军方同意了，不过未形成政治决策。总之，美国对推动此事可能比较积极，澳方则是犹豫的。

中国是澳大利亚的第一大贸易伙伴，这在一定程度上决定了澳同中国关系的性质。如果澳不想偏离基于重大共同利益的中澳关系基本轨道，它就不应在帮助美国威慑中国的路上走得太远，尤其是不能把自己变成美军可以起飞战略轰炸机干预南海争端的基地。

堪培拉看来并不缺少这方面的警惕。澳是美盟国，又想在经济上融入亚太，与中国成为牢固的商业伙伴，它被认为在中美之间"拿捏平衡"。

一旦矛头指向南海的美国进攻性武器部署到澳大利亚，所谓"平衡"将不复存在，澳大利亚将失去在中美之间的"居中地位"，它将"日本化"，成为被美国完全操纵而毫无独立性的一枚棋子。澳将成为美在亚太地区针对中国的又一军事前哨，它必将承受由此而导致的战略安全后果。无论对澳大利亚的经济利益，还是对它的国家安全，美国远程轰炸机带来的都将是破坏性影响。

如果澳大利亚成为美国针对南海攻击性的支点，从长远看，为此而发生的战略反制必将对澳造成殃及。这是澳舆论界的普遍担心。澳大利亚人希望保持与美国的军事关系，但不想陷得太深，尤其不愿意被迫卷入大国关系恶化将导致的"军事上的最坏情况"。

中国从未对澳大利亚的安全构成过威胁，迄今为止中国对澳的主要国家目标一直扮演着积极角色。澳不处于亚太纠纷的核心区，把自己主动变成风险骤增的地缘政治焦点除非不得已而为之，没事找事通常不是澳大利亚这种实力规模国家的理性选择。

一旦让自己可以被用来对第三方发动战略攻击，这对澳所意味的潜在风险几乎"不言而喻"。澳大利亚决非"美军和美国武器部署越多越安全"，一旦过了线，澳大利亚只能是做得越多，代价越大。

南海本来挺和平的，领土争议军事化的风险程度很低，现在美军的动向成了对区域稳定最突出的挑战。无论谁做美国激进政策的支持方和配合者，都既不利于整个地区，也是在给自身安全增设变数。

中美关系并非围绕着南海问题旋转，很多人相信中美至今合作的动力仍大于相反因素的累积。这时候如果有哪支力量主动做中美之间问题的催化剂，它自身成为牺牲品的可能性将大大高于中美交恶的几率。

中国与澳大利亚的相互了解会受到很多外部因素的影响，两国应当为互信提供较为宽裕的环境，而不能让负面的东西挤占太多空间，指望对方对自己的理解"一点就透"。澳大利亚不能成为美国远程攻击力量的战略落脚点，现在不能，今后也不能。这是中国人对澳方严肃的期待，这里没有"理解万岁"的余地。

（环球时报 2015-05-20 第 3611 期第 14 版 | 国际论坛）

对付美南海挑衅，你打你的我打我的

美国一架侦察机 20 日突然飞越中国正在开展建设的南海岛礁上空，遭到中国海军的 8 次警告。美派出的是侦察机种，飞行高度约为 4500 米，如果换为作战型机种的飞机，飞行高度进一步降低，挑衅的程度将更恶劣。

五角大楼安排 CNN 记者随这架侦察机飞行采访，并公布中方警告美机和岛礁建设的音视频，显然是想把中国建岛的事尽可能炒大，强调美不承认中国对在建岛礁的领土主张，向中国施加心理压力。

华盛顿在制造南海紧张和中美有可能直接摩擦的气氛。美方的军事实力更强，驾驭军事风险更有把握，因此对与中国出现局部军事紧张不那么在乎。

中国面临考验。我们如何反应将对今后中美在南海的博弈形势有重要影响。

国人既要有勇气，也需冷静。我们首先要清楚自己在南海要什么，坚定自己的目标。同时我们还要搞清美国想在这里得到什么。

北京并不想在南海同美国搞一场战略摊牌，华盛顿恐怕也没跟中国在这里摊牌的意思。中国的战略目标是要南海的和平与稳定，同时维护我国的领土主权和海洋权益。我们当前的目标是要扩建岛礁，确保工程的完成。而美国南海政策的战略目标是要牵制中国，维持它的海洋霸权和在东南亚的影响力。它当前的具体目标是要骚扰中国的扩岛建设，搅乱中国的计划。

中美各自的南海战略并非绝对的对抗关系，需要两国长期磨合，权衡对策。就当前的目标来说，中国人必须看到，主动权在我们手里。只要我们能够顺利完成扩岛建设，美国的这轮干预计划就将流产。

只要中国实现对南海岛礁的综合扩建，我们执行自己的南海政策就有了崭新的条件。中国将有机会证明这些岛屿对稳定南海局势的建设性作用，通过我们使用这些岛屿的方式打消外界的疑虑，向外界展示中国在各种纷争面前的克制。南沙地区很可能因为中国兴建岛礁而形成前所未有的航运安全、防灾救灾及渔业服务中心，如果真是那样的话，南海的氛围或有重大改观。

中国不会把南海的每一张牌都当军事牌来打，那不符合中国的利益，大力推动"一带一路"的中国决不会那样干。中国更需要能撬动整个地区和平解决纷争的现实主义的杠杆。

美国从挑唆菲越同中国对着干，到走上前台，派侦察机来挑衅，它的招数用得差不多了。观察家们相信，美国没有实际阻止中国扩建岛礁的理由和手段，它断不敢将外围骚扰升级为直接拦挡、破坏中国工程建设的行动。我们坚决把岛礁建设进行到底，就是对美国最强有力的回应，中国的这种定力足以让五角大楼的那些强硬分子抓狂。

对美国我们还是要采取"你打你的，我打我的"这一基本策略，我们就是要实现自己的计划，不被美方牵着鼻子走，看看谁能笑到最后。

如果美方将挑衅继续升级，中方除了对其发无线电警告之外，还可对其飞机做启动火控雷达、发曳光弹等逐渐升级的警告驱离措施。美方若非要搅乱南海的基本规则，受影响的决不仅是中国一方，菲律宾等控制的南沙岛礁同样会因此面临不确定性。

美国不能有"一手遮天"和"一手遮海"的野心，它的巴掌没那么大。有太极文化传统的中国有足够的智慧和能力在南海对付它的那几条舰船和各种军机。它想用几个小动作就吓唬住中国，未免太幼稚、轻狂了。

（环球时报 2015-05-22 第 3613 期第 14 版｜国际论坛）

到底谁损害了南海地区稳定

在越南发生反华暴力事件后，美国白宫发言人近日再次指责中国设钻井平台是"挑衅行为""损害了该地区的稳定"。在南海问题上，白宫开始赤裸裸地拉起了偏架。对白宫发言人，我们想反问一句，究竟是谁在损害地区稳定？

南海那么多油气井，其中有几十口在中国主张的九段线以内，从没见美国人说什么。越南暴徒打砸抢烧，美国轻描淡写。美国的口诛笔伐，都泼向了中国在西沙打的第一口井。美国怎么好意思说自己在南海的领土主权上"不持立场"，标榜自己的"公正"？

事实上，全世界、包括美国舆论都没人认为美国在南海东海是"中立"的。2012 年越南出台海洋法，中国设立三沙市，美国指责中国却不提越南海洋法。日本对钓鱼岛非法"国有化"，长期执行防空识别区，美国什么都不说，轮到中国划设东海防空识别区，华盛顿马上跳了出来。

对美国持"公正"立场，我们已经不抱幻想。但究竟是谁损害了地区的稳定，这个问题值得细究。

的确有人希望这个地区不稳定。据越南《青年报》报道，有民众收到手机短信，称参与游行可获约 100 元的报酬，还提醒带小孩上街，这样警察便不会阻止游行。这个短信谁发的？这个钱谁出的？这条资金链终端是些什么人？希望越南政府调查并给出说法，他们一定是地区稳定的"故意破坏者"。

中国一直珍惜南海的稳定，并且清楚自己将是地区动荡的战略受害者。中国作为亚洲力量最强的国家，保持了在争议地区的行动克制。越南、菲律宾也是看到中国希望和平发展的心态，才敢一再铤而走险，试探中国的底线，形成小国在南海挑衅大国的奇观。地区稳定成为越菲贪婪和自我放纵的牺牲品。

然而光是越南、菲律宾折腾，它们不敢有太大尺度。这不，越南政府自知理亏，开始大范围抓捕暴徒。但美国在南海扮演了怂恿越、菲的不光彩角色，它成为在南海上吹动波浪的风。

白宫这个时候跳出来"谴责"中国，减轻了河内反思打砸抢烧的政治压力，肯定了越南与中国"对抗"的总方向。对于一些东南亚社会来说，白宫的几句话有时能产生奇效，刺激头脑的冲动发热。这一年多南海、东海的不平静，每一次都有美国的表态前后搅动。美国在利用它的软实力，以低成本对东亚稳定进行破坏。

美国宣布"重返亚太"之后，西太平洋的几个热点逐渐升温，世界都看到这二者的联系，只不过越南、菲律宾等对这种联系做了配合。它们误判了在安全上依仗美国的好处，以为华盛顿真的可以帮它们实现在南海的领土野心。

美国的"亚太再平衡"战略是将东亚问题同实现美国利益进行"再平衡"，不惜为此以牺牲南海、东海的稳定为代价。当下越南随美国的南海政策狂舞，撞中国的底线，它在接近把自己打造成南海动荡的风暴眼。局势这样发展下去，一定会最终破了河内的实际承受力。

（环球时报 2014-05-22 第 3322 期第 15 版 | 国际论坛）

中美南海军事冲突的可能性有多大

美国派侦察机于上周飞临中国正在扩建的南沙岛礁上空，遭到中国海军的反复警告。美表示今后可能派出力量进入这些岛礁的12海里范围，从而引起战略界和舆论界对中美可能在南海爆发军事冲突的担心。

那么这种军事冲突实际发生的可能性有多大，以及它们会在什么样的情况下发生呢？还有，一旦发生，它们的烈度会有多高呢？

首先要看到，随着美军从间接支持菲越到直接向中国在建岛礁发出挑衅，中美两军发生冲突的可能性的确比过去大了。两国在战略上无法释怀，美军在战术上逐渐制造两军摩擦的临界点，除非中国无限退让，否则这种趋势的结果将是危险的。

中国不可能无限退让。那么就要看中美将如何设置各自在此轮南海博弈的底线，以及双方是否能够清楚、尊重对方的底线。

中国最重要的底线显然是要把岛礁建设继续下去，直到它们完工。如果美国的底线就是中国必须停工，那么中美南海一战将无可避免，而且冲突的烈度会高于人们通常理解的"摩擦"。

此外中国还有一个底线，那就是美国要尊重中国在南海的领土主权和海洋权益。美国这方面有一条公开的底线，即美在南海享有"航行自由"。中美的这两条底线对应了各自的原则，但实际操作中双方有一定回旋余地。中美是否会因此而冲突起来，既取决于一些战略考虑，也会受战术上的临时性因素影响。

如果美军是想"骚扰"一下中国，向地区展示美国力量在南海的存在，并因不想真打起来而对自己的挑衅行为保持一定克制的话，那么中方的反制也会大体有所克制，双方酿成实际军事冲突的可能性就不大。

一旦美军有"教训"一下中国的狂妄企图，其挑衅行为带有公开的羞辱性，并且为达此目的已经有在南海"打一仗"的腹稿，将意味着冲突很难避免。中国军队将会为尊严而战。

可以看出，中国完成岛礁扩建的决心非常清晰、坚定。美方的战略目标是什么相对模糊。南海是保持和平还是发生战斗，责任主要在美国一方。

美国需要给和平崛起的中国一些空间，我们也要对美方面对中国崛起重大影响而产生的严重心理不适应予以照顾。只要双方都没有在南海走向摊牌的意愿，尤其是美方保持战略上起码的分寸感，局势的危险度就将是有限的。

在这种情况下，中美军机或军舰即使发生了摩擦，两国和两军也会将它作为"意外事件"来处理，各种应急机制将会启动，如果美军就是要为南海局势的无底线恶化制造事端，就像美在当年越战全面爆发之前炮制出"北部湾事件"那样，情况将另当别论。

中国现在最需要的是战略定力和坦然。我们不希望与美军事冲突，但如果这一冲突必须要来，我们就应接受它。在保持对美外交稳定性的同时，我们需要对"有可能"突发的中美南海冲突做认真准备。中方的这种准备既不应高调，也不应低调，要防止华盛顿形成中国很可能不惜代价对美避战的误判。

南海问题毕竟不是中美关系的全部，中美合作的广阔领域不可避免地会对五角大楼在南海冒进形成牵制。美军在南海看似嚣张，但其背后的政治和社会支持肯定没有中方对其反制时背后的支持强大、持久。想必美军上下对此是清楚的，中国人常说"纸老虎"，其实指的就是这种情况。

（环球时报 2015-05-25 第 3615 期第 14 版 | 国际论坛）

中国公布军事战略，透明而非恐吓

中国政府 26 日首次发布《中国的军事战略》白皮书。白皮书对海洋、太空、网络空间、核力量这四个重大安全领域做出阐述，提出了中国"海外利益攸关区"的概念，强调了海上军事斗争准备的意义等。这是中国发布的第九个国防白皮书，可以看成是中国军事透明努力的一个"常态化行动"。但它的发表遇到中美就南海问题开展立场博弈的敏感时刻，国内外的解读都充满了兴奋点。

军事战略拔得再高，谈的也是军事，而军事的面孔总是严厉的。中国舆论从白皮书中找出"最提气"的那些表述，西方媒体则拿着"中国威胁论"的放大镜审视这份白皮书，这样的解读对中国"战略"来说都有挂一漏万之嫌。

中国军事战略是国家整体战略的一部分，是后一战略的保护层和针对最坏情况的方案设计。了解中国军事战略既要细致全面，又很忌讳专门从中发现"细节"，以战术性关注代替真正的战略把握。

中国的国家战略就是走和平发展道路，在传统地缘政治观依然盛行的现实国际环境下实现和平崛起。中国的军事战略是要对这一国家目标提供强大保障，中国国家总战略的和平本质决定了军事战略的基本防御性。

白皮书采纳了近年常用的"积极防御"表述，这是因为中国高速发展，利益圈在全球范围内扩大，中国的防御内容不断增多，防御线被迫前移。这与进攻性战略有着本质不同，它们的区别很容易从历史经验中得到验证。

中国是军事上谨慎、克制的大国。它过去一直全面重陆轻海，"重视海洋"的呼吁在30年前就开始引导中国的对外开放，带动这个民族的思想解放，但它成为军事战略的主题之一却是近年的事。

军费增长在中国的国家预算中这几年虽较突出，但中国的军事能力至今没有超过确保世界第二大经济体安全的最低需求。世界老二是地缘政治最敏感的位置，这一点全球战略界都很清楚，对于中国的风险，西方分析家们有目共睹。

近海对世界第一大贸易国有多重要，这是个常识性的命题。美国保持着在中国近海的霸道，对中国任何加强安全的措施都予以抵制，这简直不像是一种严肃的战略态度，是成心找不痛快。

崛起大国都需要战略空间，中国同以往大国的不同之处在于，我们努力避免自己崛起会带来零和的排他效应，把"共赢"这个通常是项目合作层面的概念扩大成中国战略的基本精神。我们意识到，如果中国扩大战略空间意味着必然压缩其他国家和力量的空间，那么中国和平崛起就很可能进行不下去，大国冲突必将出现，因此共赢主义是中国必须实现的战略突破。

美国愿意同中国"共赢"吗？还有日本愿意吗？它们是否会以现实主义的态度理解"共赢"呢？这些都很重要。

中国仅仅在南沙几个岛礁上搞了点建设，工程在进行中，还无任何将它们用于排挤美国力量的证据，华盛顿立刻针对中国这一法理上无可挑剔的行为跳了起来，要把中国"压回去"。这件事发生在远离美国本土的中国近海，如果美国以这样的战略思维看管中国崛起过程，那么中美21世纪的摩擦注定将没完没了。

军事战略白皮书使中国更加透明，希望这有助于中美及中西之间的沟通，而不成为彼此误读新的来源。美日等国要尊重中国作为和平崛起大国的主要权利，这是它们不把中国所有正面信息都反着读的心理基础。

（环球时报2015-05-27 第3617期第14版 | 国际论坛）

中美究竟谁在南海推胳膊肘

美国总统奥巴马1日对一个到访美国的东南亚青年领袖团体说，有可能对南海的一些领土声索是合理的，"但他们不应该为了确立那些声索而拳脚相向，把别人赶出去"。奥巴马在白宫说这番话时做了个胳膊肘向外推的姿势。

奥巴马说的这些话听上去蛮温和的。但他继续给中国做了一个因为有力量而霸道的形象定位，通过和风细雨的方式增加东南亚一些人对中国的不满。

中国是南沙主权声索国中最强大的力量，但是一些报道说今天越南占了29个南沙岛礁，菲律宾占了9个，中国大陆只实际控制了8个。越菲都在岛礁上搞了建设，越南有填海造地行为，这些数字已能说明中国不是南海争议中的激进国家。

在夺回越菲等非法侵占的岛礁和扩建中国现有实际控制的岛礁之间，我们选择了后者。这是在补偿中国南沙驻礁历史欠账的同时尽量不激化局势的善意举动。中国扩建了岛礁，我们在南沙有了落脚点，但这与奥巴马先生所说的"拳脚相向，把别人赶出去"是性质完全不同的两回事。

中国强调要通过谈判和平解决南海争议，中国的这一态度是南海虽有争端但和平仍得以持续的基石。北京已多次强调在建岛礁将主要扮演民用角色，服务于航运和区域经济发展。外界有中国可能把这些岛礁当作南海军事前哨的担心，这可以理解，但担心不能成为对中国采取行动的理由，处理担心的方式也应是沟通、商谈，消除战略猜忌，而不是通过威胁来逼迫中国。

菲律宾1999年5月趁中国驻前南使馆被炸之危，将一艘旧军舰故意在南沙仁爱礁坐滩，马尼拉承诺很快会将那艘旧军舰拖走。中国为避免局势升级迄今耐心等待了16年，没有对该船采取直接处置行动。我们一直允许菲方向该舰上的人员提供人道主义补给，将反制行动限定在阻止菲方对该船进行加固上，等着那艘破旧不堪的船只自行解体。

美国等其他方面是否也肯等上16年，看看中国在扩建岛礁上都干些什么，然后再下结论呢？

在奥巴马先生夸夸其谈、争取舆论支持的时候，美军侦察机已经飞临中国在建岛礁上空挑衅，这更像是美国在用胳膊肘往外顶中国，何谈中国用胳膊肘顶其他国家，又何谈中国对那些国家"拳脚相向"？

近代以来荷兰、美国、法国、英国等曾在东南亚进行殖民统治，20世纪日军的铁蹄曾践踏这里数年，美军曾狂轰滥炸，并建有多处军事基地。所有历史参照都告诉人们中国是温和、克制的大国，但美国几乎在以"海禁"的标准衡量中国，中国在海洋上的任何举动在它眼里都是离经叛道和具有攻击性的。

美国不仅在南海拉偏架，而且它在鼓动周边国家同中国的对立，刺激、强化一些力量对中国崛起的不适应和焦虑感，从而试图构建针对中国的战略围堵。由于中美关系还有各领域合作的庞大内容，后者一定程度上牵制了美在南海的对华态度，因而华盛顿经常红白脸相间，表现出对华政策的多面性。

中国不会受制于美国在南海的言行，针对具体争议，大多数中国人希望政府既不激进，也不退缩。美国搞美国的，我们干我们的，已有的建岛计划应当坚决、妥善完成。这应是我们对美国多重声音和姿态的统一回答，也应是我们以不变应万变的态度。

（环球时报 2015-06-03 第 3623 期第 14 版 | 国际论坛）

南海问题只能是中美关系的插曲

中央军委副主席范长龙与美国防部长卡特 11 日在华盛顿会谈，据说持续了大概 4 个小时。两军领导人都说了可以被解读成"强硬"的话，但也都展现了"大局观"，让人看到中美关系能够超越南海摩擦的希望。其中范长龙的一句话颇有代表性，他说：南海问题只是中美关系的一个插曲。

范长龙近日的访美是在中美围绕南海的"麦克风外交"持续了一段时间，紧张气息不断扩散的情况下发生的。一些人想象两军领导人直接见面大概会相互威胁、给对方划出红线，然而实际情况似乎乐观得多。这次访问总体看增加了中美军方的沟通，抑制了互疑的扩大，提高了双方倾听对方、避免用力量进行"对话"的兴趣。

"范长龙的访美创造了中美两军都冷静下来思考的机会，它至少使南海的紧张局面迅速缓解下来，增强了两国政治和军事精英们对管控双方分歧的信心。"外交学院国际关系研究所教授李海东对《环球时报》说。

世界舆论高度关注美军在南海的介入活动，以及中方的反应。但绝大多数评论都认为华盛顿对中国在南沙岛礁的扩建行动无能为力，同时也极少有人预期中国将利用扩建后的岛礁采取挑战美国的激烈行动。这些分析反映出，经过中美一段时间的"麦克风摩擦"，战略界和舆论界都大体看懂了南海问题对中美关系的意义，它是中美战略上互不信任的一个交汇点，但它不是两国战略利益不可避免的摊牌处。中美在南海的紧张多少有些人造泡沫成分。

美国要求中国在南沙停止填海造地，中国予以拒绝，越来越多的战略观察家相信这一分歧远不足以构成中美军事冲突的理由。中美关系对两国来说都太重要了，两国全面交恶是战略上难以想象的。南海问题太具体了，岛礁问题从国际法说本来就不关美国的事，也不牵扯美国的核心利益。双方围绕岛礁建成后中国如何使用它们达成谅解，显然是解决分歧更现实的方向。

西方总有人认为中国在南海的行动挑战了美国在亚洲的主导地位，而要求美国"主导亚洲"，这应被视为对美国的捧杀。美国怎么可能在贴着中国家门口的地方什么都说了算？自新中国成立以来，这种情况就不曾有过。当年朝鲜、越南都是美国说了算的吗？显然不是。

我们相信华盛顿"主导亚洲"的野心没一些人怂恿的那么大而全，直到要在涉及中国主权的领域威逼我们。中国也根本没有要取代美国"主导亚洲"的打算。那对中国来说不可思议，风险重重，并不符合中国的利益。

有人说中国在用切香肠的方式把美国从亚洲向外挤，并主张美国对华"寸步不让"。这些人像是还生活在19世纪里，对全球化时代的"多赢"

思维毫无感觉。中国到底要干什么？"一带一路"、亚投行就是中国要干的事！它们是霸权吗？

亚洲国家大多刚进入现代化不久，许多棘手问题和复杂关系需要清理。其他国家围绕领土主权的压力，中国都有。中国同时面临着促进国内经济社会发展及保持政治稳定的长期任务。中国需要内外问题统筹的平衡，我们无心也无力在亚洲"大闹一场"，消耗宝贵的政治和经济资源。

各国的传统利益已经把传统空间占得满满的，中国崛起需要创造新利益空间的多赢新思路，倡导中美新型大国关系代表了中国的这一探索。中国需要时间来展现我们在南海扩建岛礁的正当性和建设性，美国不妨耐心观察。或许南海问题真的只是中美之间的一段插曲，那样的话，中美关系的稳定性将站上新台阶。

（环球时报 2015-06-13 第 3632 期第 7 版 | 国际论坛）

美司令"视察"南海只能忽悠菲律宾

美国太平洋舰队司令斯考特·斯威夫特上星期六在访菲律宾期间，登上先进的 P-8A 海神反潜侦察机，与机组成员一起在南海上完成了一次历时 7 小时的海上侦察行动，"了解飞机的性能"。美国海军方面公布了斯威夫特通过机窗眺望南海的照片，但没有提及飞机是否飞越了争议地区。

菲律宾方面迅速对斯威夫特此举表示欢迎，认为这显示美国致力于帮助同中国存在领土争端的盟友。

斯威夫特的感觉大概挺不错的：他只是坐飞机在南海上空兜了一圈，

做了个姿态,就获得菲方以及舆论界的大量解读。美国像不像南海地区的"太上皇"?

美国少数人和菲律宾似乎有这样的幻觉,这使得美菲的一些言行建立在虚假的基础上。美国说到底是南海域外国家,它对南海局势做"离岸平衡"的能量是有限的。如果有谁以为斯威夫特通过"视察"南海,就能从空中洒下美国的足够威严,这是太把华盛顿当"神"供了。

不知道斯威夫特的座机是否靠近了中国建设中的南沙岛礁,如果是的话,那么中方肯定发出了驱离信号,才不会管飞机上坐的是谁。

我们注意到,美国海军这次发布的消息比两个月前公布美侦察机抵近中国在建岛礁要低调些。有人分析美军到9月份两国首脑会晤之前或许不会在南海有太大动作,但从长远看,它在该地区同中国的博弈不可避免。

中国已经适应了美方在南海"小动作不断",对由于美国因素致使南海无法平静有充分思想准备,中国的应对能力也在不断增加。

迄今为止,美方的行动让多数观察家认为,它一方面希望安抚盟友,巩固一些国家对美国的信任;另一方面它既没有理由,也没有决心同中国在南海摊牌。因此美军就不断在南海"摆姿态",传递它自己就很矛盾、外界解读起来也很混乱的信息。

最重要的是华盛顿不够"实事求是"。中国在南海挺克制的,中国扩建岛礁合理合法,外界根本阻止不了,美却拿出"一定要管"的架势,同时又不可能有实质性动作,因此显得进退失据。

菲律宾更不"实事求是"。它同中国之间的问题怎么可能让美国帮着解决?斯威夫特坐飞机转一圈,或者未来美国多派几艘舰艇过来,菲律宾的无理领土主张中国就会认了?它再挑衅中国就会装着没看见?这未免太天真了。

前几天，中国微信圈里出了一个传闻，说中菲在仁爱礁附近发生军事冲突，菲海军率先向中国渔政巡逻船开火，中国军舰赶到后将菲舰击沉，并欲给菲更多惩罚，美要求中国住手，中方坚决拒绝。这个段子完全是民间杜撰，并在互联网上流传的，它反映了中国社会的一种真实心态：不主动与菲冲突，但如果菲无论出于什么原因先破底线，中方就应猛烈反击，才不管美国是什么态度。

我们理解美国希望保持在南海地区的影响力，也理解菲律宾想拉美国"制衡中国"。南海地区缺少信任，磕磕碰碰难免发生。但美菲都需有分寸感，尤其是菲律宾，在任何情况下都不应忘乎所以。为维护南海和平稳定，中国一直不遗余力、如履薄冰，菲律宾更应如此。

（环球时报 2015-07-21 第 3662 期第 14 版 | 国际论坛）

第八章

文化有硬度

三亚全民发红包，全国城市谁能学 / 怒斥恐怖主义不等于挺争议漫画 / 80年代值得怀念，更值得超越 / 高校宣传思想工作是难啃的硬骨头 / 高校海归决非核心价值观的对立面 / 像重视政治立场一样重视政治效果 / 走出西方和民国情结看北大 / 大赦国际，西方最偏执的因子之一 / "人权组织"果然又来凑冬奥会热闹 / "大赦国际"的颁奖是在给自己颁丑 / 对造谣诽谤决不能听之任之 / 构建大国心态是中国的一场硬仗 / "无业"者飙豪车，富人形象集体埋单 / 大V吐脏话，即使不知耻也莫得意 / 复旦学子有权表达对"死立决"的态度 / 中国出境旅游者丢了国家的脸吗 / 复旦道歉确应该，"复制"帽子就算了 / 中国人，让我们不再"恨"任何国家 / 中美人权之争，美国休太放肆 / 美国同性婚姻合法化该不该欢呼 / 北大清华竞争生源必须保持斯文 / 知青一代的积极回忆值得尊重 / 铁腕镇压"骚乱"的美国何脸谈人权 / 网警公开巡查，什么人才会不高兴 / 防火墙带给中国互联网哪些影响 / 中国富人移民美国多，肯定是坏事吗

三亚全民发红包，全国城市谁能学

三亚市政府 2014 年 5 月 5 日启动上半年"物价补贴"发放工作，符合条件的三亚市居民每人将一次性获得 360 元补贴，符合条件的非三亚户籍在职人员和灵活就业人员也在发放之列。发钱，怎么着都是好事。如果全国各地的政府都能这样发钱，大家岂不乐哉。

然而在全球范围内，政府能给百姓发钱的例子并不多。因博彩业高税收而财政充裕的澳门政府经常这样干，香港也曾这样干过，但今年宣布取消了。内地偶尔有地方政府效仿，但像三亚这样从 2010 年就开始给市民发钱、并且逐步演变成制度性安排的城市，大概别无"分店"。

三亚如果财政盈余，用这样的"天女散花"博取全市民众开心，那么当地民众的感受，对于评价这一做法应当是最重要的。三亚如果民生问题解决得不错，除此之外还有余钱，为什么不找个"物价补贴"或别的什么名义，将人民的钱还给大家？如果三亚市政府正事不做，只会发钱，那么民众不是傻子。大家早晚会拿了钱也不买账，正所谓"端起碗吃肉，放下筷子骂娘"。这些用不着外部舆论指点。

中国各地的治理应当允许一些个性化表现，三亚发钱了，在舆论场上被叫得山响，出这样的风头未必就让三亚市政府很舒服。随着年复一年，官员也会换，发钱将慢慢变成沉重的惯例。三亚能否坚持做下去，坚持不了又如何收场，人们将乐得拭目以待。

有一点很多人都注意到了，那就是三亚的做法是个特例，中国其他城市并无对其做复制努力的必要性。中国各地财政非常充裕的城市并不多，有限的税收和其他财政收入首先应当用到刀刃上。比如多补贴穷人，多为促进教育和医疗公平做投入，这些比"分掉"财政更具难度。所谓"给贪官花，不如平分给老百姓"，这属于互联网上的牢骚话。

导致中国经济下行压力的元素在增多，从世界范围的情况看，中国税收的规模前些年增长较快。如果有些地方财政压力小，应把减税放在更突出的位置，这对激活经济更管用。如今中国企业普遍感到难做，搞实业尤其盈利难，多培育一些有竞争力的企业，多创造较高收入的工作岗位，这对一个地方的长久福利，或许更有价值。

做任何事都往往有利有弊，全世界派发红包城市的多少，说明了这种方式普适性的程度。但是对它做好与不好的绝对价值判断，我们认为没必要。对三亚的做法，我们宁愿抱"存在就是合理"的态度，在这方面"民主"些没什么坏处。

当然我们要补上一句：一个城市官员的最终评分，是该城市在其任内综合竞争力是否提升，社会和谐的根基是否得到加固。它与派发红包有多少关系，大概因地因人群而异吧。

（环球时报 2014-05-07 第 3309 期第 15 版｜国际论坛）

怒斥恐怖主义不等于挺争议漫画

巴黎《查理周刊》编辑部遭血腥恐怖袭击，多国政府予以一致谴责。然而在一些非西方社会、尤其是伊斯兰社会里，民间的真实反应却可能复杂得多。尽管价值观是多元的，我们认为，在这种时候谴责恐怖袭击应是无条件的。在这一大是大非面前的任何其他选择，都不符合人类的共同利益。

以往在中国出现恐怖袭击时，西方舆论的立场经常不够坚定。西方主流媒体会在中国官方已做出定性后，给发生在新疆那些血腥袭击的恐怖主义描述打上引号，说那是中国声称的"恐怖主义"事件。它们那样做往往让中国人很生气。

当反过来西方遭遇恐怖袭击时，中国社会就面临一个选择：我们应该学西方那样，以其人之道还治其人之身，还是应当做得大度，拒绝双重标准，坚决加入谴责恐怖主义的行列呢？中国主流社会每一次都选择了后者，这次也是同样的。

消除恐怖主义有赖于国际社会的高度团结。这些年西方社会突发恐怖袭击，世界的公开表态总是一致的。中俄等国发生恐怖袭击，西方舆论往往闪烁其词。我们强烈希望中俄等国的坚定态度能最终影响西方，而不是西方对恐怖袭击的地缘政治考虑把我们"改变"。

从东方的视角看，《查理周刊》的做法是有争议空间的。一些穆斯林因它的漫画感觉受到伤害，可以理解。但是所有原因都不应是恐怖袭击发生的理由。对《查理周刊》的残暴袭击突破了所有社会的文明底线。如果细看世界各地的恐怖主义，它们几乎都有各自的"深层原因"，但人类对待恐怖主义的态度只能有一个，那就是坚决反对和打击它。

当然，反对和打击恐怖主义是可以讲策略的。我们注意到，西方多国领导人和主流媒体在评论《查理周刊》事件时，都刻意突出了"对新闻自由的支持"。我们认为这是值得商榷的。

西方的新闻自由是其政治体制和社会形态的一部分，也是西方社会的核心价值之一。但在全球化时代，当西方有关做法同其他社会的核心价值发生冲突时，西方应当有缓解冲突的意愿，而不宜以自己的价值为中心，以零和态度推动摩擦升级。

西方在全球舆论场上占有绝对优势，西方与非西方的对话往往会搞成西方的单方面宣讲。非西方社会对西方有意见时，大多都没力量将其向世界有效传播。西方具有能力向它们不喜欢的社会实施"话语暴力"，西方一定要对此有所认识，克制使用自己的这一"软权力"。

西方不断因为漫画或文艺作品与伊斯兰世界产生摩擦，后者的受伤害感是真实的。即使西方认为自己的新闻自由没错，照顾对方的感受也比无视对方的感受更值得倡导。很难想象全球化是一种价值观的绝对扩张和胜利，以这种信念对待全球化必将致自己于无穷无尽的冲突之中。

说所有这一切，都丝毫不影响我们谴责巴黎恐怖袭击、坚决反对用暴力来解决文化冲突的基本态度。恐怖袭击在任何情况下都是不可原谅的。同时我们认为，不激化其复杂背景中的敏感元素将是智慧的。怒斥巴黎恐怖袭击不一定非得要由支持有争议的漫画来加以表达。全世界的主流舆论都站出来力挺巴黎，这令人鼓舞。西方如果对文化冲突元素的阐述更温和些，关照非西方世界绝大多数人的感受，将是一份有尊严的回报。

（环球时报2015-01-09 第3509期第14版 | 国际论坛）

80年代值得怀念，更值得超越

1980年开始的那个80年代，似乎正逐渐成为一个符号。对很多人来说，它代表思想解放、理想主义、成功机会等种种令人怀念和向往的东西。

除了战乱和持续动荡的年代，每一段时期都有成为美好记忆的可能。比如20世纪80年代的人们非常怀念50年代，那时的人们常常抱怨"道德沦丧"，社会上流传着很多50年代路不拾遗、夜不闭户的故事。

80年代是改革开放全面展开的第一个10年，思想解放运动如大河出川，知识分子摆脱了精神枷锁。西方的各种现代概念也在那时涌入中国，几乎形成了一次启蒙。从文学艺术到学术研究，很多框框都打破了，中国知识界的解放感在不久前"文革"的可怕记忆映衬下得到强化。

没有80年代的大胆尝试，就不会有之后改革开放的成果。80年代的最大贡献大概就是那些尝试，那个时候积累的一些经验和教训直到今天都默默起着"座右铭"的作用。

然而客观说，知识界对80年代的记忆和感受可能是相对最好的。对经济界来说，80年代的市场经济刚刚起步，改革的进步和双轨制的问题相互交织。那时"官倒"盛行，通货膨胀逐渐达到危及社会稳定的地步，老百姓大体解决了最初级的温饱，但离只能在电影中看到的现代生活仍很遥远。

80年代末中国付出了政治代价，但改革开放积蓄的正能量帮助国家度过了危机。那些代价与80年代的全过程是什么关系，如何认识它们的严重性，对这一切的理解需要在较长的岁月里不断沉淀。中国社会围绕这些问题的认识总体上越来越成熟、理性。

有人说，如果把今天与20世纪80年代做对比，今天多数中国人大体生活在那个年代的"理想里"。因为80年代最大的梦想是现代化，而中国今天的现代性有了梦幻般的长足进展。这话有些绝对，但也不失为回顾80年代的角度之一。

总之中国后来的90年代、零零年代与80年代还是衔接得不错的。

到了一零年代，中国有了较为全面的总结力，重新突出解放思想的口号，推动全面深化改革开放。今天能够把依法治国作为社会建设的主攻方向，下决心清除腐败，这是 80 年代难以全面构想的。

80 年代的年轻人今天正值壮年，他们的年轻时代过得很艰辛，有理想也有迷茫，说他们机会多，那大多是回头看的印象。说他们比现在的年轻人更富有理想，也部分源于把那时的佼佼者同现实的大众做比较。80 年代是中国年轻人接触物质主义的开始，不能因为那时喜欢写诗的人多，就真的以为大家"只有理想"。那时除了诗，能帮助人们放飞情思的事物太少了。

80 年代是伟大的，因为它是开拓的时代，创新的时代，因此也是勇敢的时代。一零年代应当超越 80 年代，我们对那个时代的怀念应更多是怀旧，而不是真的以为那时"什么都好"。中国一零年代的思想解放应有新的纵深，改革开放的路径应当更明确，这样我们才无愧于 80 年代的摸索和曲折，不会奔着奔着又奔回去了。

可以预言，如果国家的发展道路得以延续，全面深化改革不断带动新的成就出现，一零年代在时隔几十年后会成为新的怀旧符号。而且今天值得怀念的事物大概会更多。

（环球时报 2015-01-16 第 3515 期第 15 版 | 国际论坛）

高校宣传思想工作是难啃的硬骨头

中共中央办公厅、国务院办公厅最近印发《关于进一步加强和改进新形势下高校宣传思想工作的意见》，19 日一经公布，互联网上反响强烈。

第八章　文化有硬度

《意见》触动了中国当下的一个重大问题，在舆论存在严重分歧的时候，《意见》首先表达了中央的明确态度，这对中国所有高校来说恐怕都有着特殊意义。

高校宣传思想工作有狭义的，也有广义的。对于高校是宣传思想工作的核心阵地之一，全社会无异议。不同的思想阵营，包括外部力量，都很重视对大学生的成长过程施加影响。

宣传思想工作既需要纲领和大的策略，也是包罗万象的实践活动。我们理解，《意见》是纲领层面的，它宣示的是立场和原则，是框架和底线，如果它得不到广大教师创造性地运用，而是被机械地、应付检查式地推广，那么到头来就是或者没什么效果，或者搞出相反的效果。

昨天一些自由派人士、包括一些大学教师在网上表达对《意见》的不满，这恰恰凸显了高校宣传思想工作形势的严峻性。这项工作的难度有可能高于对互联网的管理，它的真实成绩或许是检验意识形态领域工作潜力的试金石。

意识形态工作的主体决不仅仅是狭义上的思想工作者。中国现在强调宣传思想工作是"一把手工程"，挑破了问题的实质。但如何在互联网时代创新工作形式，构建新的体系，恐怕还有待艰苦的摸索和努力。各地"一把手们"似乎对这个领域的问题抱怨更多一些，他们对解决问题的实际支持则有些跟不上。

我们或许可以从分析错误思想和价值观何以占领不少高校阵地中得到启发。它们的源头大多数在西方，这个来头够强大，但渗透的过程可谓阻力重重。这个过程得不到中国国家力量的支持，站在其传递网络关键节点上的主要是些"志愿者"，价值观的共鸣是这个网络内在凝聚力的轴心。

高校宣传思想领域不仅需要职业工作者，更需要有志于为社会主义中国培养积极向上人才的大量"志愿者"。他们可能是讲授与思想政治课相关的老师，也可能出自物理、计算机或者医学等不同专业。他们自己热爱国家，支持把中国引向繁荣的现实政治道路，同时他们有能力用自己的价值观影响学生，帮助学生正确对待现实中的各种问题和困难。

如果一个大学里学术上最受尊敬的教授都有明显的爱党爱国倾向，都愿与国家同呼吸共命运，那么这所大学的学生就一定会受到正能量的熏陶。如果老师们的科研和对外交流都传递出清正的事业观、荣辱观，那么学生就不会小小年纪学得油头滑脑。教师们以及学校行政工作者的亲身示范和他们对学生们说什么同样重要。

中央《意见》在大学的推进不能仅仅是个行政过程，它还应当是对责任感和热情的广泛唤醒。这项工作既涉及高校的每一个课堂，也关系每一位教职工的身体力行。在校园里传播政治负能量应受到蔑视，嘴上都是正能量、行为丑陋者则是"高级黑"。一个大学有风清气正的教职工群体，才会有思想积极向上的大批学生涌现。

值得一提的是，宣传思想工作开展越好的地方，正常学术探讨越容易得到支持和保护。两者从来就不是矛盾的。

（环球时报 2015-01-21 第 3519 期第 15 版｜国际论坛）

高校海归决非核心价值观的对立面

由于近来围绕如何加强高校宣传思想工作产生争论，舆论场出现一些相互对攻的声音，它们似乎都被对方逼得有些极端。近日一篇见诸报端的文章宣称,"那些长期在西方国家接受高等教育的'专门人才',能在中国的高等院校宣传马克思主义理论,普及社会主义核心价值观吗?"

以这样的口吻谈中国大学里的"海归"教师,非常不应该。这是一种错误的引导,是把"海归"教师们推向传播社会主义核心价值观工作的对立面,否定他们与国家的同心同德。我们相信,这决不是国家加强高校宣传思想工作的初衷。它既不可能是政府的意见,也决非中国主流社会的认识。

新中国的几代海外归国知识分子都热忱投身到社会主义建设中,他们是为国家每一代科技发展奠基的骨干力量之一,其中绝大多数人都怀抱赤诚之心,挥洒青春乃至献出毕生精力。他们不仅是中国进步的推动者,也参与打造了中国自信。

钱学森、邓稼先那代"海归"堪称爱国的典范,今天活跃在高校的新一代"海归"也开始了与国家同呼吸共命运的历程。选择回国是对他们国家认同的一次重要检验,这里既是他们的国,也是他们的家,盼望祖国好是他们的共同愿望。

中国怎么才能好呢?很多归国人员因为见得多,有更强的认识能力。一个相当普遍的现象是,到了国外回头看今天的中国,更能发现它进步之快,运转之高效。对中国的一些问题,也能产生更实事求是的分析,知道它们的大多数都不是中国特有的,而中国对它们的解决也常常是最认真的。"中国无论如何不能乱"尤其是绝大多数"海归"的共识。

有抱负的海外中国知识分子一旦回到日新月异的祖国,很容易拥抱积极向上的社会主义核心价值观,很多优秀的海外归国知识分子到头来变成了最坚定的爱国者。

改革的中国只有同时作为开放的中国,才会是成功的。加强高校宣传思想工作可以看成一项改革，它的目标是培养忠诚于国家和人民的一代新人。而这个国家已与世界连为一体，这样的培养过程不可能是封闭的，新一代人将在与世界互动中实现自我的强大。

在国内受教育并成长起来的知识分子同样人才辈出，他们与"海归"各领风骚，也各有千秋，大家对世事人生的认识往往殊途同归。在新中国的每一个时代，这两个群体之间都不曾有过明显的思想及意识形态鸿沟。无论什么时候以及什么地方，都没听说过他们曾是两个对立的阵营。

因此在高校加强宣传思想工作的时候，"海归"教师和"非海归"教师之间也不存在一条界线。试图在他们之间发现"不一样"是对马克思主义认识论的违背，那样做会伤很多人的心，而团结和社会凝聚力在这个时代比什么都宝贵。

（环球时报 2015-02-06 第 3533 期第 14 版 | 国际论坛）

像重视政治立场一样重视政治效果

宣传思想工作大概是当下中国难度最大的工作之一，如何做好它，是对这个大领域每一位从业者的考验。

做好宣传思想工作，立场很重要。如果屁股坐歪了，对党的路线方针以及政治纪律阳奉阴违，这个工作不可能做好，它们的结果只能是负数。

政治立场对了，未必就够。工作的现实效果怎么样，这也是个很实质的问题。要看到，思想多元是互联网时代无可回避的现实，西方价值观对中国社会的影响触及越来越多层面，如今的宣传思想工作必须在这一全新环境下展开。客观说，这项工作应当怎么做，问题的实践性极强，而且经常"计划赶不上变化"。

宣传思想工作的难点之一是如何影响对西方政治价值观有好感甚至笃信它们的人，以及如何影响被西方也视为争取重点的中国青年学生。这是个最具挑战的领域。

政治立场的旗帜鲜明至关重要，但它未必是这个领域工作者时时刻刻都要突出、彰显的东西。有时宣传思想工作者同"工作对象"打成一片，进行一下"换位思考"，使用他们更易接受的语言来著文、交谈，效果说不定会更好。

说到底，追求宣传思想工作的良好效果比用过程展示立场更重要，这大概是每个时代该领域的工作者都应牢记的，也是当下全社会应当鼓励的。

实现好的政治效果并不容易。比如中国似乎存在"两个舆论场"以及"两套话语"，它们既彼此"隔绝"，又经常相互"穿帮"，一套话在两个舆论场都"正确"、受欢迎，很需要下功夫。现在一些官员和媒体机构不断做出突破，但还是有很多人在这两"界"之间不知所措，有些在一边听着正常且正确的话，被拽到另一边立刻变了味。这让人委屈，且很无奈。

宣传思想工作还需与实际行动相对应。有些领域的官员政策宣示很强烈、坚决，但行动跟不上，让人感觉光打雷不下雨，表态像是给上面听的，而不是行动的先导。有时行动本身就是宣传思想工作，而且极具力量。"来点真的"比说十遍百遍都管用。

对宣传思想工作构成干扰的其他因素还有很多，它们有一部分就来自于思想领域、舆论场，形成所谓"思想及舆论斗争"。还有一部分是来自社会现实的冲击和影响，因为一个人的思想有多少是读来、听来的，有多少是看来、琢磨出来的，相当不确定。

功利之心是宣传思想工作最需要避免的。做这项工作需要"志愿者"心态，即使是职业宣传思想工作者也要有这样的情怀。要以一颗赤诚之心，为中国的改革开放鼓与呼，对中国的种种问题解与析，这是与受众心心相印的前提。

当然，一部分宣传思想工作被误解甚至被歪曲还是难免的，它们效果不好的原因十分复杂，不应轻易怪罪因为说话意外"捅了娄子"的同志，对每一个"不成功"的案例都需具体分析。所有宣传思想工作都达到好效果是不切实际的，事实上我们对"效果"的认识有点简单化，它的真实内涵是奇妙的，它的衡量标准值得探讨。

像重视政治立场一样重视宣传思想工作的政治效果，如果大家、包括一线人员都有这样的强烈意识，情况大概会更积极，更令人乐观。因此经常这样强调一下，总是好的。

（环球时报 2015-02-10 第 3536 期第 15 版 | 国际论坛）

走出西方和民国情结看北大

原浙大校长林建华 2 月 15 日受命出任北京大学校长，这已是北大 2008 年至今迎来的第 4 位校长。用林建华就职演说的话说，北京大学从来不只是一所学校，而是人们心中的图腾。中国全社会对北大寄予极高期望，它们既包括现实要求，也有大量理想主义的寄托。北大不易，做北大校长是份极具挑战的工作。

近年来，互联网舆论对北大的负面议论不绝于耳。看北大以及看今天中国的大学，一些人有很重的两个情结，一个是西方情结，一个是民国情结。中国学生大量赴西方留学支持了前一个情结，后一个情结则像是纯粹的价值评价，是表达不满的借题发挥。

中国一流大学综合水平仍低于西方顶级名校，这应是一个事实。西方发达社会的科技水平仍高于中国，那里的人文学科积累了现代社会的更多经验，大学的历史也更悠久，因而西方一流大学必有值得中国大学参照学习之所长。中国大学一直也是这么做的。

围绕大学的民国情结则有些半真半假。民国时期中国的大学和在校生人数都很少，1936年全中国大学的在校生总数只有41922人，还不到今天一所清华大学的在学学生人数。它们与今天的中国大学是不可比的，用赞民国的大学来否定今天的大学，有点像吵架中的市井之徒只顾宣泄情绪，不顾事实。

社会需要跳出西方和民国情结，今天的北大及所有中国大学，也需要在西方和民国这两个坐标系之外，找准自己的时空位置，在此基础上确定发展方向，不要陷入身份迷失或时空错位。在坚持"中国特色"的问题上，大学应该成为整个社会的标杆。

大学师生特别是校长，应该对大学的时代使命有清醒而坚定的认识。当下中国大学首先要服务于民族复兴、国家富强，要培养爱国的一流人才，要提供可推动社会发展的科技创新，以及先进积极的思想观念，而不是一味标榜独立性和思想自由，传播、生产怨气甚至戾气。从知识界出口的意见已经很多了，但建设性的有质量的建议太少了。

中华崛起和民族复兴，大学教育改革与知识体系的重构是关键。中国大学可以说清楚西方理论，却讲不清中国是怎么崛起的，讲不清中国应当走什么路，为什么要走这样的路。中国遇到的很多现实问题从西方经验中已找不到答案，中国大学必须立足中国实际。

当年中国民穷国弱，四处受辱，以大学师生为代表的知识界，表现出强烈的使命感和爱国主义情怀，共产党随之诞生，新中国亦由此建立。如今中国俨然世界大国，方向已定，复兴在望，不少大学校园却盛行强调"小我"的阴柔之风，报效祖国的阳刚之气不振。这令人遗憾。

大学汇聚的都是知识精英，知识精英有学识有见地，但往往比较自负。如果没有一个大目标将大家拢在一起，一群知识精英在一起，相互拆台多，形成合力难。这在很大程度上要看大学校长的工作怎么做，要看教育体制改革的深入。

今天中国需要一个什么样的北大？这是需要全社会认真思考的问题。在此之前，先请不要再拿哈佛和北大比，拿蔡元培和林建华比。

（环球时报 2015-02-17 第 3542 期第 14 版 | 国际论坛）

大赦国际，西方最偏执的因子之一

总部设在伦敦的大赦国际组织星期三发布年度报告，其中一段呼吁联合国安理会五个常任理事国在事关种族屠杀和其他大规模杀戮时放弃行使否决权，得到西方媒体的大力传播。该组织一负责人接受采访时说，2014 年最明显的一个失败是安理会成员国"不断滥用否决权"，它们包括俄罗斯否决了一项谴责克里米亚公投非法的联合国决议，俄罗斯和中国还否决了谴责叙利亚的一项决议案。

大赦国际是由西方主导的一个十分有名气的非政府组织（NGO）之

第八章 文化有硬度

一，近年来由于世界相对和平、安全，加上有互联网助力，NGO 有了更多发言权，各国公众也有了较多耐心和兴趣听它们说话。一些 NGO 也因此有了搞"小清新"、用激进观点博影响力的意识。

众所周知，联合国安理会的常任理事国否决权制度是基于历史教训和现实需要的选择，也是维持联合国完整及有效性的一个前提。五常的特殊影响力客观存在，它们一致同意做的事，就容易做成。五常中有一个国家坚决反对的事，强行去做不仅会有阻力，而且有可能分裂安理会，破坏国际团结。

安理会的现有表决机制经历了近 70 年的考验，它最大限度地鼓励了国际共识，减少了致命分裂的风险。它甚至是联合国能够穿越冷战等严酷考验保存下来的重要原因。

大赦国际是高度意识形态化的 NGO，其实美国是在安理会使用否决权最多的国家之一，它为保护自己盟友而否决的那些决议案，很多都与"杀戮"有关。此外，这几年美国等西方国家在中东制造了大量人道主义灾难，叙利亚的灾难西方也难辞其咎。但大赦国际同西方媒体的这场配合炒作，立场非常鲜明。

NGO 是西方体制下的特殊产物，它们很适合西方的政治及社会土壤，政治性的 NGO 尤其起到"冒泡"的作用。一些西方的 NGO 一直想向中国渗透，中国也有一些人对 NGO 的作用很推崇，甚至有些膜拜。其实西方的 NGO 非常复杂，它们很多都表现出比政府组织更容易偏激、一切为了本组织的好处而把社会责任放到之后甚至一边的倾向。

大赦国际、记者无国界等 NGO 与西方主流政治及财经力量贴得很紧，在很多时候，它们就像是西方权力的传声筒。西方经过长期发展已经形成有内部默契和协调力的大体系，在对付非西方力量挑战或竞争的时候，它们"一致对外"的自觉性相当惊人。

在西方体系里，反叛的代价就是被边缘化。这种不见血的绞杀对所有人都是警告。结果是，整个西方主流社会里几乎没有反西方的权威人士，偶尔冒出那样的人，都被贴上标签，主流舆论机构对其避之唯恐不及。2004年初，伊拉克大规模杀伤性武器核查组组长查尔斯·迪尔费尔背叛美国利益，公开声明伊拉克没有那样的武器，他很快就从西方主流舆论中消失了。

往轻了说，大赦国际有些认识模糊，见识太少，它是西方价值体系里最偏执的因子之一。往重了说，它就是不断通过为西方的利益说话，干西方政府不方便干的事，来谋求自己的好处，包括影响力。这样的组织，中国人完全可以鄙视之。

（环球时报2015-02-27 第3545期 第15版 | 国际论坛）

"人权组织"果然又来凑冬奥会热闹

所谓人权组织"人权观察"日前发表声明，呼吁国际奥委会"遵守其致力于推动改善人权的承诺"。国际奥委会评估委员会的成员近日正在北京评估北京联合张家口申办2022年冬奥会的工作，"人权观察"此时搅浑水，大概想捞点舆论的关注。

人权是中西之间的老话题，它总是在一些节骨眼上如期而至，搞出表面上一些花架子的东西。纵观中西关系的发展，人权话题有撒胡椒面式的广度，但在大多数时候并无实质性的深度。不扯扯它时，西方一些力量会感觉"亏了"。真就人权问题有尖锐冲突时，西方各国又不愿意，因为它们不想破坏同中国关系的基本面。

这当中有个重要原因，中西人权认识的差距并不像一些极端人士所嚷嚷的那么大。首先，西方对人权的大部分观念中国社会是接受了的。而中国在保障、发展人权领域所做的大量努力，西方不抱偏见的人也都看到了。说中国人权"不断恶化"，是无视中国现实的极端指控。

中国这些年为改善民生、扩大社会公平开展了改天换地般的奋斗，从 2008 年至今，这个国家的人民在这些他们最在意的领域几乎看到了"另一个中国"。医疗及养老保险的全民覆盖，消除社会福利领域不平等的各种双轨制，保障弱势群体的各种权利，厉行反腐败，全面推进依法治国，等等，都是在这些年大规模启动或进入高潮的。

"人权观察"等力量把中西社会关于人权的正常分歧不断炒大。分歧无处不在，和而不同原本是人类社会的基本规律。但这些所谓人权组织总把事情往"有同才有和"的绝境逼，经常也把西方要对现实局面负责的力量搞得疲于奔命，不堪其累。

那些人基本把眼睛盯住因违反中国法律而坐牢的极少数人士，把他们是否受到法律追究作为衡量中国人权状况最突出的尺子。那些人谈的根本不是人权，而是在制造中西政治制度和法律体系的对立。多元本是人类社会的原生色，但他们不断调动、强化一些西方人唯我独尊的意念，试图把他们少数人的偏执变成整个西方社会的狭隘常态。

"人权观察"等组织曾在 2008 年前后掀起过波澜，以后他们也不会消停。但经过那一次北京奥运会前后风波的洗礼，中国与西方社会都多了几分成熟，极端人权组织捣乱的空间会逐渐收窄。中西摩擦仍会有，但双方都对它们经历得多了，了解了个中的复杂，对它们的一些表面性有了心领神会，对这种摩擦会有什么结果也大体能预期了。双方因此争归争，但动气少了。

虽然西方有的主流媒体报道了"人权观察"的最新声明，但我们不认为该组织的这次捣乱能搞出很大的动静。首先中国人不会再把这种力量太当回事，我们觉得在北京联合张家口申奥时有那些人凑过来发杂音是很正常的事，我们相信国际奥委会的鉴别力和定力。在这次申奥过程中，那些所谓人权组织不可能扮演主角。

建议境外关心中国人权的组织别太"脱离群众"，这些组织需要了解大多数中国人对人权的看法。那些人反复操弄的话题和纠缠已经让中国人腻了，西方世界讨厌他们涉华表演的日子大概也不会太远了。

（环球时报 2015-03-24 第 3566 期第 15 版 | 国际论坛）

"大赦国际"的颁奖是在给自己颁丑

总部在英国的"大赦国际"又来给中国捣乱了。该组织 2015 年 3 月 24 日将其最高奖项 2015 年"年度良心大使奖"颁给"中国异议艺术家"艾未未，表彰他"多年来为本国人权奋斗发声的杰出贡献"。西方不断有各类 NGO 给中国的异见人士颁奖，美欧媒体随之炒作，就像流水线生产一样，一轮又一轮的，这已是中外社会都很熟悉的常态。

在中国知道艾未未政治立场的人，比知道他有什么"艺术成就"的人大概要多得多。艾未未的行为艺术中国人能看懂的寥寥无几，他在西方近年却被捧成"艺术大师"，原因何在，中外都心领神会。很多人相信，如今在中国搞艺术的人如果能在对抗体制的政治方向上搞出点花样，并被西方势力相中，那也是出其不意成名的一个门道。

中国的异见人士在西方获奖这几年达到高潮，有人说，中国崛起让本国反体制的异见人士都身价大涨，"明星"迭出，这是个挺有内涵的玩笑。今后一个时期，这一趋势将会延续，反过来看，它也是中国走向繁荣与强大的特殊写照。

不能不说，西方反华、厌华势力早前使用这一招时，冲击力还是有一些的，直到颁给刘晓波诺贝尔和平奖，算得上是"重磅炸弹"。但之后西方 NGO 反复使这同一招，向中国异见人士颁奖不择良莠，那些颁奖组织也三教九流，很多通过挑衅中国进行自我炒作的倾向非常明显，它们自毁了自己的影响。

在今天已经过"千锤百炼"的中国社会看来，大赦国际颁给艾未未"年度良心大使奖"，这同该组织发一篇声讨中国的檄文，所传达的信息是一样的。给艾未未等颁"人权奖"，这是西方极端力量把骂中国变幻成他们最拿手的方式，他们想以此忽悠世人：在中国搞政治对抗是"良心"的最高表现。

西方的这些奖项大概能鼓舞受奖人和中国相关的异见人士，但对中国社会整体来说，它们的影响力不仅递减，而且在逐渐积累"臭了街"的效应。这些奖项越来越成为西方极端势力既仇恨又拿中国无奈，因而不断制造由头自娱自乐的符号。

中国社会有大量为促进人权发展态度积极的行动者，他们可能默默无闻，但却是改革的不可或缺力量。西方的各类人权奖几乎全部绕开他们直奔那些政治对抗者，这一取向明显是对中国敌视的。这些奖项经受不住中国历史的考验，获奖的中国异见人士最终将因此多一个污点，而不是光荣。

目的不纯的"人权奖"只是政治游戏，它的参与者就成了演员。中国的实际进步越大，这些表演者就越会把自己逼得不顾常识，宁肯自己稀奇古怪，也要同大的事实对抗。西方的各类"人权奖"靠制造对立收获关注，这是它们在全球化时代的掉队和堕落。

有想黑诺贝尔和平奖的人提出，如果诺委会也再颁一个和平奖给艾未未，那才有趣。因为他们很想看看，那会为西方的这一顶级"人权奖"加分增色，还是会让它在中国社会面前丢大丑。

中国社会之庞大、复杂，是"大赦国际"那个小圈子需费些力气才能搞懂的。但瞧他们那副不谦逊的样子，以为自己真有资格像老师一样给中国的社会变革进程随意打分。他们不知道自己的见识有多小，自己针对中国所做的表演有多无聊。

（环球时报2015-03-26 第3568期第15版 | 国际论坛）

对造谣诽谤决不能听之任之

近来，互联网上不时出现针对具体人涉腐、涉黑及涉性的极端传闻，有时甚至是彼此攻讦，引发巨大轰动。这些激烈的信息有些登在正规媒体上，有些在微信群之间传来传去，真假难辨，对当事人造成严重名誉伤害。

我们强烈希望这种情况能得到有效抑制。有些受到传闻攻击的人选择报案和起诉，这样的依法维权应当受到支持。警方需及时立案，推动轰动性纠纷的依法处理。造谣诽谤者必须受到法律规定的惩处，这对清理舆论场，把相关互联网平台带出谣言的泥塘具有重要意义。

在大众媒体时代，似乎没什么信息比针对名人的"丑闻曝光"更具吸引力，这种信息一旦出现，就会在网上形成排浪式传播。即使最后证明是假的，对当事人的伤害也已实际发生，其影响很难彻底消除。

以往这种情况具有偶发性，但一个时期以来，这种做法在逐渐变成网上流行的"斗争手段"。这类信息有的尚有来源，有些连来源都模糊不清，还有些明显来自境外，形成越来越复杂的局面。

如果纵容这种现象自行扩散，将对中国的社会秩序造成越来越严重的干扰，毒化国人围绕道德及行为准则的诸多认识。呼吁人们不理会不传播这些传言相当程度上是徒劳的，民众不可能纷纷争做"模范网民"，围观最刺激的事情是互联网与生俱来的"俗态"。

因此推动对诽谤性传言的治理，主要还得依靠法治的力量。应针对传播最广的那些谣言下手，再多抓几个"秦火火"，把处理过程和结果及时公之于众。这样的依法精确打击最具有震慑力，公众也会从中汲取丰富营养。

必须指出，治理诽谤性传言是让所有人都多些安全的法治工程。因为如果让"文革"中大字报式的人身攻击方式可以肆意转化到今天的互联网上横行，那是对法治的公然蔑视，是从与大众安全息息相关的方向挖社会秩序的墙脚。如果我们今天热衷于围观"莫须有"的丑闻，那么谁也不能打保票，下一个受害者不是他自己。

一些人出于舆论阵营或圈子的利益，当己方人士受诽谤时就强烈谴责，协助反击。对方人士有同样遭遇时就拍手叫好，鼓动围观。这种做法极不可取，很多公共恶习就是沿着社会群体的裂缝不断扩大根系，渐成危害的。

让各种"造谣有理"的诡辩都去见鬼。我们要一个讲理、守法的舆论场。我们呼吁越来越多受到诽谤的人站出来依法维权，我们尤其希望司法机关使出足够力量，打击形形色色的造谣者。

（环球时报2015-03-31 第3572期第15版｜国际论坛）

构建大国心态是中国的一场硬仗

中国传统文化是不缺大国情怀这个元素的。古代中国一直称自己为天下的中心，视周围世界为蛮夷。东亚地区围绕中国有时断时续的朝贡体系，万邦来朝是中国人心中"盛世"的标志性景象。

中国社会需要从历史悲情重回大国情怀，但不是要再次掉入封建式的帝国自大。我们需要有与中国作为现代崛起大国相称的国民心态，而这当中的最大障碍就是近代中国遭欺受辱留下的阴影，以及它与古代中国辉煌之间巨大反差带来的困惑。

中国崛起的速度太快，要让社会心态的调适追上这个速度不是件容易事。比如中国在不久前还是最大的净受援国，今天国家虽然强大了，但发展不均衡，一些省区仍有不少贫困现象。舆论对国家开展对外援助常有微词，致使政府在对外援助这种本该大力宣传的事情上被迫低调，有时"只做不说"。

再比如民众在对外摩擦问题上非常敏感，常常要求政府"只赢不输"，甚至"只进不退"，这极大限制了国家开展外交的灵活性。有时候一些小国领导人做针对中国的示强表演，也会让我们很生气。从官方到民间，有一句话过去的使用频率很高，那就是：外部的某个挑衅"伤害了中国人民的感情"。

走到世界舞台中央的中国，必须不断在精神上走向强大。这种强大决非仅仅来自领导层的意志，民间的心理成熟构成了它决定性的底蕴。

中国发起成立亚投行获得震动世界的初期成功，到昨晚有47个国家申请加入，这大大超过了美日主导的亚开行的起步。仅仅这一件事，就在把中国朝着"真正大国"的地位推。然而加入的国家越多，围绕亚投行今后的事务越"人多嘴杂"，中国赢得"一致掌声"越不现实。我们很快会感受到国际多边银行"主导者"的那把交椅多么"硌屁股"。

其实亚投行能够成立，这本身对中国就已是大好事。但当今世界的好事越大，注定麻烦越多，而且任何"领导者"都休想"赢者通吃"。越是大国，越遭埋怨，越干好事，越被挑剔。

中国社会曾长期处于国际主流事务的边缘位置，我们质朴，诚实，看重荣誉，也难免有时"认死理"。然而做大国是"复杂运动"，它要求我们要有韧性，敢进敢退，拿得起放得下，最终不在朝向四面八方的接触中消耗自己，而是赢得总得分的胜出。

中国必然要承担越来越多的国际责任，但这不等于"吃亏"。因为中国在世界上的份额持续增大，我们从世界健康秩序的获益面同步拓宽。中国今后不能在外援等方面算小账，我们的胸中应是一盘中国与外部世界共赢的大棋。

分享世界"领导力"有许多将要付出的代价。但中国发展是惯性的，我们既无缩小国家实力的退路、也无永远"韬光养晦"下去的逍遥选择。做大国很累，我们既要劝别人，更要劝自己，有时不得不"难得糊涂"。否则我们就会有较不完的真，生不完的气。

像中美俄这样的大国，实际已不存在可以扳倒它们的外部力量。它们真正的对手其实都是它们自己。国家与人一样，离不开精神的"修炼"，我们从外部很容易看到其他大国的弱点，而我们自己又岂能完美无缺。

让公众的主流思想方式和集体视野与大国使命相匹配，这是中国社会必须打赢的一场硬仗。

（环球时报2015-04-01 第3573期第15版 | 国际论坛）

"无业"者飙豪车，富人形象集体埋单

一辆红色法拉利和一辆绿色兰博基尼2015年4月11日夜间在北京朝阳区大屯路隧道内飙车出事，两车严重损毁。两名飙车男子分别20岁、21岁，另据警方提供的信息，两人均"无业"。尽管警方以涉嫌危险驾驶罪将两名肇事者刑事拘留，但事情并未到此完结。

两名"无业"小青年能开豪车"撞着玩"，舆论场顷刻之间像是打翻了五味瓶。各种"仇富""厌富"的段子迅速冒出来，在互联网上"满天飞"。"我和无业人员的差距咋就那么大？"类似的自嘲表达了社会中下层乃至主流人群十分丰富的情绪。

事情还没有充分曝光，两名飙车青年是"富二代"还是"官二代"，人们不得而知，但事件的最初轮廓足以让普通人很不舒服。它像是畸形的镜子和尺子，让很多人以特殊方式看到了社会不公，也会让一些最基本的道德和价值观念一时扭曲、变形。

能买得起法拉利和兰博基尼的富人，在中国大概已经形成了一个阶层。有钱是对他们事业成功的回报，他们大多都对社会有所贡献。与此同时，中国富人整体上还没有处理好与迅速积攒起来的财富的关系，炫富性消费是不少富人的标志性表现之一。这部分人尚需像当初学习如何挣钱一样学会与财富及社会相处。

两名飙车青年的行为无疑损害了整个中国富人阶层的形象，而这个形象原本就是脆弱的。这样的损害如果不停地积累下去，就会对维护富人的正常权益产生负面影响。因此这件事应引起中国富人群体的特殊重视。

富人群体需要加快健康的文化建设，管好子女、不放纵他们应是其中的重要一环。富人们还应有更多尊重普通人、照顾他们感受的意识，并在自己高水平消费与尊重劳动阶层之间实现平衡。抵制极端炫富，营造以炫富为耻的氛围应是一个突破点。

我们相信，随着中国的高速发展，中国亟须的文化建设领域有很多，苛求富人阶层在这方面有完美表现也非客观。但富人们应当意识到，自己因为有钱而对社会道德领域负有哪些责任不是可以用钱赎买的，他们须对履责很认真，他们对这一道理的认识越深刻越坚决越好。

飙车并出车祸，在法律层面如何处理是清楚的。一些人或许认为只需依法办事，除此之外都属多余。然而舆论的联想和引申都是情不自禁的，它们同样是事件的一部分，对此需要正视。

中国已是非常多样化的社会，市场机制与国家政治制度不断深度融合，一些新的关系不断诞生出来。中国富人有权利选择跟财富相匹配的消费行为，它们是社会进步的拉动力之一。但这样的消费无论在意识形态层面，还是对照中国尚有的贫穷面，都会有些扎眼。

这种扎眼，显然应得到逐渐克服。为实现这种过渡，富人的集体修为是无可取代的。不能不说，中国富人群体并非像一些舆论所说的那样普遍"素质较低"，这是一种标签化的结论。"先做人后做事"的道理古已有之，富人中的道德楷模未必比其他群体里少。那么请莫让个别"富二代"的不雅言行为整个富人群体"代言"，别轻易破坏公众客观认识这个群体的那些机会和空间。

（环球时报 2015-04-14 第 3582 期第 15 版 | 国际论坛）

大 V 吐脏话，即使不知耻也莫得意

说脏话，骂脏字，是中国互联网上的老问题。随着越来越多大 V 也把脏字挂在嘴边，动辄用骂最脏的字眼撒气，羞辱论敌，这个问题像是"无解"了。

大家纷纷开骂，这肯定不是互联网的光荣。但骂人"可耻"吗？在相当大的圈子里，显然也不这么认为。事实上，一些人把骂脏话当成吸引眼球的辅助甚至"主要"手段之一。有部分大 V 几乎天天骂人，甚至"不骂不开口"。不仅粉丝们没因此反感他们，社会也拿他们无奈，接受了他们的做派。

这些人不止经常骂娘，还把一些汉语里过去只说但不知道怎么写的脏字变成了"书面语"。骂人常常在网络环境中帮着增加气势，吓倒对方，或让对方难堪，而骂人者自己反而容易落个"性情耿直""不装蒜"的名声。

比如某个网络大 V 与机构发生冲突，该大 V 大骂脏话，往往能吸引部分粉丝叫好，机构则无难听话可对，大 V 即使亏理，也能以赢者自居。

这当然不是好现象，但这是现状。有人引用"存在的就是合理的"说法，主张对此不需大惊小怪。他们认为"与官员腐败比起来"，大 V 骂人的实际危害很小。这话没错，如果只有比官员腐败更严重的事才值得谴责，那么中国当下的绝大多数坏现象都是值得原谅的。

我们之所以想对动辄骂人的网络写手们"劝善",是因为觉得他们终归都受过良好教育,是知识分子,呼吁他们对维护互联网空间的文明承担些责任,哪怕不做正面榜样,至少别当践踏斯文的示范者,我们觉得这点要求不算过分。也不是要他们"献出宝贵生命",或者捐些真金白银,他们应当能做得到。

由于网上骂人者持什么政治观点的人都有,因此我们的这一呼吁是针对所有人的。希望所有动辄在网上骂脏话的人千万别自作多情,做多余的政治引申。

每个现代中国文人心中都有自己的文化偶像,比如鲁迅、胡适等。而那些文化名人没有一位有动辄脏话的毛病。互联网语言活泼,充满创造力,它或许就像当年白话文那样对未来的中文产生深远影响。但愿骂人的脏话不被嵌入这种影响之中,迫使后人有一天再开展一轮"反脏字运动"。

坚持不改"骂人风格",并以此洋洋自得的人,多少都有些民粹,至少他们在以民粹的方式保持、扩大自己的影响。骂人成为他们"语不惊人死不休"的简单利器,社会舆论形成抵制脏话的力量尚需时日,他们因此有可能继续在网上撒野一阵子。

我们没必要在此点出那些网上骂脏话最突出者的名字。我们相信,经常上网的人不难对上他们当中的一部分人。如果那些大V看到这篇文章多少感到不自在的话,这个问题或许还"有救"。我们也强烈希望,至少这一次"对号入座"时,他们所带的情绪不是骄傲和得意。

(环球时报 2015-04-20 第 3587 期第 15 版 | 国际论坛)

复旦学子有权表达对"死立决"的态度

177位复旦学子近日在请求信上联合签名，请求上海高级人民法院不要对该校投毒者林森浩判处"死刑立即执行"。经媒体报道后，网络上出现强大的反呛声。被投毒致死者黄洋的父亲于昨天公开表示拒绝接受请求信的内容，要求维持一审"死立决"的原判。

这件事成为8日互联网上最轰动的争议，它反映出，减少或废除死刑的观念已在中国社会形成了植入，得到部分人的认同。但它同中国传统"杀人偿命"观念的拔河还处于绝对弱势状态。在舆论中，如果对杀人犯的怜悯碰上"不杀不足以平民愤"的呼声，后者要强大得多。

客观而言，就像网民们可以呼吁对林森浩判处"死立决"一样，复旦学子同样有权利向法院发出他们要求另作量刑的呼声。作为案犯和受害者的校友，他们表达自己的意见既合法，也有一定的合情因素。这封请求信也是舆论的一部分，尽管它的代表性很可能不够大。

中国《刑法》232条规定，故意杀人罪的量刑包括死刑立即执行、死缓、无期徒刑和有期徒刑。对于不判"死立决"的情况，也有具体规定。但近年来，还有一个新元素开始影响判决，它就是舆论。

法院判决理论上应是完全独立的，不受舆论任何干扰，但在现实中，舆论的压力还是会起一定作用。而且这当中互联网被当成"舆论"的主要代表。最近几年互联网广泛讨论的大案，网上的主导性意见与最终判决形成多数情况的一致性，这反过来鼓舞了网民们影响判决的热情。

林森浩案二审维持死刑立即执行的原判，或者改判死缓，法官们现在面对的舆论压力，显然要大于他们甄别事实以及重新对照刑法条文的难度。网上舆论大多要求坚持"死立决"，这是出于同情被害者家庭的朴素社会良知。这样的舆论也是中国社会稳定的传统源泉之一。

然而那177名复旦学子也并非"脑袋进了水",他们很多人是学习法律的,而且连接着世界上减少死刑的观念和潮流。他们是面对轰动的杀人案时,舆论中凸起的一小块新高地。

很难预测上海最高人民法院将如何做出艰难的最终判决,那里的法官会如何研判"舆论",如何理解面对激烈众声时对"独立判决"的坚持。但我们认为,复旦学子发出自己的声音,这在当前的舆论场上有其价值。对他们意见持坚决反对态度的人,应当对他们表达自己意见的权利给予尊重。

中国社会围绕死刑的态度并非毫无变化,舆论出现不同声音本是对社会态度真实面貌的折射。声音的过于一边倒大概不是好事,它往往是某种主导性声音对其他意见表达形成了威慑和压制。

最后还是看上海最高人民法院的二审判决吧。希望多少年后人们总结司法公正与舆论的关系时,这场判决能是一个正面的例子。

(环球时报 2014-05-09 第 3311 期第 14 版 | 国际论坛)

中国出境旅游者丢了国家的脸吗

中国游客在境外不文明的行为屡遭曝光和诟病,成为中国舆论场上的一个心结。中国国家层面已经注意到这个问题,主张加强对出境游参团人员的教育和劝说,并要求旅行社承担一定的责任。

近日《纽约时报》援引一名中国游客的话,称一些外国旅游景点面临"中国入侵"。中国游客蜂拥而至的景象有时的确蛮突出的,引来人们多方面的感受和评论。

总体来说，中国社会对本国游客在外不文明之举的反思是及时和用心的，中国主流媒体和网站反复批评这种现象，有时某位国人在外的不文明表现遭到图片甚至视频曝光，能够在国内迅速成为舆论焦点，招来潮水般的谴责。这充分显示我们很在意自己国家的集体形象，勤于反思。

对外打交道时的这种状态是好的，严于律己是一个民族的美德。同时我们也想就文化交流的真实规律做些探讨，探究中国游客海外不文明表现的实际程度，让这个问题的整体呈现更加全面和客观。

应当说，舆论指出的那些问题有些可以坐实为不文明之举，如在古迹上刻字留念，乱扔垃圾，购物交费不排队，照相者攀爬雕塑，等等。但也有一些属于文化习惯不同，比如说话声音大，就餐时互相敬酒造成喧哗，喜欢成群结队逛店，有时扫光小店的某种商品等。

前一类不文明行为在中国国内也被视为"公害"，不断成为整治行动的对象。从国内情况看，反对这类不文明行为已是舆论和绝大多数公众的共识。这样的表现如今在国内旅游点呈明显下降趋势，这是它们在国外出现率减少的基础。

加上旅游团的教育和提醒，大多数中国游客出国后有"要注意行为举止""别给中国人丢脸"的意识，旅游团成员这方面的相互影响也会起一些作用。因此出国旅游者的平均表现一般情况下会比他们在国内旅游时更加注意，很刺眼的、在国内也会被戳脊梁骨的不文明举止并不多，被国内互联网曝光并造成轰动的那些行为并非普遍现象。

至于那些"大声说话"、旅游团员之间喜欢热闹氛围等反映文化差异的行为，它们的"不文明性"更多是从欧美文化视角的定性。中国旅游者在一个小地方集中出现对当地生活带来的"困扰"，尤其有做多种评价的空间。人员交流的大幅增加会带来文化的摩擦和交集，接受大批中国旅游者的外部城市会有复杂的心情，但反感和拒绝决非其中的主导性情绪。

像香港少数极端者那样公开抵制内地游客的情况是很少见的。世界各城市对中国内地游客总体上持欢迎态度，他们对向中国内地做出境游推销非常积极。

文明不是一个标准，19 世纪末 20 世纪初美国崛起时，美国人去欧洲也曾被嘲讽，马克·吐温描写欧洲的小说里曾感叹美国人"不文明"。国力强盛的民族更容易把自己的习惯作为"文明"加以推广，但这方面是会演变的。中国人在国内一些无害的风俗习惯会与外部文化元素不断碰撞，未来或许谁都不是"完全的自己"。

欧洲的商店过去周末通常是要关门的，现在受了中国和东方的影响，很多商店周末也开门迎客，餐饮业还出现了 24 小时店，这就是东方人勤劳的胜利，它为本地居民提供了更便捷的服务。

中国人需要就不文明举止反思，但我们也要知道，外部世界对中国旅游者并没有那么讨厌。对外来旅游者未能做到入乡随俗，甚至有些不文明举止，旅游热点地区都有一定承受力。我们应自我严格要求，鞭策自己进步，但不必因一时没做好而很不自在，甚至妄自菲薄。

（环球时报 2015-05-28 第 3618 期第 15 版 | 国际论坛）

复旦道歉确应该，"复制"帽子就算了

复旦大学校方昨天发表声明，就其宣传片《To My Light》涉嫌抄

袭事件公开致歉。这一突如其来的争议看来煞了复旦110年校庆的风景,网上一些尖锐的批评者将这所中国名校称为"复制大学",这时候的复旦也只能"打下的门牙往肚里咽"了。

对照着看复旦与东京大学的宣传片,结构模仿相当明显。客观说,中国改革开放几十年来,各种各样的对外模仿曾经有过很多。往更远处回望过去的世纪,模仿就更多了。但国人之前更多视模仿为"学习",外界对此也较宽容。如今我们的心态变了,外界的态度也变了,模仿逐渐变得与"抄袭"同义。

模仿能让中国摆脱以温饱为标准的贫困,但它支撑不了世界第二大经济体的运转,更提供不了中国继续前进的动力。所以不仅西方发达国家不断从知识产权的角度加以追究,中国人自己也对"山寨"之风越来越抱以严厉的批评。创新作为中国从产业到文化新的精神旗帜已经举了起来。

然而创新是艰难的事业,中国还不能说已经进入"创新时代",我们仍处于从模仿到创新的过渡期。不同程度的"山寨"仍相当广泛地存在,模仿与创新的边界也不总是清楚的。

复旦宣传片"抄袭"事件是公众彷徨心绪的一次释放。它显示了公众这方面的敏感,以及对事情发生在复旦这一名校身上的特殊失望。这也是国人对我们集体创新能力不足深感无奈时"逮住一个"骂娘出气的表现。

互联网是听不进申辩的,它经常对出事的人和机构"一棍子打死",因此这个时候复旦宣传部门的任何解释都显得"多余",网上舆论场对被批判者的唯一要求就是认错和低头。

其实把复旦大学骂成"复制大学",还是很情绪化的。复旦这些年对中国、特别是对环上海地区的飞速发展做了重要的教育支持，西方再好的大学，对上海追赶世界的贡献也比不过它。如果说上海是"复制"得不来的，复旦就决不会在创新领域一无是处。中国大学走了一条什么样的创新之路，恐怕我们要过一些年回头看时才能有更深的理解。

中国的一流大学都有瑕疵，但它们从北大开始轮番遭到网上舆论"去权威化"的打击，这种现象也值得审视。一方面这构成了一种舆论监督，有其正面意义。另一方面它们引导了人们对中国一流大学的负面认识，侵蚀了公众对国内高校教育的信心。

中国互联网上存在着一些泛泛的不满和怨气，它们随时在寻找一些适合宣泄的目标，越是在现实社会有威望的人和机构，扳倒他（它）们就越轰动、过瘾。这里没太多规律，大体是"谁被撞上谁倒霉"。

复旦宣传片模仿东大宣传片固然值得批评，但事件展开后，网上的那么多情绪都集中砸到复旦头上，由它来承载社会对创新能力不足的整体愤怒，也让很多人产生"有点过了"的感觉。

互联网舆论场对自己的"狠劲"形成反思或许还要等很长时间，现在需要中国有可能被互联网舆论洗礼的精华部分坚强些。我们所说的"坚强"包括两个含义，一是要虚心接受批评，即使批评有时是过头的，甚至可以往"恶意"联想的。二是要经得起批评，在任何情况下都不气馁和放弃。

今天中国互联网上形成了很高的道德标准，而逐渐在现实中兑现这些标准，最终要靠受到批判的那些机构和力量充当"带头"和"主力"的角色。中国就是这样一个复杂的矩阵，我们所有人都不能称自己"绝对高尚"，也都不能认为做出改变只是别人的责任。

（环球时报2015-06-01 第3621期第15版 | 国际论坛）

中国人，让我们不再"恨"任何国家

中国显然在经历一段周边困扰多发的时期，日本、菲律宾频繁主动挑衅，来自越南方向的摩擦有时也蛮严重。所有这些问题都指向一个外部的深层原因，那就是美国的鼓动和怂恿。但是如果继续深究，中国崛起的自然能量释放似乎又影响了上述各方对华心态变化的根源。清理这些重要的关系需要中国人能跳出自我价值系统，实事求是看待周围世界。

日菲美等无疑在损害中国利益，这成为一些中国人憎恶那些国家的理由。本文想讨论的是，在中国迅速朝着世界级大国成长的时候，也许我们需要做些心理调适，让自己更容易看懂少数国家同我们作对的地缘政治逻辑，少对外部挑衅做情绪性反应，而是从容地组织基于理性的反制。

换句话说，无论日菲美等有"多坏"，我们都不必"恨"它们。我们需要搞清它们对中国"坏"的原因，除了在战术上直接回应外，还需致力于在战略上逐渐清除那些原因。当然对于成长社会来说，做到这一点是个挑战。

亚洲所有国家都回荡着爱国主义，它们在程度上其实差不太多。在当前世界格局下，国家利益是各国对外政策的出发点，国际行为的对错标准有时不是由国际法决定的，而是由最有力量的一方来决定。但在一国内部，对错标准首先来源于本国的利益，国家冲突实为利益冲突。

中国遭到挑衅，根本原因是我们的力量成长受到妒忌，引起恐慌，但又没强大到让日菲等像尊重美国那样尊重我们的程度。它们对岛礁摩擦的感受角度与中国人正相反，而且缺少与强大且同它们有领土争端的中国和平相处的经验，它们因此有些抓狂。

中国与日菲相互"怨恨"从各自的国内看都有充足理由，但如果把问题摊开，彼此的冲突又有明显的局部性，日菲因此而生的战略狂想有很大一部分受到情绪的左右，其实际内涵非常单薄。不少中国人也产生了对抗性情绪，主张强硬对外。

不能不说，国际关系是非常容易动气的领域，而历史经验告诉我们，发怒或为"恨"出牌的一方，往往都要吃亏。因为愤怒和仇恨会扰乱认识，诱发或扩大战略误判，将自己推入一时痛快却往往是错误的路线。

美国2001年发动阿富汗战争，2003年发动伊拉克战争，应当说都不够冷静。前一场战争明显是为了报复，为美国人出遭到"9·11"恐怖袭击这口气。后一场战争还加入了布什家族与萨达姆的"私仇"，总体上也是要惩罚萨达姆围绕"9·11"的嚣张态度。结果全世界都看到了，美国人为"出气"付出了代价。

中国外交保持了应有的统筹能力和理性，同时显示了原则和弹性。但是中国民间的怨气不小，一些人掉入各国都很常见的对外部不友好力量的仇恨情结，一旦这种情结在舆论中过于膨胀，就有可能对政府从国家利益的角度开展外交造成牵制。

中国崛起带来前所未有的对外接触面，我们在力量竞逐的舞台上逐渐成为主角，受到仰视，也受到空前的防备和各种紧盯。中国人的心理一定要跟上这种变化，我们需适应越来越多的外部批评和挑剔，不那么在乎一些力量在针对我们窃窃私语，或展示它们的"团结"。我们所说的"不在乎"是指不会因此而"生气"或"动怒"，如果我们在乎的话，就应在政策层面设计对策，促使局势的变化。

中国需要学习做大国，了解力量的意义，也了解国际政治的深刻根源。

我们应看到，现在日本经常"生气"，而且像是"气得不轻"，因此它在做些显而易见的战略蠢事。

（环球时报 2015-06-11 第 3630 期第 14 版丨国际论坛）

中美人权之争，美国休太放肆

中美在战略与经济对话刚刚取得 310 多项成果之际，双方又陷入在人权等领域的"严重口角"，美国国务院在 25 日发表的《2014 国别人权报告》中指责中国"持续打压政治活动人士，关押成千上万的政治犯"。美国人权观察组织还借 26 日联合国反酷刑日之机攻击中国，宣称"酷刑是中共统治的规定动作"。美人权报告还指称去年是"香港新闻自由最黑暗的一年"。

中国国务院新闻办 26 日针锋相对发表 2014 美国人权记录，批评美国枪支泛滥、暴力犯罪猖獗，警察过度使用暴力造成多人死亡并引发民众强烈抗议。报告还批评美国滥用酷刑、种族歧视严重,政治被金钱主导，美国国家安全局等情报机构长期大规模监听他国领导人及普通民众。

美国与世界很多国家都有人权争议，其中中美人权之争是最具代表性的之一。中美有很多摩擦点，但它们很多属于政府之间的，人权冲突的涉及面最广，美国虽然自己的人权状况在有些方面挺烂的，但它仍长期采取攻势。由于这一问题关乎中国公众对本国的根本认识，中方高度重视就人权问题对美方的反击，动作也相当有力。

总体来看，中方认为美国在人权领域自己的屁股就不干净，却喜欢对世界指手画脚，这一看法对很多发展中国家来说具有普遍性。中国是人权持续得到快速改善的国家，西方合理的人权建议中国这些年大多采纳了，中国人权与几十年前相比已是全新的面貌，因此今天中国人反过来挑美国毛病更自信了，美国枪支泛滥、警察过度使用暴力等构成了严重人权问题，这些都是中方理直气壮的态度。

中国这些年改革的速度很快，比如反对刑讯逼供是司法机关非常认真的自我内部管束，并且受到中国舆论的严厉监督。美人权组织宣称酷刑是中国现政权的规定动作，让人感到颇有胡说八道的味道。此外，说中国关押"成千上万的政治犯"，也极少会有中国人相信。不知道美方所说的"政治犯"是否包括那些被抓的贪官。

中美人权之争经过许多回合，越来越清晰起来。中国的批评指向了美国社会管理的明显缺陷，它们涉及面广，牵涉到的美国人很多，是美国自己也看到了、但却无力解决的重大问题。美国的对华指责针对了中国的政治体制，华盛顿关注了中国激进反体制的少数人，要求中国同意他们采取不受中国社会欢迎，而且还受到中国法律禁止的行动。极少数为政治目的触犯中国刑律并且吃了官司的人，美国统统称他们为"政治犯"，"秦火火"那种严重扰乱网上秩序受到较轻法律制裁的人，也被美国归入"政治犯"之列。

不难看出，中国批评美国的那些问题，美方或者不想改，或者改不动。美国至今仍在批评中国的那些事，中国则相当多不能改，因为美国在要求中国放弃维护本国利益和根本政治制度的权利。

美国是头号西方强国，不能否认它为推动世界人权的发展发挥过一些正面作用，但这决非美国对外人权冲突的全部。华盛顿意识到自己软实力在世界上最强，因此越来越倾向于把人权争议当成它同一些国家做政治博弈的工具。由于它的目的"不纯"了，它对中国等的人权批评逐渐变得极端、牵强附会，强词夺理。

中美人权之争看来还要继续下去，它的总态势或许将是：中国有意愿不断发展、改善人权，与中国政治制度相关的那些问题会随着中国不断崛起而得到世界范围内的逐渐理解。美国会继续在政治上傲慢下去，并认为自己的人权状态就是这个世界的完美标准。但美国的问题是掩盖不住的，它拒绝改革、自以为是，其人权问题的积累有可能在未来达到危机的水平。

（环球时报 2015-06-27 第 3642 期第 7 版 | 国际论坛）

美国同性婚姻合法化该不该欢呼

美国最高法院 26 日以 5 票对 4 票通过了同性婚姻在美国全境合法的裁定，这是美国的轰动性事件，也将不可避免地产生全球影响。美国是世界上第 21 个承认同性婚姻合法的国家，其他或是欧美发达国家，或为拉丁美洲国家。此外新西兰和南非也在其列。亚洲则无一国承认同性婚姻合法。

从同性恋被歧视到同性婚姻合法，这是一个人权逐渐进步的过程，这样的总结很流行，也应当说是贴切的。亚洲国家、包括中国会受这一演进的影响，但亚洲的跟进不那么快，我们大概也不必因此而自责。应当让同性恋的问题自然发酵，社会需要越来越宽容同性恋现象，但没必要学习欧美的样子，把同性恋问题搞得很热，刺激或诱导潜在的同性恋者。

需要看到，美国反对同性婚姻合法的力量至今仍很强大，最高法院 5:4 的投票险胜说明了问题。首席大法官罗伯茨投的就是反对票，并写了 29

页的长文诉说反对的理由。

毫无疑问，异性婚姻更契合自然规律和婚姻的本意，它是满足人类性需求和繁衍后代需求历尽洗礼后的安排，在人类发展的关键时期成为家庭单元的基础，对推动文明的形成和进步功不可没。保护异性婚姻在人类组织最基层社会单元中的作用，将被继续证明是有远见的选择。

同性恋者的交往权利应当受到尊重，这一观念已广受传播，支持者日众。但是同性婚姻与异性婚姻具有同样的法律意义和权利，这触及很多人对现有"正常婚姻"的认识和感受，他们转不过弯来，这也应被视为正当的"保守主义"。

同性婚姻的最大意义今天看来是"自由"，是对少数人权利的保护。现在不能确定，如果同性婚姻多了，会不会进一步削弱异性婚姻的吸引力。我们知道，异性婚姻穿越人类文明的各个时代，它依然会是婚姻的主流，但现代社会的多种因素在向它发出挑战，我们不知道同性婚姻是否会成为最新的那一个。

人类的自由越来越多，技术进步和社会发展共同促进了这一局面。同性婚姻提供的新自由是在自然规律层面又挤出一块空间，它带来关于自由的更多启示，对它的观察和思考应当重于对它的模仿。

中国历史上一直不乏同性恋者，但现代同性恋观是从西方传入的。中国等东方社会在这方面一直慢西方一两拍，最终会否在这方面同西方"变得一样"很难说。重要的是，中国当下针对同性恋的道德观念和法律状态对应了同性恋在中国的实际情形，因此不能就这方面对中国与西方或东方与西方的做法做"好"或"不好"的简单价值评价。

美国宣布同性婚姻合法有其道理，约一半的人反对也有他们的道理。在世界范围内，反对同性婚姻的人大概仍占大多数。了解这些基本事实后，我们对待同性恋就会有更客观的出发点，同时鼓励人类社会的主流传统能够正常延续下去，实现多元之间的和谐。

（环球时报 2015-06-29 第 3643 期第 14 版 | 国际论坛）

北大清华竞争生源必须保持斯文

　　北大、清华四川招生组的官微昨天上午公开抨击对方以不正当手段争抢生源，引发互联网舆论的普遍反感。两个官微后来删掉被认为是明显"互掐"的帖子，但仍有表达"余怒"的微博留在网上。到了昨晚，北大清华校方分别出面表态，北大表示"坚决反对个别招生人员招生中不文明行为"。清华也表示"重申招生相关纪律"，要求有关人员删除微博。

　　两个四川招生组的官微显然代表不了中国这两所顶级大学的道德全貌，但它们可以被看成是两所名校的道德短板，拉低人们对北大清华的整体感受。当高校形象不断在互联网遭到突袭和解构的时候，这实在不是什么好事。北大清华昨晚较快做出反应值得欢迎，相信两校会不止于此，加大反思和相关管理调整的深度。

　　高校竞争优秀生源由来已久，手段有"高"有"低"可想而知。香港高校这些年来内地"掐尖"，用高额奖学金方式"掠走"原本报考内地一流大学的学生，就被认为是"低"的手段之一。

　　然而大学都是知识殿堂，高校之间再怎么竞争，不能公开撕破脸。市井之争可以开骂，有的甚至上手，动刀子，但北大清华之争必须保持表面的斯文。这两所高校的斯文同时几乎是中国所有高校共同的面子，它是输不起的。公众的严厉要求实际包含了对名校的特殊关爱。

当然了，如今的北大清华都各自成为"庞大的社会"，教职工加上学生，这些学校都达到几万人的规模。它们的"精英度"会因此受到挑战，成为某种相对的东西。可以想见，两所高校四川招生组一共没几个人，官微的管理者很可能就是一个小青年，他（她）与两所大学核心传统及精神的关系必有一定不确定性。

即使这样，舆论把这两个官微的表现扩大成北大清华的标签，算不上是冤枉。学校扩得大了，就得撑得住这个大，确保所有人坚持主流价值。当前高校之间各种竞争十分激烈，市场化因素有时难以抵挡。学校要随时防止出现可以被当成整个学校道德标签的"基层丑闻"，这个任务很重。

北大清华所有教职工乃至学生都有一份延续学校特有传统价值的神圣义务。这不仅需要通过严格管理得到保障，还应是北大清华教育的自然结果，成为所有北大清华人为之骄傲或者敬畏的一部分。

国家显然有必要对高校的生源竞争进行规范，决不可让它们恶性化，沦落为普通市场竞争。名校的生源质量和教育质量往往是相互推动的关系，然而如果有些高校的生源质量成了它们维持声望和地位的最大保障，那么它们的优秀就不再那么真实，抓住高考的前几名就成了它们的"决定性战役"。

高考的过来人都有一种感悟，考好点除了的确很重要，还有一部分属于"家庭及学校的荣誉"。高考"状元"的荣誉成分尤其大。这属于民间老百姓暖洋洋的"虚荣心"，它出现在中国名校层面也是合理的，但也应当是克制的。中国的大学各有千秋，各地高考的前十绝大部分被北大清华以及香港几所顶尖大学瓜分是不正常的。大学说到底不该比它们有多少高考"状元"，而应该比学生日后的成就。

北大清华四川招生组官微"互掐"，反映出市井之风对中国顶级高校也有所侵蚀。两校昨晚公开制止了基层的不文明之举，这会在两校内部以及更广泛的高校里产生深刻触动吗？希望是的。

（环球时报 2015-06-29 第 3643 期第 15 版 | 国际论坛）

知青一代的积极回忆值得尊重

　　黑龙江黑河市知青博物馆在北京鸟巢设展，引来纷纷众议。这个名为《与共和国同命运》的展览讲述了知识青年上山下乡在中国发展直至结束的几个过程，给予了积极评价。但是一些互联网意见领袖指责该展览故意回避了知青运动的问题，"美化"了该运动。

　　知青现象在新中国成立后的 20 世纪 50 年代就已发端，但它真正成为大规模运动、具有了全社会影响力是在"文化大革命"期间。它的成因、实际产生的作用和后果十分复杂，它所留下的社会记忆以及个人感受是多样和变化的。它和"文革"显然不能画等号，对它做评价的体系是多维的，这应是我们客观认识知青运动的出发点。

　　知青运动的成因中，当年中国工业化和城市化水平太低，城里物资匮乏且年轻人就业困难，大概是最基础的那一个。那是困难要用政治激情包裹、遮掩的年代，成百上千万年轻人上演了恐怕历史也一言难尽的集体青春史诗，而史诗都充满了英雄主义，也如泣如诉。

　　国家对"大跃进""文革"等都有正式结论，而且它们深入人心。但关于知青运动，如今上网能查到的最权威阐述大概要算 1981 年国务院知青上山下乡领导小组办公室的一份"回顾与总结"。它强调知青不是"文革"的产物，但后来从就业问题当成了政治运动去搞，导致"严重失误"。

该文件还指出要对知青所做的贡献和受到的锻炼"给予充分的肯定"。

之后中国社会从上到下、从纪实到文学都从不同角度不断谈及知青，但知青问题没有作为政治符号在中国社会凝固，它分化为具体的社会治理后遗症，成为无数人命运的基础因子。对一部分人来说，它不堪回首。对另一部分人来说，它是浪漫主义的源泉。

被上山下乡改造了命运的那代知青大部分已年过六旬，随着时间的推移，他们的集体记忆在悄悄嬗变，那段岁月中美好的东西逐渐集合起来。这或许是知青博物馆得以在黑河立住脚，并能在全国各地巡展受到欢迎的原因。

个人励志往往会从逆境中发现积极的元素，一代人也会这样，它还会是一个民族感性的一面。这或许是历史观中宽容的基础。改革开放已经三十几年，共和国成立了六十几年，大多数有争议的人和事，由于不再与现实有直接利益相关，我们回首时都会离开当时的激烈态度，想起了那人的"某些好"，怀念那件悲伤事中人性温暖的碎片。

知青博物馆对上山下乡的记述是经过了选择的记忆，这种选择性并非是恶意的，因而或许是值得理解和体谅的。这样的展览并非国家对知青上山下乡的正式定性，它的发起人就是知青，他们要做的不是总结知青运动的时代背景和历史经验，而是向世人展示他们留在中华大地上的青春，他们希望以积极的身影走进历史。

也许每一代人都有这样的权利，尊重知青那代人这一愿望，与他们一起做积极的回顾，还是强调历史的冷峻，坚持以当时上山下乡运动带给社会的问题和痛苦作为谈论知青的出发点，这是两种截然不同的维度。这两种维度开展尖锐冲突本是不应该的，当然它既然发生了，说明特别宽厚的社会可能很难存在。

我们今天纪念很多人和事，都不代表已经修改了对他们和它们在当时维度上的评价。但历史不断提供新的视野和感受，使当时的评价未必永远处于中心位置。除了涉及战争、和平以及人类基本价值等重大原则，历史如果有延伸能力是可贵的，因为那样的世界不枯燥。

（环球时报 2015-07-11 第 3654 期第 7 版 | 国际论坛）

铁腕镇压"骚乱"的美国何脸谈人权

美国马里兰州的巴尔的摩市发生严重骚乱，4 月 28 日起实施宵禁。警方称到目前至少有 144 辆汽车在巴尔的摩被烧，15 栋建筑被纵火，一些店铺成了打砸抢目标。美国国民警卫队已进入巴尔的摩市，数百名闹事者被逮捕。在刚刚过去的这个周末，巴尔的摩数千民众走上街头，抗议警方暴力执法及种族歧视。类似的声援集会还出现在纽约等其他美国城市。

骚乱源起一名 25 岁黑人青年遭警察逮捕后因脊椎严重受伤死亡。美国黑人社会对受到歧视等各种不公待遇的愤怒又一次被点燃。去年 8 月弗格森骚乱的起因有些相似，当时一名黑人在警方执法时被击毙。美国的黑人骚乱像连续剧一样上演了一幕又一幕，美国政府的应对办法则几十年"一贯制"：出动警察和军队，严厉镇压。

在美国媒体的报道中，巴尔的摩这座文化名城很像是一座失落的城市。那里的很多区域完全由黑人聚居，白人弃房而走。那些黑人区交织了贫困、教育落后、犯罪率高、毒品泛滥等多种问题，并经常弥漫着对美国社会的不满和怨恨。

美国社会没有解决巴尔的摩所面临严重问题的有效机制，因而对它们大体上放任自流。在奥巴马执政期间，巴尔的摩与贫困有关的大多数问题都进一步恶化了。

但面对骚乱，美国政府不会为使用武力犹豫，美国主流舆论对警察和军队"向人民施放催泪弹"甚至"开枪"也很宽容。这与美国对世界其他地区骚乱的评价完全不一样。

在美国，黑人反抗警方暴力无论有多少道理，只要出现打砸抢烧，都是铁定的"骚乱"。而在世界其他地方同样出现打砸抢烧，很容易被美国政府和舆论定性成"争取民主"或者"反抗压迫"。看着美国警察和军队对示威者铁腕镇压的样子，真不敢相信就是这个国家，每年都出《全球人权报告》，把除它以外世界大多数国家的人权状况"几乎骂遍"。

每个国家都有自己的难题，都有一些因协调失利而导致的民怨爆发，但从弗格森到巴尔的摩，美国给外界最强烈的印象是，不管这个国家自己露出多少丑，它都能端得住像圣人一样批评、教诲天下人的那股劲。

美国的人权肯定有很严重的软肋和缺陷，否则类似的骚乱为什么会"前赴后继"涌现，还有每年有难以计数的人死于形形色色的枪击案。在世界很多国家从自己的起点上认真发展人权事业的时候，美国政府是最毫无作为的政府之一。我们几乎怀疑美国的政治精英们是在通过引导本国舆论斥责他国人权，来冲淡、转移国民对本国重大人权问题的注意。

巴尔的摩骚乱像又一记响亮的耳光，抽在"世界人权卫士"美国的脸上。这张脸长期以来太会装了，而且好像很经抽，能瞬间从挨嘴巴的状态回复到高高在上的表情。加上美国的确有那么两下子，软实力"船破有底"，外人能拿美国怎么样？

如果巴尔的摩规模的骚乱发生在中俄等国家，西方舆论还不得闹翻了天！真不知道会有多少引申和上纲上线被制造出来。然而至少在这一刻我们清楚了，美国很可能是对示威者使用警力和军队最频繁的国家。从美国那里发出的罗织在他国头上的人权罪名大多都不合逻辑，美国严重缺少对他国人权肆意评判的资格。

我们知道巴尔的摩骚乱的成因和过程都很复杂，外人很难给美国警方控制局势的努力做简单定性。我们想说的是，美国应当有自知之明，今后它再对他国人权指手画脚之前，请先把巴尔的摩及弗格森骚乱当做镜子，好好照照自己。

（环球时报2015-05-04 第3597期第14版 | 国际论坛）

网警公开巡查，什么人才会不高兴

全国50个省市公安机关今天起在互联网上设立"网警巡查执法"统一公开标识，这标志着网警从幕后走向前台，成为维护网上秩序的公开执法力量。这是互联网上法治建设的一件大事。

网警已经存在十几年，北京市的网上警察多达近千，但他们一直在"潜水"工作。如今他们的网上巡查公开化，网上的"见警率"必随之大升，这将为网上秩序的面貌增添一个关键元素。

这一变化定将受到大多数网上公众的欢迎。警察力量的公开存在对犯罪势力是一种震慑，也是人们安全感的重要来源。长期以来一直有少数人把互联网当成"法外之地"，或者相信网上犯罪所面临的风险要比现实社会里低很多，网警公开巡查会让有犯罪动机的人多一分冷静。

过去一些人在网上受到侵犯时，会比在现实社会里有此遭遇时的应对态度更加消极,更容易放弃维权的努力。因为他们不知道去哪里找警察,也不知道警察是否会受理他们的投诉。现在他们只要打开"网警巡查执法"的公号,就形同走进公安机关的接待大厅。

网上最常见的犯罪是各种诈骗、盗取信息、侵犯名誉权,等等。一些现实社会的作案人和犯罪团伙也会在网上留下蛛丝马迹。随着互联网与人们工作和生活的全面融合,网上秩序和安全已是中国社会治安重要且活跃的部分,网警成为公安机关的特殊前哨力量。

然而上述消息昨晚公布后,有少数人在第一时间提出"网上言论自由"可能受到损害的质疑,这显示了一个与众不同的看事物的出发点。

社会秩序都是系统性的,公安机关对社会的全面安全负有责任。绝大多数人看到警察都有一种安全感,只有极少数人在这种时候产生的是不安全感。个别网络活跃人士如果因为网警公开巡查而感觉到"不自由",或者额外的"风险",那么他们就有必要对自身言行和一些习以为常的认识做些认真反思了。

网警无义务和职责对网上任何不触犯法律的言论做道德或政治上的评价,并在此基础上追究发言者。网警只管违法、特别是严重违法的言论。对什么样的言论是违法的,普通人是能辨认出大致轮廓的。这当中有些模糊的边界,网警的公开存在会有助于厘清它们,帮助越界者不走得太远。

言论自由的边界在现实社会中就有争议,对解决这些争议的方式,少数人反对,但大多数人对它的形成、巩固给予了实际配合和支持。互联网上如何解决这个问题,最终取决于中国大多数人的认识和态度。

在现实社会里,警察机关进入一个地区几乎无一例外会被看成是该地区法治与文明的标志。这是现代世界的普遍经验。网警制度也在全球范围内得以确立。中国互联网不应成为一个例外区,少数网上舆论活跃人士不应让自己成为例外群体。我们都应为中国网警的公开巡查点赞，并让自己成为这一制度的受益者，而不做它的对立面。

（环球时报 2015-06-01 第 3621 期第 14 版 | 国际论坛）

防火墙带给中国互联网哪些影响

近日，由于部分外国 VPN 服务在中国受到屏蔽，防火墙的事情再次成为焦点。工信部官员昨天就 VPN 受屏蔽回答记者提问，强调中国发展互联网一定要按照本国法律法规来进行，一些不良信息应该按照中国法律加以管理。

VPN 指的是代理服务器，也就是网民俗称的"翻墙软件"，而它要翻的那个墙就是"防火墙"。防火墙是中国实现互联网管理一整套技术系统的民间叫法，官方在正式场合从不这么叫它。

防火墙并非是把中国互联网同境外互联网隔开，而是对境外个别网站及具体网页施行定点屏蔽。网络与网络是通的，但中国网络与境外网络个别点的联系受到拦截。需要指出的是，在境外互联网的浩瀚海洋中，这些被拦截点加起来只占很少的部分。

由于有的被屏蔽网站和网页在中国部分网民中很有影响，比如谷歌、脸谱、推特等是美国的主流网站，因此在国内外都有人把对它们的屏蔽看得很重。西方舆论一直把这件事当成中国"没有网络自由"的突出例证。

然而对于没兴趣上这些被屏蔽网站的人来说，这个问题又几乎不存在。实际情形是，这两种感受都在各自的方向上不断深化或扩大。

如果我们跳出是非的争论，来看中国互联网发展的总体面貌，那么会有一些有趣的发现。它们是，中国的防火墙实际上已经"成功"，造就了中国今天互联网发展的基本现实。比如中国出现了 BAT 这样的网络巨头，它们满足了中国网民的绝大多数需求，并得以向境外扩张。这或许是防火墙的"意外成果"，因为如果没有它和相应的其他管理，中国今天说不定会是"谷歌中国""雅虎中国""脸谱中国"的天下。

在政治上，一些极端言论虽然不时出没互联网，中国网络还造就了少数像是"舆论反对派"的网上大 V，但这些力量始终没能形成机制化的政治及舆论动员能力，最近两年的情况尤其显示，国家对网络的调控力十分强大。

与此同时，中国的对外开放没有受到防火墙的什么影响。中国内外的信息交流总体畅通，人员的网上正常接触和沟通也无实质障碍。物流所需的网络帮助更不是问题。一些特殊需求因为防火墙会遇到些麻烦，但很容易找到替代办法。

总结起来就是：防火墙有效阻止了境外被屏蔽点对中国网民的"大众传播"，那些一定要访问它们的人，都能找到实现目的的具体办法。防火墙塑造了大多数中国人在信息方面更依赖本国网站的习惯，那些必须或热衷于访问被屏蔽点的人在逆着管理坚持他们的习惯。实情就是这样。

那么防火墙是阶段性措施，还是会长期存在下去呢？这似乎更是争论的焦点。然而这不像是一个现在能为未来做回答的问题。而且防火墙其实不是一个原则，而是很多具体需求的解决办法总汇。实际解答这个问题的过程也将分解成对具体被屏蔽点的具体对策。

但是我们希望，中国屏蔽境外网站及网页的动因能够逐步减少，而不是越来越多。我们这样说的原因，是希望中国社会对信息的承受力会变得越来越强。这是中国社会在全球化时代的健康之本。不能总让中国的年轻人"看不到什么",而是要培养他们"看到了什么也没事"的能力。

我们相信,随着中国变得愈发强大和自信,国家治理及互联网治理对防火墙的需求将呈下降的趋势。我们很希望这个进程来得更快些。

(环球时报 2015-01-28 第 3525 期第 15 版 | 国际论坛)

中国富人移民美国多,肯定是坏事吗

美国最新财政年度 EB-5 投资移民的近万个指标被早早全部用尽,其中中国富人占了 90%。去年的这些指标也大部分被中国人申请得到,给中美双方都留下深刻印象。

对这一现象的评论有不少都是嘲弄中国的,比如认为这展现了"美国的优越性",它用事实证明了中国舆论"反美倾向的虚伪",等等。还有人将之看成中国人对国家失去信心的信号,甚至宣称它是"中国即将崩溃"的征兆之一。

美国对很多中国人有吸引力,这无需置疑。美国把世界各地的移民吸引过去,自然有其过硬的条件。在公共环境、生态、教育等诸多当下中国人很在意的领域,美国都走在我们的前面。如果能享受到这些优越条件,会有不少国人愿意前往之。

然而今天的"移民"概念,同过去有了很大不同,对富人来说尤其如此。今天中国富人"移民美国"后,事业的根通常仍在中国。他们很多人是出于种种原因去寻求一个"美国身份",有些是为了加强自身的安全,有些是为了生意的方便,还有很多人是为了让子女受到美式教育。成年移民者往往会在中美之间穿梭,或者取得在美居留权后,大部分时间仍住在中国。

这当然不是"中国比美国还好"的证明，不能不说，很多中国富人移民美国，测出了两个国家综合社会发展水平之间的差距。

但是富人移民的现象究竟有多严重，以及它同中国今后发展有着什么样的关系，是值得探讨的。

发展中国家的人向发达国家移民，这是全世界的现象。EB-5只是美国移民计划的种类之一，它的门槛并不算太高，中国很多中产阶级家庭都能承受。中国人占了其名额90%，并不反映中国人移民美国的整体面貌。

一些学者指出，就中国的庞大人口规模来说，在美的中国移民比例并不算高，各类中国人向发达国家多移民对中国长远好，还是少移民更符合中国利益，现在很难下定论。

部分富人通过合法途径向海外"转移"部分资产，分散家庭的经济风险，这通常不能看成特别的政治信号。一个家庭的资产达到一定数额后，产生这样的考虑是正常的。问题在于这种现象的发生保持着自然节奏，还是形成恐慌性的"一窝蜂"，下此结论需要严肃的社会调查和数据分析，不能仅凭单一数据或者大致的印象。

这几年中国企业的海外投资急剧变热，国家对此持鼓励态度，向美国等发达国家移民受到经济及其他需求的混合推动，目前显然缺少对它们可信的定量分析。

国外的优越生活条件具有吸引力，另一方面中国移民融入国外社会有很高难度，中国又是全球潜力最大的市场，这些因素不断从不同方向冲击有移民倾向的人家庭，如何做取舍对它们来说并不容易，犹豫摇摆、"脚踩两条船"的事情经常发生。

中国社会经历贫穷、落后的时间太久了，我们看向美国等发达国家移民的现象，还难有"平常心"。民族自尊等很容易参与进来，影响我们对这些事情的评价。当然这样的地域性情怀未必就值得指责。中国庞大而多元，各种现象不是齐刷刷的，对观念的评价更不能适用简单坐标。对外移民很活跃，说明它是通畅的。移民或被羡慕，或被怀疑、指责，这对他们来说算不上什么了不起的承受。

（环球时报 2015-04-17 第 3585 期 第 15 版 | 国际论坛）

第九章

舆论是个场

宪法宣誓好示范，违宪言行要不得 / 小米成立党委应得到社会的掌声 / 专车争议广告，给谁挖了坑 / 中国大学都是分院，这多像愤青说的 / 谁嫖娼被抓都得认栽，这里没有区分 / 向南夫案暴露"境外反动网站"的衰败 / 广安"保路"群体事件应能避免 / 布拉特因疏远美国"不讲政治"丢官 / 立法管理NGO决非对外开放"急刹车" / 媒体记者的正当批评不可能被禁 / 天然抵触新国安法的人需自我反思 / 网络安全法，"自由"不是它的假想敌 / 个别"死磕派"颠覆了律师职业的含义 / 演习占用空域公告是对舆论的尊重 / 互联网风云际会引无数人竞折腰 / "高级黑"是官僚主义冒出的傻气 / 出租公司、司机、乘客都是"利益集团" / "老虎苍蝇一起打"等或成永久成语 / 军队自绑16恶人，人民更相信子弟兵 / 坚信警民一家，是新闻不走样之本 / 改革的同时必须高度开放，中国人懂 / 被鞭挞的京沪高铁，应成抽我们的鞭子 / 西媒胡拼乱凑中国"四处碰壁"画面 / 英刁难俄媒，新闻自由向国家利益折腰 /《悉尼先驱晨报》，你是想裸奔抓眼球吗 / 再别让韩媒为我们讲中朝边境命案了 / 骂计生者比当年批马寅初还疯狂

宪法宣誓好示范，违宪言行要不得

全国人大常委会1日审议通过了《关于实行宪法宣誓制度的决定》。今后各级人民代表大会及县级以上人大常务会选举或者决定任命的国家工作人员，以及各级政府、法院、检察院任命的国家工作人员，在就职时应当公开进行宪法宣誓。对普通人来说，这一改革很新鲜，而且带来庄重的感觉。我们能感受到有一种意义扑面而来，宪法宣誓决不仅仅是形式。

从宪法宣誓的改革酝酿以来，一直受到舆论的关注。中国政府各级官员忠于宪法的意识在不断强化，党公开表示要在宪法的框架内开展活动，依宪治国的推进形势令人鼓舞。现在恐怕是中国历史上谈论"宪法"最多的时代，它对应了社会的真实愿望和决心，对中国上下都形成鞭策。

然而也有对宪法宣誓说风凉话的，认为它仅仅是走过场，不会有任何实际意义。这部分声音的发出者平时喜欢把宪法挂在嘴上，但他们对依宪治国的认识却同主流社会的认识南辕北辙，他们所希望的"意义"也完全不切中国的实际。

宪法好，如今已无人反对，或无人敢公开反对。但宪法"是什么"，最危险的违宪表现有哪些，在一些人那里却存在争议。

一些人认为保护言论自由是落实宪法的当务之急，而且在他们眼里，这个问题的责任完全在于官方。实际情形是，中国改革开放以来出现一轮接一轮放宽舆论尺度的尝试和努力，技术进步带来的推动力从未被拒绝。但每一次这样的政策都有某些极端力量试图滥用，从中塞政治私货，影响了舆论开放的效果。推进言论自由、出版自由等是中国这几十年历程的主线之一，在这个过程中确保国家的稳定和凝聚力又是中国大社会必须攻克的课题。

究竟该如何把握这当中的关系，塑造结构，中国全社会应当说仍经验不足，需长期摸索。这是中国各界以及从上到下的共同事业，各种力量都有义务为实现这一领域更成功的体系性互动做出贡献。光发牢骚、提极端要求常常是非建设性的表现。

推进依宪治国的最大障碍和风险其实是一些人反对党的领导，表面上拥护宪法，实则反宪法。宪法规定中共是国家的领导力量，规定了国家的根本政治制度，但一些力量呼应西方意识形态，把取缔中共的领导作为行动的总目标。他们的大量言行都构成违宪，扰乱了公众对宪法和依宪治国的认识，破坏了国家有条不紊开展法治建设的环境。

官员宪法宣誓制度明年 1 月 1 日就将实施，这应同时视为对全社会的一种示范。一些政治激进人士恐怕也应该扪心自问，他们忠于明确规定中共是国家领导力量的中国宪法了吗？他们是否应在今后对自己的违宪言行有所收敛呢？

在任何国家，宪法所展示的社会应有面貌都比社会的实际面貌更为理想一些，缩小二者的差距是代际之间的递进使命。当下中国正朝着越来越严谨的法治社会前进，而中共是实现这一进程的历史性推动者。中国现代化离不开法治化，而法治必然要打击贪官污吏，也会坚决制约从其他角度挖中国宪法墙脚的人和力量。

（环球时报 2015-07-02 第 3646 期第 14 版 | 国际论坛）

小米成立党委应得到社会的掌声

小米公司党委成立大会 6 月 19 日举行，此事昨天在互联网上引起关注。非公企业成立党的组织在一些人看来很新鲜，其实这并非小米的独特举动，这一现象伴随了中国改革开放的全过程。

著名的华为、三一集团都有党委，党委和下属支部在公司团队建设中扮演了积极角色。尽管民企及私企成立党委不能说十分普遍，但如果以惊讶目光看小米党委的成立，这是缺少见识的表现。

共产党是中国执政党，也是宪法规定的国家领导力量。中共吸引了全社会的大批精英，也从中积累了遴选、鼓励先进分子的大量经验。很多民营企业领导人和高管都相信这样的说法：雇员中党员的平均表现要优于非党员。一个应聘者如果是党员，通常也是他被录取的加分因素。

一个企业在组织上愿意更靠近执政党，安排更便利的组织对接方式，这种心态是积极健康的。在全世界，大企业都愿意与执政党及潜在的执政党保持良好关系，这几乎不再作为政治话题被讨论。昨天互联网上一些人将小米成立党委称为"向党投降"，这才是咄咄怪事。

在非公企业众多的浙江省，大量民企、私企很早就成立了党组织，它们对企业发展做出正面贡献的例子很多，比如过去企业中只有物质奖励，党组织却带来了思想建设、组织协调以及内部团结、企业精神和文化建设等多项工作的开展。迄今为止，全国范围内几乎没有听到过党组织阻碍了非公企业发展的例子。

非公企业党组织与公有制企业党组织的作用不同，前者的党建工作有较为特殊的环境，需要独特的经验积累，稳步推进，现实的情形也大体是这样的。

中国的非公经济在快速发展，民营企业更好地与国家政治体制融合，这是非公企业长远发展的建设性方向之一。民企的党委如何发挥好作用，促进企业发展和党建工作的双丰收，这样的探索极具意义。中国主流社会应当为小米成立党委鼓掌。

小米 8000 多员工，目前的党员为 104 人。此外小米的用户年轻人居多，他们大部分是网络生活的热衷者。小米成立党委同时拨动了年轻人和互联网这两根突出的音弦，因此尤其显眼，引发了热议。

党在中国社会的影响几乎无处不在，然而影响的方式并非一成不变，它们需要不断与时俱进，在贴近实际的基础上现代化。小米党委显然站到了这样的前沿位置。

希望处于小米这种位置的党建实践能够多一些，为新时期的"大党建"提供鲜活的样本和经验。小米已经取得不俗的经济业绩，成功的党建将能帮它如虎添翼。利小米，同时利党利国，这是主流社会对小米党建事业的期待。

（环球时报 2015-06-29 第 3643 期第 15 版｜国际论坛）

专车争议广告，给谁挖了坑

昨天，神州专车推出了一组以"Beat U，我怕黑专车"为主题的广告，一众明星和大 V 出镜，手持禁止牌，痛陈"黑专车"之"黑"。尽管没有明说，但是明眼人很容易就看出来，神州专车想要"Beat"的"U"，其实就是美国打车软件公司优步"Uber"。有法律专家质疑神州专车涉嫌

"恶意竞争"，网友则指责其"不够地道"，而这起舆论事件再次引燃近来有关专车的种种争议。

这组广告昨天一天在微博和朋友圈里被刷屏。但是，网友们的关注点似乎并没有与神州专车"同频共振"。不少网友表示，选择哪种打车工具，当然是我的地盘我做主，神州专车打着拒绝"黑专车"的旗号，替用户做选择，显然是把自己家的漏斗插进了别人家的油壶里。况且，谁"黑"谁"白"，优步说了不算，神州专车说了也不算。对于明星、大V齐刷刷为神州专车"Beat U"站台，舆论普遍觉得颇为怪异。据知情人士透露，这些名人都是由一个公关公司负责联系，在支付一定费用后，让名人签一个肖像使用授权。这些名人是否知道自己的肖像被用于这组广告，对于肖像上出现的那些文字他们是否事前知道，现在还不清楚。不过，已经有大V出来澄清，说当时谈的时候是公益广告。如果真是这样，他们被神州专车拉来"黑"对手的同时，自己已经被神州专车"黑"了。

专车对人们生活的介入有点猝不及防却又似乎理所当然，伴随而来的是同专车有关的各种纠纷。以往，这样的纠纷通常发生在专车与出租车之间，这一点都不难理解。但是，两个网络打车公司之间掐架，瞬间"队友"成了"对手"，多少让人感到匪夷所思。无论神州还是其他网络打车公司，客观上对于整合交通资源、方便百姓出行是有益的，这也是它们能够存在、发展的土壤。但是，政策层面的节制对于这类新生事物又是必须的。如何让这样的新生事物保持应有的创新活力，让它们从各自方面推动社会向前走，同时又让它们在一个合理的框架内运行，不至于按下葫芦浮起瓢，在这边"给力"的同时又在另一边"撒气"，这需要管理的智慧。

网络打车公司显然处于这样一个节点上，包括神州专车在内的业内主要参与者，协同战友们一起务实合作，积极谋求同管理者在政策层面的良性互动，可能更有利于让这个行业健康向前。在政策框架尚未理清边界之前，神州专车有意把私家车介入网络打车问题放大，看上去好像是打击了对手，但谁又能保证，这不是在给自己挖坑？

中国正在经历剧烈的社会转型，专车纠纷显然只是这种转型的一个缩影，而神州专车广告事件，更像是缩影中的一个细节。细节有时能决定成败，有时又无关大碍。对于这样的网络营销，网友们早已见怪不怪，完全可以把它当作网络汪洋中飘过的又一片落叶。但对于市场参与者和规则制定者来说，则应该从中领会一点什么，比如，在一个新兴领域，该从何处介入，又该以怎样的姿态介入。

（环球时报 2015-06-26 第 3641 期 第 15 版｜国际论坛）

中国大学都是分院，这多像愤青说的

大学去行政化已是舆论场相当普遍的呼声。岂止大学，中国很多事业单位包括企业大概都应去行政化，取消负责人的行政级别。这涉及非常深刻的行政体制改革，但中国一定会在这个方向上迈出步子。

据媒体报道，全国政协委员、中国矿业大学（北京）副校长姜耀东的提案就是专谈高校去行政化的。这个方向挺不错。但媒体报道出的那几点内容，完全看不出有什么地方超出了之前舆论对大学行政化的那些批评。只有一句话让人印象深刻："某种程度上，中国只有一所大学，就是教育部大学，我们都是分院。"

这句话深受互联网舆论场的欢迎，它很形象，能帮人解气，显示了姜副校长敢说话的勇气。不得不说，勇气总是需要的，但两会上的勇气，不应与互联网上的看齐，而应表现出更高的质量。两会代表委员的勇气应是担当，而不是表演。

一位大学副校长向媒体明证中国的大学已经"没办法办下去了"，所有大学就像是"分院"，社会需要有心胸来包容这位副校长说话的鲜明个性。大学去行政化确实应当做，但中国大学在有这些问题的同时，大概并不像这位副校长所说的如此差劲。中国改革开放的大批人才都是这些"分院"培养的，它们再差也不应受到这个比喻的羞辱。

全盘否定中国的大学，说它们比旧中国的大学差远了，这是当前相当流行的一种调子。姜副校长的话被这么突出地推到互联网舆论场的显眼位置，就是有些媒体为了印证这种调子的准确无误。因此，我们不知道姜副校长的话是否被相关媒体断章取义了，因为那样干的确是一些媒体喜欢并擅长做的。

两会代表委员应当说真话，敢说话，但人们不会愿意两会变成现实中的"互联网"，也流行起发牢骚、夸张、表演，代表委员们说什么都惦记会场外的媒体受众怎么反应。人们更希望代表委员们专注会议本身，给中国全面深化改革找出网络大V们没本事看到的问题，提出有可行性的改进策略。

两会一怕代表委员什么都不说，"只会举手"，二怕"雷人提案"或"雷人语言"太多，搞成"泄愤派对"。两会是中国民主建设的主阵地之一，我们希望代表委员们的水平的确高出一筹，我们在互联网上经常能看到听到的东西，在两会的舞台上得到升华的呈现。

媒体应当客观报道两会，避免把代表委员的发言刻意"雷人化"。我们珍爱民主，那么就让民主面对尖锐问题时做一个睿智的解决者，而别是一个夸夸其谈的愤青。

(环球时报 2014-03-04 第 3258 期第 15 版 | 国际论坛)

谁嫖娼被抓都得认栽，这里没有区分

据广东媒体报道，以监督公车私用出名的"广州区伯"区少坤于 26 日在长沙因嫖娼被抓，并被警方处以行政拘留 5 天。消息称，这位在互联网上有些名气的"区伯"当时在长沙的一所星级酒店客房内从事卖淫嫖娼活动，出价 1200 元，这一细节与他的"低保户"身份形成鲜明对照，引起更多议论。

这两年不断有各种名人因嫖娼、吸毒被抓，当他们是娱乐明星时，舆论通常对案情细节津津乐道，猜测事件对他们前途的打击。但当被抓者有较强政治标签尤其是经常"批评政府"时，就会引来争论，支持者们就会宣称对肇事者的抓捕是警方策划的"迫害行动"。

"区伯事件"再现了互联网舆论场的这一幕。一些人表示强烈质疑区伯嫖娼的真实性，宣称这是警方在报复他对公车私用的监督。与此对立的声音则强调，这件事是区伯道德水准的真实暴露，具有很强的象征意义。

我们认为，质疑警方为区伯"设套"是非常轻率甚至荒谬的，无论这种质疑有多少社会心理的线索，在全面强调法治的今天都不应被提倡。如果动不动就把"警方造假"的假设抬出来，依法治国就会陷入虚无主义，相关争论也会失去基础。

区伯之前就处在舆论的漩涡中，对他"骗取"低保、监督公车私用夹带"碰瓷"勒索等曝光不时出现,与此同时挺他的声音也很多,令旁观者真假难辨。值得注意的一点是,官方从未卷入这些争论。

热衷在社会公益领域表现的人意外出丑闻,在哪个社会都有。如果因嫖娼被抓的区伯就是普通人,没有因为参与公共事务而网上出名,那么这件事对他个人名声的伤害非常有限。但现在的情况就不同了。

是名人就要对自己有所约束,名气越大,自我约束就需越严格,这类代价已是当下中国各种名人共同的紧箍咒。过去人们认为娱乐明星可以"为所欲为",房祖名、黄海波、王全安、王学兵等先后栽了大跟头,证明影视大腕也没有"绝对自由"。因为投身政治或公益领域而成名的人,就更需小心谨慎。不仅中国大陆如此,世界各地也大多这样,东方各社会尤甚。

从道理上说,区伯监督公车私用与他嫖娼被抓一是一,二是二,分属两个完全不同的评价体系。对他的行政拘留只有5天,其获释后参与公共事务的政治权利不受任何影响,他是否继续对公车私用进行监督,首先取决于他个人。

但是这起丑闻必然会重挫区伯的个人公信力,从而影响他继续从事社会监督的效果。他的支持者有的表示,自己对区伯嫖娼事不感兴趣,今后会一如既往地支持他曝光公车私用,但真能做到这一点的人恐怕并不多。在大多数情况下,一个人要在公共事务中保持活跃,其在守法方面不出问题是前提条件。

社会不会为维持一个人的现有角色而对其实施特殊保护。法律逐渐成为社会运行的主轴,社会的各种元素要围绕它自我或相互调节,而不能让法律反过来迁就它们。这些年很多高官和体制内名人因贪腐落马,带来种种冲击,但相关治理没有因此而退缩。体制外的名人必须从中看到,他们也不会以任何原因获得在违法时免受追究的特权。

中国警方今后敢碰任何人，舆论无法干扰他们执法，这是挡不住的大趋势。各类名人都比普通百姓承受着更多名誉风险，洁身自好是他们的必由及被迫选择，这是民主、开放时代的题中之义。与其抱怨这个逻辑，不如认真顺应它。

（环球时报 2015-03-30 第 3571 期第 15 版 | 国际论坛）

向南夫案暴露"境外反动网站"的衰败

62 岁的犯罪嫌疑人向南夫向设在美国的中文网站博讯网长期供稿，其中包括大量其本人编造的虚假"爆料"。北京市公安局 12 日宣布对向南夫依法刑拘，向编攒的"中国政府活摘人体器官、活埋人，大批群众到联合国驻华机构外抗议""千余警察暴力征地，五月孕妇被当场打死"等虚假信息，以及他只有小学学历的简历同时被公之于众。

尤其令人惊诧的是，向南夫 2013 年的发稿量高达 1300 余篇，成为博讯网的绝对主力作者。向南夫有多次违法犯罪记录，包括盗窃罪，他能摇身一变成为博讯网的"高级记者"，获进入该网站后台直接发稿的权力，这种荒诞剧听上去就像是一个传奇。

向南夫造谣太多，等待他的将是依法判决，也没更多可说的了。但博讯网却值得再多谈几句。

这是一家通常所说的"境外反动网站"，专事攻击中国大陆的政治体制。创办之初，还稍微讲究点搞新闻的样子。该网站显然受到政治性资助，吸引了一些仇共仇中的"志同道合者"。

随着西方财力的衰落，反华前哨竞争西方的财力支持趋于激烈，西方扶持的华人组织和网站普遍面临资金困难，这促使了法轮功、民族分裂势力以及民运分子的逐渐走近，或称"抱团取暖"。博讯网这类网站不仅政治上越来越无底线，它们的基本质量也越来越糙，几乎不堪入目。

上过这些"反动网站"的人都有个印象：它们咋咋呼呼的，滥用形容词和定状语，对夸张和渲染不加掩饰，好乱扣帽子，说话像喊口号。很多人说，那些"跑出去的人"连语言都没变，还停留在文革结束不久的年代。

但它们再出格，也让人想不到，能把发稿权随便外包，而且有时一个月里的一半稿子都由向南夫一个人发出。想象不出博讯网今天还剩下几个人，当它继续冒充"新闻网站"在国内外网民中招摇撞骗时，它是否还是一个"正常的网站"令人存疑。

很多"境外反动网站"从一开始就是个纯政治网站，它们的式微轨迹意味深长。这类网站没有死掉，大概还应感谢它们致力于攻击的中国崛起（复兴）。即使对西方的反华势力来说，它们也早已边缘化。倒是国内互联网的多元化有所溢出，重新包装了它们粗制滥造的各种极端言论，使它们勉强维持了存在感。

中国互联网上近年流行的一些政治性古怪排名，大多出自这些"境外反动网站"。中国社交网站上的一些极端留言和发帖，也有不少来自这些网站或者它们背后的相同势力。

向南夫案是互联网舆论场真假信息交织的一个缩影，也是一个人或者一个小团体能在互联网上扮演多大角色的展示。管理互联网，可不是那么容易的事，最重要的，恐怕还是提高网上公众的辨别力和免疫力。互联网的开放性决定了向南夫们的存在，他们不太可能被清扫干净。要想让他们最终变得少一些，就得让有智慧、不那么容易被忽悠的网民逐渐多起来。

（环球时报 2014-05-14 第 3315 期第 15 版 | 国际论坛）

广安"保路"群体事件应能避免

四川广安市邻水县部分群众星期六走上街头，要求设计中的达渝城际铁路经过该县，示威者打出"百万邻水人民也要发展"等口号。网上传播的视频显示，一些情绪激动的群众与防暴警察发生了冲突，传闻称有人因此受伤甚至死亡，但官方没有证实这些消息。

据报道，达渝城际铁路存在东西线两套设计方案，东线方案经过邻水县，西线方案经过广安区。这两个行政区都隶属广安市，该市发改委日前通过互联网表示，他们支持经过广安区的西线方案，这一表态成为邻水县群众"保路运动"的导火索。

铁路与中国的地域发展和民众利益有着不容忽视的关系，通过以往一个世纪的实际情况，中国人大多看明白了这一点。铁路是大量机会的象征，通铁路被当成拿到未来的某种承诺。一个县是否通铁路，是其综合潜力的重要指标，如果高铁或动车能够穿越一个县的县境，它对该县的潜在价值是难以估量的。

在公众权利意识快速觉醒的时代，像达渝城际铁路穿越邻水县还是广安区这样的安排争议，的确涉及了两地民众的重大利益。最简单的例证是，两地民众房产的价值将受直接影响，他们强烈希望铁路穿越本地辖区，这种心情可以理解。

近些年来，湖南邵阳和娄底、河南新野和邓州先后发生激烈争夺高铁过境或设站的事件。往更远看，因各种原因围绕铁路发生的激烈运动在整个中国近代史上产生了回响。

广安市一时解决不了辖区内两个行政区的争执，说明了处理涉铁路地域性民众利益的敏感性。中国各地近年或是出现针对 PX 化工项目的邻避效应，或是爆发争抢高铁的街头表达，"好事""坏事"的处理都受到挑战，并颇有蔓延之势。

解决这些问题光靠"教育民众"恐难奏效，警力能起一些作用，但收服不了人心。根本出路大概还要从决策的方式和过程中去找。

比如达渝城际铁路究竟经过邻水还是广安，当两地都有强烈要求时，应当有一个广为服众的决策机制推出来，把两地的所有相关要素都考虑进去，进行甄别对比，最终由一个权威、有代表性的专家群体做出决策。

面对尖锐利益之争，只有科学民主的决策原则才能是强势的。其他任何强势都可能是一时和表面的。群众的压力在这几年曾迫使很多地方政府修改已经做出的决定，公众已经了解基层政府"怕事"的弱点，把上街抗议当成争取利益"一招制胜"的手段。

中国近年围绕利益发生的大型群体事件大多出在让人"意想不到"的地区。那些地方政府以往的决策能力较强，但长官意识也较突出，对民众诉求的反应不够及时。而恰是那些地区在迎来民众权利意识觉醒的新波次。

习惯于在有潜在争议问题上"为民做主"的基层官员要小心了。请这些官员尊重辖区民众的知情权、议事权，该麻烦做的事切莫简单做，这是决策一旦做出后遭遇反对时政府不做无原则妥协的基础。

"一闹就解决"以及"大闹大解决,小闹小解决"是依法治国的大忌,改变这种局面不是政府遇事时"强硬"就能做到的,最重要的是,政府届时要有广受社会支持的"不做妥协"的理由。

(环球时报 2015-05-18 第 3609 期第 15 版 | 国际论坛)

布拉特因疏远美国"不讲政治"丢官

国际足联主席塞普·布拉特 2 日宣布辞职,他 4 天前刚在 FIFA 大选中赢得第 5 届连任,但他现在成为美国 FBI 的调查对象。这位已执掌 FIFA17 年的瑞士人在宣布辞职时说:"我的连任看起来并不是获得了所有人的支持"。

国际足联近日陷入腐败丑闻中,美国提供了南非足协对该组织官员行贿 1000 万美元的证据。FIFA 的多名官员已于一周前在瑞士被捕,并被要求引渡美国,舆论认为那是美国向布拉特发出的要其不再连任的明确信号。但布拉特蔑视了这个信号,他公开批评美国,认为美国司法系统只应在美领土之内行事。

华盛顿不喜欢布拉特,这是公开的秘密。2018 年和 2022 年世界杯主办权分别由俄罗斯和卡塔尔摘走,参与申办的英美落败。布拉特与普京关系不错,在西方谴责俄罗斯的舆论潮中基本听不到 FIFA 的声音。体育就是体育,布拉特对此似乎过于当真了。

但更让华盛顿不开心的,大概是布拉特和 FIFA"不听话"本身。重要国际组织的"一把手"如果拒绝接受美国"领导","不讲政治",往往是危险的。布拉特辞职以及被刑事调查让人立刻想到国际货币基金组织前总裁卡恩的下场。后者也被普遍认为不受美国欢迎，他2011年被控在纽约一家宾馆性侵一名非洲裔女服务员，被警方带走，在失去IMF总裁职位后，美检方又撤销了对他的全部指控。

人们还想起联合国两任来自发展中国家的秘书长加利和安南都与华盛顿多有龃龉，前者因美国否决未能连任，后者勉强完成任期，但儿子受到美国指控，自己一度站在悬崖边。

美国做"世界领导"已近一个世纪，手段很多。它很善于把政治问题"法律化"，这是美国人的国内政治传统，他们把这一套用到国际政治中也很熟练，从而把国内法律当"国际法"用。当然，美国完全是根据本国利益去国际上搞"精确打击"，对西方体系里有"背叛"倾向的人杀一儆百，戳宿敌的软肋。

这是美国作为唯一超级大国的独特优势。华盛顿对大多数有影响的国际组织都保持着某种威慑，促使很多高度国际化的精英们对美存有敬畏，忌惮于违背美国利益行事。

国际足联很可能真的存在腐败，世界其他领域也会存在问题，但每一次东窗事发的时机总是对应了美国利益的节奏。因此大量问题被纵容还是受追究，往往要取决于华盛顿想怎么做。

美国从未对在世界范围内清除腐败、推动廉政有过规划，有一些腐败透顶的国家控制者在今天和过去被美国选做了忠实朋友。但美国的一些出击也很有力。它看上去更像是以最省事、利润最高的方式在全球有选择性地打"小煤窑"，捞一把就走。

国际组织里不准备做美国朋友的人看来一定要屁股干净些，世界上不准备顺从美国的力量一定要很强大。这似乎是当今世界的游戏规则之一。

（环球时报2015-06-04 第3624期第14版｜国际论坛）

立法管理 NGO 决非对外开放"急刹车"

今天是中国全国人大上月公布《境外非政府组织管理法（草案二次审议稿）》的公开征求意见截止日。非政府组织（NGO）成为近年来的一个热词，境外 NGO 在中国的活跃作用受到广泛关注。然而中国一直缺少管理境外 NGO 在华活动的法律文件，补上这一立法的缺失，加强对它们的依法管理，这成为中国全面推进依法治国建设的一个必由行动。

大概是由于过去放得过于宽松，这一立法行动招来了西方 NGO 和它们身后支持力量的不适应和抱怨。《纽约时报》等发表情绪激烈的文章，宣称草案的一些条文让人"不寒而栗"，表明"北京不再欢迎你"，中国对外文化、教育和技术交流"都将可能戛然而止"。英国《金融时报》也给这一法律草案扣上"恐外"的帽子。

而在中国，大多数了解 NGO 的人都对国家对它们进行立法管理不感到奇怪，法律将进入社会治理的所有领域，这是大家的共同预期。

按照《纽约时报》的说法，中国的改革开放将因针对 NGO 的立法而停滞，中国人的生活面貌会发生可怕的变化，但几乎没有中国人相信事情将会这样。

很多境外 NGO 伴随了中国这些年的改革开放，发挥了积极作用。与此同时也有一些境外 NGO 在华进行了一些有损中国国家安全的活动。NGO 的贡献不容否认，对其中的问题也不必讳言。为泼脏水把澡盆里的孩子也倒出去，中国才没这么傻。但因为 NGO 有正面贡献就不对它的问题进行管理，中国也没这么粗心。

西方舆论对《草案》要求境外NGO今后在华登记都要有一个"主管单位"不满，不愿接受它们日后开展活动前要得到"审批"，认为这意味着要把境外NGO"通通逼走"。这样的心态需要调整。境外NGO来到中国，不能指望特权，它们应当努力融入中国的环境，真正与中国社会"打成一片"。

主管和审批制度在中国非常广泛，比如中国的绝大多数教育和媒体机构都有"主管单位"，中国大地上每天开展的各种公共活动也大多经过了"审批"。但恰是这些机构和活动构成了中国社会面貌的多样性。境外NGO需要适应中国的这一基本国情，不同中国的主要规则较劲。

NGO是现代西方社会的一个突出要素，它们同西方社会一起成长，在那个环境里如鱼得水。由于中国社会与西方社会存在较大差异，这决定了NGO来到中国时必然要同新的环境磨合，实现某种形式或程度上的"中国化"。如果西方NGO真想在中国有所作为，就必须吃透这个道理。

一些西方人想通过NGO向中国社会做价值观渗透，培育中国内部的对抗性因素，而且认为这样做是理直气壮的，中国不接受就意味着"关上了国门"，这样的态度有些无理，他们无须指望中国会做出让步。

中国宣布了"一带一路"规划，带头组建亚投行，中韩又刚刚签署了自由贸易协定，这个国家对外开放的热情就像潮水般涌出国门的旅游者那样一浪高出一浪。中国怎会有"停止开放"的念头？立法管理境外NGO又如何能成为对外开放的"急刹车"？

中国的对外开放今后需是高质量的，可持续的，这样就要将开放过程纳入法治轨道，而不能稀里糊涂的，忽略了国家应有的屏障。《草案》可以看成围绕境外NGO的阶段性总结，也是面向未来的务实整理。境外NGO是否配合中国的这次立法行动，或许也是它们对华真实态度的试金石。

(环球时报 2015-06-04 第 3624 期第 15 版 | 国际论坛)

媒体记者的正当批评不可能被禁

国家新闻出版广电总局 2014 年 6 月 18 日下发通报，要求各新闻单位对记者站、网站、经营部门、采编部门进行集中检查清理。通报禁止记者站跨行业、跨领域采访报道，禁止新闻记者和记者站未经本单位同意私自开展批评报道。

这一通报立刻引来强烈反响。这些反响大体围绕了两大问题，一是时下层出不穷的媒体记者敲诈勒索等谋私行为，二是记者的舆论监督权问题。对后一个问题，互联网上的议论尤其多。由于新华社昨天的报道非常笼统，官方的进一步解释看来对引导圈内共识，弄清具体规定颇有必要。

媒体如今处在前所未有的困难时刻，媒体记者的水平也是改革开放以来最参差不齐的时期。毋庸讳言，很多媒体将越来越多的精力投向经营工作，有些财经媒体甚至将采编和经营部门打通，形成机制上的倾斜。这些无疑会影响媒体的客观性，为媒体下属的记者站和记者个人用采访权换取私利开了更大口子。

央视财经频道的郭振玺事件使得媒体和记者的声誉雪上加霜，加强治理显然势在必行。

然而网上舆论的很大一部分针对了"禁止新闻记者和记者站未经本单位同意私自开展批评报道"这句话。这一强烈反应的背景是，最近两年不断有媒体记者以"个人名义"在网上开展各种轰动性爆料，它们都很尖锐，有些得到验证并达到舆论监督的效果，但也同时对社会舆论的整体面貌产生了复杂效应。是否应鼓励这些记者在媒体之外开展批评性爆料，一直存在争论。

我们认为，媒体对旗下记者开展批评报道做统一管理，这是必须发生的改进。世界大的新闻机构都是这么做的，这是现代社会舆论秩序的基础性规则之一。

与此同时，中国广大媒体人的现实愿望和感受也需得到关注。大家对批评报道的认识，对实施批评报道环境的看法，都是管理部门应当认真了解的。任何治理都需得到大多数人的理解和支持，才能顺利推行。

围绕"言论自由"的深层争议一直在媒体圈中存在，对批评报道的任何管理都会让一些人形成对这个问题的联想。对市场化媒体当前经济下滑的焦虑，与部分人的长期困惑交织在一起，造成了敏感的事情更加敏感。

我们想说，批评不可能在中国被禁止，限制正当的批评的时代也已经过去。但有一层窗户纸必须彻底捅破，那就是，中国媒体在本国的政治体制里决不会在核心属性上与西方媒体高度相像。中国媒体只能与本国国情相契合，对中国的社会治理发挥建设性作用，这包括批评报道。中国的媒体人也必须在这一根本框架内探索业务模式，寻求个人发展空间。这些应当是中国媒体和媒体人自我认识的基石。

试图针对国家体制开拓具有挑战性的批评报道，这在中国不可能走远。媒体人如果在这样的道路上设计个人的前途，也会迟早碰壁，走不下去。入媒体这一行，就需对此建立清醒认识。

国家早已形成自己独特的发展道路，这条路把中国带向前所未有的繁荣和进步。这是一个庞大体系，它在人类历史上堪称是全新的。中国媒体需要融入这个体系，在它的内部互动中扮演积极角色。而且何为"积极"，只能由实践来定义。媒体人不能先验地搬来西方那一套，要求整个体系围着媒体人的偏好和意志进行修改。这完全不现实。

如果说"禁止私自开展批评报道"是针对敲诈勒索之外另一类记者行为的，我们认为，带着这样的基础认识来理解通报，可能更容易些。

（环球时报 2014-06-19 第 3344 期第 15 版 | 国际论坛）

天然抵触新国安法的人需自我反思

中国新的国家安全法 7 月 1 日起实施，新国安法涵盖从经济、社会、文化安全直到网络安全的 11 个领域，其全面性十分突出。西方舆论在新国安法草案讨论的过程中就提出不少批评，认为它对"国家安全"含义的阐述"模糊不清"，有可能损害西方互联网公司的利益，被用来限制公民自由等等。西方舆论的最新反应延续了类似的误读与偏见。

国家安全不是绝对概念，而是相对概念，不同国家以及同一个国家在不同时期对它的认识很难完全一致。但维护国家安全的正当性比围绕它的各种争议更加重要，每个国家所面临的安全挑战或隐患都是些什么，最终要由各个国家自己来判断，没有一个国家会乐于接受外部强加的定义。

虽然在国际法层面上，各国会围绕国家安全有一些共识，但相互不了解彼此想法的状况也是经常性的。比如美国对自己国家安全的定义就很难让外部世界全面认同，美将国家安全的前沿远远推到了国境之外，经常到别国境内维护自己的安全。此外美国掌握着全球互联网的根域命脉，技术上无比强大，但它却经常宣称自己的网络安全遭到侵蚀。在外部世界看来，美无疑是全球最安全的国家，但华盛顿仍不满足，它对本国安全设定的标准实在太高了。

此外在与一些国家的交流中，我们能明显感觉到它们的防范心过重，给人员交往和经济合作设置了多重障碍。比如很多中国人都有办印度签证很难的经历，一些中国公司在印开展业务也受到源头是印度国安部门的限制。

中国是超大型国家，政治制度与西方不同，社会处于快速改革和转型中，我们今天对国家安全的认识既有时代特点，也有历史上一脉相承的东西。我们需要加强的国家安全措施肯定有一部分有较明显的中国特色和时代烙印，这一点都不奇怪。

国家安全理念不同，那么我的国家安全我说了算，各国法律管辖边界就是国家安全的延伸边界，这应是现代国际关系的基础性法则。由于全球化带来交往的深入，国家间交往在一定程度上变得"你中有我我中有你"，国家安全因此出现"交叉"，但一国领土上的本国核心安全是联合国宪章所全力保护的，这应当受到确认和尊重。

一段时间以来，西方针对中国的具体制度性批评大多是为了其在华公司利益的最大化，以及为西方非政府组织争取更多活动空间，再就是为了关照中国亲西方异见人士的利益。西方这样要求自己的利益放到中国国家安全之上是不对的，它们颠倒了原本应有的顺序。

新国安法提及港澳，这是合理的。港澳地区不仅早已进入中国国家安全的涵盖范围，而且那里的情况已经能够对中国内地的安全产生影响。新国安法暂且不在港澳施行，但港澳地区不可能永远是这方面立法的真空。

中国是当今世界经济社会发展最快、全面进步得分应当最高的国家之一，这样的国家辟出一部分精力来加强国家安全，是历史正义、和平之福。中国国内少数人一遇开展国家安全建设，就担心自己的安全和自由受损，他们应当反思，为什么自己会掉入如此奇怪的逻辑。

主动把自己推向中国国家安全的对立面，无论这样做的是一个国家，还是个人，或者某种社会性力量，都是不够理性的。如果有人对这一告诫不喜欢，就权当是忠言逆耳吧。

（环球时报 2015-07-03 第 3647 期第 14 版 | 国际论坛）

网络安全法，"自由"不是它的假想敌

《网络安全法》草案日前公布，向社会公开征求意见。草案的内容相当全面，涉及到网络的运行安全、信息安全、监测预警及应急处置等诸多领域。各国都重视网络安全，它已是国家安全的一个组成部分。美国的《爱国者法》等法案恐怕是这方面最激进的。但中国制定网络安全法似乎注定要引来相当多的关注和议论。

西方一些人只要从中国方向听到"网络安全"这个词，就会天然想到这是中国要干一些抵制西方影响、打击言论自由的事。中国国内也有一个人数不多、但在网上较有影响的小圈子这样认为。这样一来，草案允许国家在特殊关头采取断网措施很容易被他们赋予种种联想。

此外，美欧的一些利益集团担心它们的厂商受到网络安全法的影响，因此它们对该法草案要求储存中国公民个人信息等重要数据的服务器要设在中国境内很敏感。

《网络安全法》草案既然公布出来征求意见,那么提意见就有正当性。即使是一些尖锐的看法,包括可能是"故意找茬"的,有"提意见之外"目的的,也不妨听听。

由于中国是网民人数全球第一的国家,互联网既与中国社会高度融合,又至今面临它作为西方舶来品与中国社会彼此适应的问题,而且互联网根域中心及网络技术的上游都不在我们这里,中国制定网络安全法的复杂性至少比主要西方国家要多一些。

为了客观面对争议,我们首先应承认中国制定网络安全法的绝对必要性,国内外谁对此抱有抵触情绪都是他们自己的问题。认为中国制定该法有与世界其他国家不一样且非正常的目的,是一种偏见或者小肚鸡肠的认识。这么大的中国,网络对社会生活的渗透已如此之深之广,没有一部专门的安全法怎么行!

网络上的"自由"是一个老争议。客观说,互联网是网络时代中国"全社会"限制最少的一角,对普通人来说,它很自由,它的限制针对了对中国社会有危害作用的信息发出者。这样的限制在各国都有,一方面是西方社会和中国识别"危害"的原则不一样,这与各国不同的政治制度和法律体系有关。另一方面,西方有些国家好搞双重标准,喜欢"只许州官放火,不许百姓点灯"。

对具体区域采取"断网"措施,各国如果遇到为维护国家安全不得不采取的情况,大概都会下决心去做。这种情况肯定是极个别的,所以草案规定各地如要采取这一极端措施,须得到国务院的同意。也就是说,只有国务院才具有下令对具体地区"断网"的权力。它针对的显然是社会动荡,希望绝大多数中国人一辈子都别碰到这种事。

中国互联网确实在规范管控,这该如何理解呢?应当说,互联网含有"自由"的本义，中国对推动互联网发展的态度一直非常积极，这成就了中国互联网令全球侧目的繁荣。同时中国在非常认真处理网络自由同保持社会良序之间的关系，这种处理的方向是用法律规范自由，而非将之扼杀。

让互联网又有良序、又自由，这需要官方和网上各种群体的共同努力。这需要有对自由符合实际的共识，它不能是"绝对听话的自由"，也不能是可以随意"用谣言倒逼真相"，甚至把网络变成"谣言共和国"、诽谤他人可以不负任何责任的绝对自由。

《网络安全法》草案针对的是国家和社会安全，但像《国家安全法》的情况一样，国内外的一些人又把"人权"老话题带进来，这确是偏见的反应。它的实际效果是分散讨论的注意力，把已经泡沫化的争议再搅上一遍。

（环球时报2015-07-10 第3653期第15版 | 国际论坛）

个别"死磕派"颠覆了律师职业的含义

据公安部发布的消息，北京锋锐律师事务所的多名自称"维权律师"的人士近日被警方带走，另有一些相关律师和人士受到警方调查。消息揭示这些人涉嫌参与"重大犯罪团伙"。这对于中国律师界而言，不可谓小事，它很可能对中国律师队伍建设和整个法治建设产生长远影响。

被调查的这些律师通常被称为"死磕派"，公安部披露的消息显示，他们在黑龙江庆安事件等几十起大型舆论事件中扮演了与律师身份不相符的角色。他们的行为严重冲击了对具体案件依法处理的进程，还造成了局部地区的社会撕裂。

"死磕派"律师成为一个特殊的"维权群体"是近年的事，对于他们所发挥的作用存在广泛争议。在民间，"死磕派"被有些人当成褒义词使用，也有一些人把它看成完全的贬义词。

从道理上说，律师这个行业崇尚坚持法治理念是对的。但是，如果把有原则地坚持变成不择手段地死磕，就有了一种"市侩"或"无赖"的味道。现实中的"死磕派"，就是很复杂的。

中国的法治体系尚有不健全之处，民间一些人有"靠法律办不成事"的看法，信奉"大闹大解决，小闹小解决，不闹不解决，一闹就解决"。一些"死磕派"律师身为法律工作者，熟知法律条文和程序，但似乎有时更相信江湖上的那一套。

因此对于死磕，或许不能一概而论。如果律师要求政府、公安机关和法院严格遵守法律条文，如主张程序正义等，这样的死磕，即使让各地公职人员有点"难受"，也应当包容。但如果是用"流氓无产者"的手段办案，为将案件审理结果引向自己希望的方向而"什么招都用"，连违法也在所不惜，这样的死磕我们就应坚决反对。

一些人宣称，他们所面对的法律是"恶法"，因此采取极端手段"反抗"在道义上也是正当的，那么这样的人就完全不适合从事法律职业，他们只适合去做"职业造反派"。法律既具有总体的正义性，也是逐渐完善的。对具体法律条文有意见，可以通过合法途径表达，包括在正常情况下通过舆论场以及在立法过程中反映。但是，第一，这种态度不能带入到具体案件的审理过程中，这些过程必须由已有法律主导。第二，这种表达不能够违宪。

被抓的"维权"律师是否确实构成违法犯罪，以及违法罪行有多严重，要等待诉讼展开后法庭的最终裁决。但从公安部公布的材料看，锋锐律所的那些人的最大特点是"胆子大"，敢于"创新"手段，他们把一个个具体案件搞成轰动性的舆论事件，调动各种资源向政府和法院施压，他们更像是抵制运动的策划师和组织者，而不像律师。不能不说，很多时候这些人颠覆了律师职业的传统含义。

客观而言，"死磕派"律师里的极端派在思想层面出了大问题。他们不认同中国根本政治制度，以同政府对着干为荣。他们对政治的兴趣似乎高于对法律本身的热衷。他们对国家形势和世界大势的判断有误，因为有西方舆论和国内网上激进舆论的支持，就认为反体制颇有前途，于是他们不太在意所采取的手段是否合法，只要这种手段有利于自我炒作，有利于被西方注意到，他们就乐此不疲。

无视中国法治的进步，以为只有自己才代表正义和良心，这是一种可悲的狂妄。律师是推动中国依法治国建设的力量之一，但显然不是这支力量的全部，"死磕派"律师更不是。绝大多数律师是能够遵循法治理念、法律制度和职业操守履行职责的，锋锐律所栽大跟头决非律师界之劫，而是极少数人挑战中国现行法律体系招致的恶果。这个案例值得认真跟踪观察，它对人们厘清律师死磕所不能逾越的法律和职业伦理边界有重要意义。

（环球时报 2015-07-13 第 3655 期第 15 版 | 国际论坛）

演习占用空域公告是对舆论的尊重

媒体 22 日曝出，由于高频度演习，7 月 20 日至 8 月 15 日华中和华东12个机场将有为期26天的大面积航班延误。这是官方近年第一次公布因"高频度演习"实行航空管制的消息,虽然这将导致华东和华中地区部分人的出行困难,但舆论的第一反应有很大一部分对此表示理解。

中国是西太平洋乃至全球的重要角色,国家安全的内容很多。虽然官方没有明确"高频度演习"是指什么,但人们纷纷猜测它就是与航空管制空域有关的军事演习。

做大国就是比做中小国家麻烦得多。不仅维护国家团结、发展民生的任务长期而复杂,而且所面临的地缘政治环境永难平静,远近的问题都会同我们挂上钩。大国必须要发展独立的军事能力,而不能把自己的安全托付给别人。

我们的生活中渗入国防以及国家安全的某些元素,这恐怕是正常的。以为国防与我无关,我的生活不能受国家安全事业的任何影响,这只能是调侃,或者气话,因为现实决不可能是这样的。

国家安全就应当堂堂正正在我们的生活中得到呈现,保卫和平与享受和平融为一体,这应成为现代中国人的习惯。

当然,我们希望官方更加信任公众,尽可能提高维护国家安全的透明度,以期实现官民在这一重要领域无缝隙的配合。比如对于民航可以使用的空域因军事原因"很有限"这一长期传言,舆论并非一直没有意见。官方与公众就此问题多一些沟通还是很必要的。

这次官方主动公布演习将造成民航延误,被很多人看成是官方增加透明的一个信号。人们的这种乐观同时也是对官方在这方面不断前行的期待。

客观而言,中国官方各部门对信息透明的经验不足,各种担心也往往很多。在有些时候,过度保密就是一种惯性,一些部门对公布信息的效果拿不太准时，宁肯选择按老的规矩办。

对中国这样的大国和大社会来说，涉及公共利益的重大信息保密和透明各有利弊，官方需要认真评估它们，追求利弊平衡后的最佳效果，而不能只顾一头。

拿这次主动公布将有"高频度演习"来说，本来保密的东西一下子透明了许多，但获得了公众很大程度的理解，促进了社会和谐，这样的调整就很值得。

接下来，官方最好还能够帮助公众确信，这次演习对空域的使用已经在国家安全利益和百姓出行利益之间做了认真平衡，使用空域是"最低限度的"，而且不仅这一次，未来和平时期军民对空域使用的分配也是出于同一原则。

我们知道，信息透明需要中国社会各界和各方面在信息化时代的同步成长，需要社会经验和成熟度总的积累。它看似很简单，其实它是高难度的社会建设。一个重要的事实是，中国社会在变得越来越透明，这是个再清楚不过的趋势。我们希望它在未来是个加快的过程，当然我们同时希望它也将是平稳的。

（环球时报 2014-07-23 第 3373 期第 14 版 | 国际论坛）

互联网风云际会引无数人竞折腰

方舟子的博客和微博账号前天晚上全面消失，紧接着，新浪总编辑陈彤在昨天宣布辞职。这两件事毫无关联，但它们前后脚发生，强化了人们的相关感受。

方舟子被销号被认为可能是撞到了互联网管理的枪口上。至于陈彤，他执掌新浪新闻业务17年，外界有新浪"流水的CEO、铁打的总编辑"之说。陈彤离职据信是新浪内部的原因，但不少人在网上写出他的离职标志着"新浪一个时代的结束"。

正如陈彤在告别信上所写，互联网"是这样一个风云际会的时代"。很多观念和它们的代表者从这里穿行、碰撞。让我们抄两句歌词，当有一天"黯淡了刀光剑影"的时候，我们将忆起那一张张曾经"鲜活的面孔"。

互联网引无数人竞折腰。但这个表面浪漫的虚拟世界，现实逻辑性越来越强。开始时这里只有随心所欲的自由和放浪，因为那时它属于游离在主流社会之外的江湖。但现在它已同日常社会融为一体，这里于是流行开一个新的关键词，那就是责任。

所有来到互联网上的人，如今都需承担与他影响力相应的责任和义务。影响力越大，就越需谨言慎行。这一规则正在把虚拟世界变得很像现实。

现实世界条条框框多，对在网络江湖上跑惯了的人来说，它缺少生动，显得枯燥乏味。很多网络名人在网络加强治理的今天感觉不舒服，这是可以理解的。挑战的酣畅淋漓更让人刺激，也更容易博得围观和掌声。一些天性就不喜欢加入秩序的人，尤其对毫无拘束的网络"理想国"充满向往。

然而无论我们喜欢不喜欢，网络与现实生活的接轨是挡不住的趋势。当越来越多的人连存钱取钱以及大量日常购物都要经过互联网的时候，这个地方不断出现新的"与政治有关"的规定，将不以我们的意志为转移。

互联网成为中国政治氛围最浓厚的地方之一，这被大量客观原因所促成。但如此多的尖锐议题和情绪突然集中于一处,这给治理带来不适感。控制、分流它们,让互联网变得像真实社会那样正常一些,别搞成一个人为的"火药桶",这恐怕是任何管理者都不得不考虑的选项。

互联网带来的冲击具有两面性,它一方面增强了社会的承受力,成为改革动力的全新来源之一。另一方面它的破坏性是社会日常治理不得不随时面对的。以往的互联网造就了一批"不怕虎的初生牛犊",但那个时代或许正在过去,未来互联网的弄潮儿大概将是一批更有智慧,有能力在互联网复杂环境中传递正能量的人。

中国改革的一路上,每个时期都有一些人产生言行"被制约"的不舒服感。连起来看,它们折射的就是一个社会规律。一些人选择了与这个规律对抗,并且认为这样做是"高尚的"。

然而不能不指出,这个社会还有另一种高尚的目标,它就是维护国家迎着内外各种挑战保持发展和稳定的能力。一个人有理由以个人的好恶和感受为中心,但考虑将个人选择与全社会的目标协调起来,这至少是理性的。

我们非常希望言论的问题能逐渐在互联网上安定下来,它意味着社会治理的承受力与网络积极分子的表达欲逐渐形成契合。这将是一个艰难的磨合过程,这需要网络活跃表达者们对管理采取理解和配合的态度。同时需要管理者及中国主流社会对管理认识上的不断升级,以及调控方式和手段上的不断创新。

(环球时报 2014-10-23 第 3444 期第 15 版 | 国际论坛)

"高级黑"是官僚主义冒出的傻气

哈尔滨2日一仓库发生火灾导致5名消防员死亡后,该市公安局的官方微博"平安哈尔滨"发消息公布基本情况,全稿585个字,其中领导"高度重视""做出批示""紧急部署"部分占了258个字,多名领导的名字和职务都在文中出现,而牺牲消防员的名字都没有写出。该稿件迅速遭到网上舆论的炮轰,哈尔滨市官方的整体形象因此遭受负面影响。

各地出了事故后,官方的情况通报和新闻稿往往突出领导"重视"和对紧急处置事件的"指挥",这已成为相当固定的"党八股"格式,各地在做这类发布时,几乎不会有谁对它的实际效果进行思考。"平安哈尔滨"这次的突兀实际是对这种套路做了较为极端的发挥罢了。

时代早就变了,舆论的多元化格局已成事实。官方不再是信息的唯一发布者,而成为舆论场上的信息源头之一。官方的舆论环境并不好,舆论场上批评官方的热情很高,官僚主义几乎面对着将其漫画化的舆论"自动反应机制",官方机构和媒体较为出格的表现都很容易被这个"机制"捕捉住,并遭放大,成为对官方形象的"高级黑"。

最典型的"高级黑"往往涉及以下领域,官员乱说空话套话,不恰当的亲民秀,自我表扬,向上阿谀奉承,搞虚假自我展示露馅,等等。可以看出,它们基本属于官僚主义的大范畴,而官僚主义是最容易被发现、识破,并且嘲讽起来也最容易获得戏剧性效果的官场表现。

从以往官方习惯的工作机制讲,"平安哈尔滨"犯的不是什么大错。它的小编可能经验不足,审稿的官员或许不了解网上舆情,他们大体按照往常工作程序做事,只是"没把握住分寸"。但互联网舆论场可不这么看。

这么突出领导,被一些批评者认为是在帮着领导"开脱",只写出多名领导的名字却无一名牺牲消防员的名字，被一些人解读为"不重视生命"。哈尔滨的情况未必一定是这样，但不能不说，各地基层出事时突出当地领导亲临指挥的报道方式，的确有些能看到帮他们开脱的影子，至少公众这方面的印象是强烈的。

效果明明不好，一些地方出事当地的通报还那样做，说明一些官员最重视的或许不是老百姓看了报道怎么想，而是什么样的通报最有利于他们对上交代和渡过难关。

"高级黑"一旦形成，其结果不仅是地方当局的"自黑"，还会殃及官方的整体形象。必须指出，政府公信力是社会治理最宝贵的资源，而这个资源当前几乎没受到系统性的保护，对它的损害大体可以不受处罚。目前并不存在保护政府公信力的责权框架，这方面的事情基本处于放任自流的状态。

政府公信力大概需要受到"紧急抢救"级别的保护，它理应获得各级和各地官员们的"高度重视"。"平安哈尔滨"事件背后的那些深层原因是全国性的，如果现在不着手改善，它们还将造成一个又一个轰动的公共舆论风波，那将是地方治理的损失，也将侵蚀全国治理的效果。

关键是要真正清除官僚主义，真正弘扬实事求是的作风，这是比解决"高级黑"技术层面问题更重要的改进方向。当然，提高各地政府和官方机构的舆论应对能力也不应光说不做，一个地方政府吃一堑，全国各地的政府都应跟着长一智。

（环球时报 2015-01-05 第 3505 期第 14 版｜国际论坛）

出租公司、司机、乘客都是"利益集团"

出租车市场最近有点乱。继沈阳部分出租车司机本月4日罢运抗议"专车"以来，南京部分出租车司机也于9日罢运，抗议"份子钱"过高。南京10日还发生出租车和司机遭打砸事件。

出租车是城市公共交通的重要部分，直接关系民生，全国每天使用出租车的人都以千万人次计。然而出租车行业是运营者和消费者满意度都最低的领域之一，尤其是最近几年，出租车司机抱怨工作累挣钱少，公众则抱怨出租车难打，舆论怀疑政府和出租车公司的利益链条导致了"行业垄断"，与此同时，各大城市的"黑车"屡禁不绝，市场陷入混乱。

旧体制千疮百孔之际，"滴滴打车"等软件一炮走红，并引申出"专车"业务，刮起一阵新风。然而由于大量"黑车"成了这一服务形式的主力，"专车"被多地列为紧急清理的目标。

出租车市场在全国不同地方存在多种运营模式，但都实行了准入制，并由政府确定了出租车总量。各城市都有出租车公司，负责管理数目不等的出租车和司机。这些司机同公司的联系较一般企业弱，职业道德参差不齐。

在全社会对出租车种种难题一筹莫展的情况下，大家一起骂出租车公司与政府之间的"利益链条"成了舆论的出气方式。这方面的问题不能说没有，但这些问题对出租车行业混乱的责任显然被夸大了。

出租车司机一方面在整个市场上处于弱势，一方面逐渐在自我表达方面变得勇敢而活跃。出租车司机罢运大概是近年最频繁的行业罢工现象，而且对政府产生了威慑力。各地打车难问题严重，但都在出租车行业的压力下轻易不敢增加出租车运营总数，结果之一是"黑车"的大肆泛滥。

舆论普遍深信出租车公司都有"旱涝保收的暴利",认为压缩那些公司的利益就可以取代出租车提价。中国出租车在世界范围内大概是"大众化"程度最高的之一,一些人提出让出租车价格再高些,解决出租车司机工作时间长收入低的问题,往往遭到舆论的断然批判。

出租车市场上存在种种畸形,比如沈阳的一个出租车牌照可以高价卖到六七十万元。很多地方由"黑车"担任的"专车"比正规出租车还整洁,服务还要好。

出租车行业进行改革势在必行。在这个领域,收高份子的出租车公司、反对增加出租车数量的司机、习惯了低价出租车服务的消费者、还有怕出租车司机闹事的各地政府其实都是"利益集团"。各方都有一些"既得利益",都希望别的方面出让利益促进困局的打破。

市场原则早就在出租车领域退到后面,谁也说不清是什么原则在主导这个行业。是结束这种状态、重新理清利益关系和重建市场机制的时候了。

改革应把保障出租车司机合法权益和保障消费者打车方便放到并列第一的位置,把所有其他考虑都放到这两个因素之后。能不能发动并搞好这项改革,这是对各地政府执政能力和水平的检验。由于各地目前的出租车运营模式本就不尽相同,这是个各地有充分管理创新空间的领域。

那些出租车行业管理差的城市,往往也是打车难、"黑车"出没多、相关冲突乃至群体事件也比较多的地方。今后那些地方的相关官员应被追责。那些一下火车打不到正规出租车、而只有"黑车"司机围上来的城市,社会治理的其他方面也不会好到哪里去。

(环球时报 2015-01-12 第 3511 期第 15 版 | 国际论坛)

"老虎苍蝇一起打"等或成永久成语

十八届中央纪委第五次全会12日至14日举行,受到舆论的广泛关注和期待。中共最高层的很多著名反腐言论都出自中央纪委全会,比如习近平所说的"把权力关进制度的笼子里""不能让制度成为纸老虎、稻草人""使纪律真正成为带电的高压线"等,原版都是他在中央纪委全会上的讲话。王岐山也是在上一次中央纪委全会上首次提出"塌方式腐败"概念,以及"治病树、拔烂树"的反腐思想。

中国十八大以来的反腐行动堪称全球现代化进程中的突出一幕,"老虎苍蝇一起打"等最脍炙人口的反腐词汇很可能会穿越时代,成为中文新的永久成语。

反腐败究竟是什么,中国社会的认识大概会不断延伸、扩展。一开始时,我们绝大多数人都以为它就是制止官员贪腐,但慢慢地,我们发现这件我们想立竿见影做成的事,最终将是中国一系列改革的结果。"打老虎"会逐渐变成"治贪腐"。中央提出使官员"不敢腐、不能腐、不想腐"三大目标,我们逐渐理解了它们的递进关系和彼此承前启后的宏大性。

反腐败是中共政治上的一次彻底自我整理,它必将带动中国全社会的高度参与。此外如果它能坚持到底收获正果,也将是针对中华文明薄弱处做出的一项深远贡献。中国现代官场腐败的病根不仅是最近这几十年的事,还深扎在中国几百年甚至千年历史的更远处。

中国社会不仅需要有开展反腐败的决心,还要有把它持续进行下去的耐心。反腐败既然拉开大幕,就必须"一不做二不休"。它如果半途而废将是现代中国社会的不可承受之重，其所意味的政治后果很可能比没搞反腐败就那样往下混还要严重。

那么怎样才算反腐败"着陆"了？很多人大概都想过这个问题。我们认为，从社会角度观察，它应是人们对财富、权力、规则、前途、荣誉等核心概念的认识都相应现代化，能够为一个主要由法治进行调节的廉洁社会提供足够的支点。

每一代人都要为中华民族的伟大复兴做出自己的独特贡献，只有这样这个国家和社会才能生生不息。新中国的前30年，人们付出了。后30年的改革开放，人们另有付出，接力般塑造了今天的繁荣。未来一些年，中国社会要在进一步发展经济的同时逐渐清除腐败，全面树立法治的权威。

反腐败和全面深化改革、全面推进依法治国是一个整体。这既是国家的主动战略之举，也部分来自形势的倒逼。设想一下，如果没有十八大以来这种力度的反腐败，这个国家还能往前走很远吗？社会矛盾的激化真的只是互联网负面舆论所制造的幻象吗？

周徐苏令的大案着实令人震动，由执政党主动作为拔掉这些烂树，实为中国之幸事。一个简单的问题是：如果党不动手拔掉他们，那要等着谁来拔？

六十几年来中国不断前进，回过头看，每个时期的问题都有一定"惊险"，中国的幸运在于总是有各种机缘促成了纠错的发生，这些机缘看似一些巧合，当它们一再出现时，就展示了某种必然性。新中国就是这样由不断前进和不断纠错以及每一代人为它们的执着付出而组成的。

短短两年，反腐败远未结束，然而一些变化已经清晰可见，必须说，它们是极其宝贵的，对它们的意义历史或许将给予比我们今天评价更高的定论。我们继续往前走，豁然开朗的感觉有可能伴随我们一路。反腐败给这个时代打下烙印，但时代只会因为它而丰富。它一方面是制止，一方面是创造的源泉。

（环球时报 2015-01-13 第 3512 期第 15 版 | 国际论坛）

军队自绑 16 恶人，人民更相信子弟兵

军队权威部门 15 日下午对外公布 2014 年查处的 16 名军级以上领导干部名单，其中 4 人的案子是第一次被公布。总后副部长刘铮等人受查处的事情网上曾有传闻，昨天一并得到证实。

舆论颇受震动。但以往是案件本身令人吃惊，这一次则加上了对军队这样集中"自揭家丑"的没想到。

军队出这么多高级别贪官，显然是件丢脸的事。通常，无论哪里出贪腐丑闻，大都愿意"低调处理"。但军队这次把全年查处的军以上贪官合在一起公布，这是在自炒负面新闻，突出问题的严重性。这种态度不仅在军队，在全国范围内也是焕然一新的。

不掩丑，在今天的中国仍说不上已成规则和习惯，有些地方和部门在反腐问题上表的决心很多，但对涉及本地本部门贪腐丑闻的那些"干货"，则能少说就少说。军队受保密原则的约束多，总体信息开放度不如地方上活跃，但昨天自爆军队腐败大案却不留余地，一举走到全国的前面。

我们愿意把这看成真正的决心宣示，我们也愿意相信，这才是全国人民希望的"告别 + 出发"。

实事求是说，军队内有一些贪官，这是公众可以想象到的。但如果

说一个地方"虽然出了问题,但整体是好的",军队大概最有资格得到这样的公允评价。尽管这两年军内腐败案不断曝光,让人们看到他们原本难以置信的种种问题,但如果说军队的形象在人们心中"垮了",显然不是真实情形。

我们知道腐败问题渗透到中国社会的方方面面,新一届党中央大刀阔斧铲除腐败对此作了证实。与此同时,前所未有的反腐风暴也吹散了困惑,在腐败废墟间竖立起全体人民信心的新支柱。

因为人们看到党开展反腐败的行动力。中国肯定不是当今世界最腐败的国家,经常跑发展中国家的中国人对此都很清楚。今日中国也肯定不是本国历史中最腐败的时期,但今天的反腐败在中国及全球历史上都罕有记载。人民是能看懂这一点的,这一根本事实是中国社会对未来信心的重要源泉。

军队反腐败的雷厉风行尤其令人鼓舞,成为公众信心的重要支点。不仅打大老虎,军队"禁酒令"、严管公车、退多占住房都做得立竿见影。除了全国反腐败的那些普遍推力,军队令行禁止的纪律作风似乎发挥了额外作用。反腐败是对军队严整的特殊洗礼。

希望以公布"打虎榜"为契机,军队在对外信息透明方面有更全面的调整。军队可在不影响保密规定的情况下多搞不同形式的公众开放活动,让人民多有机会与子弟兵直接交流。在军费使用等重大问题上,也应更多满足公众的知情权。这些将是有利于反腐败的一石多鸟之举。

军队一些人贪腐给军队抹了黑。就这个问题来说,坏事就是坏事,变不成好事,但人民的判断力是完整的,出了少数蛀虫的军队不是一块倒下的木头,而是蓬勃向上的生命体。军队本应如此,这也是人民的期盼。它在保卫这个国家的安全,这种保卫比任何时候都更加可靠。而且它没有因此居功自傲，就在昨天，它把写有按党纪国法必须惩处的 16 人名单交给了大众。

（环球时报 2015-01-16 第 3515 期第 14 版 | 国际论坛）

坚信警民一家，是新闻不走样之本

去年 12 月一起"太原警察打死讨薪女民工"的消息激起轩然大波。图片和视频显示，太原一名警察有用脚踩女受害人头发的行为。涉事的多名民警后来被逮捕或刑事拘留。昨天新华社发表长篇综述，披露案情调查目前已有的结果。报道显示，这起案件源起工地保安与几名民工的普通纠纷，与民工"讨薪"无关。女受害人被带到派出所后被放到地上，其他几人遭到殴打。女受害人的死因仍有待尸检报告的正式结果。

看来媒体围绕这件事的报道有真实内容，但加入了"讨薪民工"这个不真实的额外元素，增强了传播力。不管怎么说，这起事件中的粗暴执法迄今看来直接导致了女受害人意外死亡，这是法律和舆论都绝对不能接受的。这件事留下了极其沉痛的教训，太原警方已将 12 月 13 日定为该市公安系统的"执法警示日"，这一态度值得欢迎。

回顾整个事件过程，有几个线索值得特别强调。

一是多名涉事警察的职业道德和纪律都很薄弱，这种随时有可能点燃的危险元素因为一名女受害人的死亡被社会捉住。而这样的元素在警察队伍里恐怕还有。消除这些隐患是避免类似恶性事件重演的根本途径。

二是个别警察明显涉嫌犯罪，其所在公安机关必须在第一时间旗帜鲜明，即使细节一时不清，依法治警的态度也应毫不含糊。对犯罪事实确凿的警察，该抓就抓，该怎么判就怎么判，这当中并不存在难以处理的模糊地带。

三是涉事当地及直接的上级公安机关应针对舆论最关心的问题保持对外信息沟通，及时通报调查的最新进展，切不可有畏难情绪，因为怕挨骂而躲媒体。事实一再证明，这样躲只能让事情变得更糟。

针对社会，我们也有一些话想说：

一是舆论对推动这起案件的公正处理起了鞭策作用，这也是舆论监督的重要价值所在。

二是"讨薪民工"这个不实元素的加入有所不该，它给事件增加了额外色彩，而整个事件的炒作方式和强度对全体警察形象造成扩大性伤害。如何在发挥舆论监督的同时避免这种些问题，值得探讨。

三是随着事件热度的上升，一些"有想法的人"主动卷进来，通过制造对立和紧张捞取利益。这种情况已是多元化时代的常态。

搞清这件事的来龙去脉，对全社会都是一次教育。在中国警察和老百姓是一体的，他们彼此根本就不是对立面。对此需要有坚定不移的认识，这是我们厘清细节复杂事情的根本保障。

我们隔段时间会看到有个别警察犯罪的报道，但如果说全国警察队伍的责任心和纪律较社会平均水平相对更高些，大家同意吗？当然，我们希望他们做得更好。

太原这起案件的涉案警察肯定要依法惩处，但是把案情完全调查清楚需要一个过程。这涉及到受害人和家属的尊严和权益，也涉及几名警察的命运，必须严格依法对待，而不能以"舆论审判"取而代之。舆论需耐心些，让刑诉法的程序能够在法律轨道上展开，尽可能不受社会舆论干扰。我们可以对比一下美国的情况，涉及警察执法犯法的审判往往会有很长的取证过程。

因此让我们继续睁大眼睛揪出每一个"坏警察",同时让我们也别冤枉了每天勤勤恳恳维护这个社会安宁的、全国300多万人的警察队伍。

(环球时报2015-01-17 第3516期第7版 | 国际论坛)

改革的同时必须高度开放,中国人懂

以美国商会为首的多个贸易团体日前致函克里等美政府高官,要求他们对中国新出台的一些网络安全监管规定做出反应。此前这些团体曾致函中国高层部门,呼吁中国推迟实施那些规定。

中国方面尚未正式公布相关新规,据美商会方面称,它们包括向中国金融机构出售电脑设备的公司必须交出源代码,在中国设立研发中心,为技术设备提供服务的人员申请许可证,并建立允许中国官员管理并检测其硬件处理数据的"港口"等。有分析人士认为,美国贸易团体抢在中国公布新规之前写这些信件,制造舆论,是想向北京施压,促中方改变决定。

中国不是实施网络安全监管的第一个国家,事实上所谓"新规"多是有维护网络安全能力国家的普遍做法,而美国在这方面的行动最坚决,最系统化。中国的华为、中兴等网络通讯设备提供商无法进入美国市场,它们均表示愿意配合美国的监管措施,但美方还是认定它们构成对美国国家安全的长期隐患,不予放行。

那么美国公司对中国各种网络的介入有多深呢?中国网络安全专家秦安的文章提供了这样一组数据:美国思科公司的设备占了中国电信163

骨干网络约 73% 的份额，进入该骨干网的所有超级核心节点和绝大部分普通核心节点。此外中国四大银行和各城市商业银行数据中心都有思科设备，海关、公安、武警、工商、教育等政府机构的约一半相关设备来自思科。

如果中国华为、中兴在美国有这样的占有率，美国整个国家或许都会惊恐得睡不着觉。

但中国没有因此被吓成神经质。从美方披露的那些措施看，即便它们都是真的，中方也只是通过那样做保障使用美方设备时的切实安全，而不是要大规模换掉它们。

少数更核心的政府部门更多选择中国成熟的国产设备，这应当被理解。斯诺登事件让世界知道了美方网络情报之手伸得有多长，连德国总理都被美方监听，搞得德方公开表示要建立独立的互联网系统及设备。

中国没有借网络安全名义搞贸易保护主义的愿望。这里的安全关切是真实的，而并非只是一个名义。中国的互联网技术与管理能力仍总体落后于美国，连华盛顿对网络安全有那么多担心，它应当知道中国不傻，而且迄今中国对待自己的担心是多么克制。

中国社会珍惜同美国业已形成的强大经贸纽带，它被看成中美关系的"压舱石"。我们记得以往美国政客找中国麻烦时，美国企业界为保护中美关系做了多少游说。我们懂得经济联系如果弱化，会给两国关系带来长期而缓慢的影响，对它的基础形成侵蚀。

因此维护中美经贸合作的大局是中国的一项重大利益，美国企业在中国经济中所能得到的总空间肯定是逐步扩大的，这有中国市场容量不断变大的原因，也有中国愿意中美之间"你中有我，我中有你"。

美国各类公司需要适应中国对国家安全的关切和维护方式。它们有一部分与美国的情况相同或相似，也有一部分是中国特有的。美方需尊重中国因此而形成的法规，就像我们有时即使不理解，也需接受美方的规则一样。

世界互联网"八大金刚"都是美国公司，它们目前都在中国大陆开展业务，也最清楚中国的安全关切是多么实际和必要。希望它们都能配合中国的网络安全建设，并继续拓展在中国的业务。有它们在，挺好的。改革的中国必须同时是高度开放的，这是现代中国社会最基本的信念之一。

（环球时报 2015-02-07 第 3534 期 第 7 版｜深度报道）

被鞭挞的京沪高铁，应成抽我们的鞭子

京沪高铁公司近日称，2014 年全年京沪高铁运送旅客超过 1 亿人次，比上年增长 27%，客票收入约 300 亿元，按营业税口径计算，有望实现利润 12 亿元。京沪高铁 2011 年 6 月 30 日开通，之后不到 1 个月赶上"7·23"动车事故，京沪高铁成了舆论泄愤的头号目标，不安全、高票价、低载客率等一系列罪名缠上当时世界一次建成里程最长的这条高铁。

曾有一段时间，京沪高铁每次晚点都能被晒到互联网上，招来口诛笔伐。"7·23"之后的舆论沸腾大概是这些年网上民粹主义的顶峰，那是一段值得我们做成书签每次翻页都触碰一下的岁月。

大工程都要经历公众各种意见的洗礼，舆论对高铁的鞭挞为中国社会彻底补上了这一课。如果说之前舆论对政府主导工程质疑和批评太少的话，那么各种市场化媒体在"7·23"之后猛踹京沪高铁，就似乎有了

点矫枉过正的"正当性"。至少往好处想,这是说得通的。

然而纵有一千个理由,也不能不说,中国舆论对京沪高铁以及对国家的整个高铁计划还是太狠了些。我们当时的义愤填膺有点像是对待黄赌毒,或是对待帝国主义侵犯中国筑路权,而舆论批评的对象却是中国近年高新技术最具规模也最勇敢的创新之一。如果我们那时还不清楚高铁能开创多大成就的话,有一点至少是清楚的:中国高铁走在了世界前列。

事实证明,中国社会对重大创新工程的态度是极其严厉的。舆论当时把高铁有可能"多坏"以掘地三尺的态度想遍了。而高铁有可能"多好"没人愿意想,或者想了也不敢说出来。动车出事死了人,这很令人痛心。但这件事被做成了抽打高铁的鞭子,不是鞭策那种,而是往死里抽,鞭鞭是血。

今天中国的高铁总长已达1.6万公里,超过世界高铁营业里程的一半。它没被抽死,虽遍体鳞伤却活了过来,真是中华民族之幸。说世界羡慕中国这羡慕中国那,很多有自吹的成分,但连老美老欧的很多人都羡慕中国迅速形成如此先进的高铁网,却千真万确。

一个多世纪前中国建铁路就充满争议,后来建高铁再惹争议,难道我们能说这两次争议之间没任何联系吗?好好总结吧,中国总有一天要走到发明个美国佬德国佬连听都没听说过的东东那一步。不能不令人担心,我们到那时会被自己的想法吓怂。

看看世界航海史、航空史、航天史上曾有过的牺牲,它们今天的繁荣多少会令人唏嘘。希望"7·23"之后中国社会的怯意只是一时的脆弱。还是让我们多往好处想吧,那一拨批判潮毕竟也有正面意义,而且高铁不是从那些批判中最后走出来了吗?

"7·23"值得深刻反思,"7·23"之后随之而来的"舆论反思"同样值得反思。我们这样说，只是因为相信自己的祖国还要往前走得更远。几个世纪落后留给我们民族性格妄自菲薄的劣根，它必须从危机感、自我批判精神的正当品格中被识别出来，见一根拔一根，扔到太阳底下暴晒。只有这样，这个民族的精神世界才能越来越强大、光明。

（环球时报 2015-01-27 第 3524 期第 15 版 | 国际论坛）

西媒胡拼乱凑中国"四处碰壁"画面

西方媒体近来大规模炒作中国在海外重大工程项目出现的曲折，宣称中国的对外投资战略遭遇"重创"。它们把公众的注意力吸引到希腊、斯里兰卡等国新政府对中资项目的表态上，把上任新官回应舆论的话当成那些国家对中资态度的全部，从而制造出中国"四处碰壁"的印象。

而实际情况显然并非西方媒体描述的那样。比如，希腊《每日报》援引希腊分析人士的话说，新政府不可能把中国人赶出比雷埃夫斯港，希腊同中国的合作不可避免。

中国投资所到之处大多是竞选政体国家，当中国投资的项目在当地颇具影响时，它们就有可能成为政治话题，会一定程度受那些国家政党轮替"变天"的冲击。这样的风险是中国公司不得不面对的。

据《环球时报》了解，中国企业和政府对这些风险早就有所评估。大多数发展中国家都有政局变化的可能，中方不可能把大型投资项目的宝都押在执政党身上，投资的主要依据是当地社会对中资项目的现实需求，是那些超越具体政党利益的因素。

政局变动初期，会有一些"冲击波"发生。但它们的冲击幅度究竟有多大，只有时间才能证明。有中国学者打比喻说：不妨先让子弹飞一会儿。

中国的大型投资项目都有利于东道国的经济发展，并让当地社会受益。它们都程序完备，正大光明。放弃这些项目将造成双输，当地损失就业、税收和外汇收入，经济社会发展受挫。由于几乎不太可能有实力相当、条件相近的伙伴替代中方，最终的巨大负面影响很容易预见。

每个项目总会有一些特定风险，但在大多数情况下，中国工程基建和制造业的强大实力以及我们的务实态度构成了综合的可靠性。它们并不那么容易被放弃。只要中国自己保持定力，不自乱阵脚，很多一时的波折都会随着时间的展开被克服。中国应当有这样的底气。对很多急于发展的社会来说，与中国合作是最佳选择，这种最佳性不是随便就能再造的。

西方舆论还总是喜欢夸大一些国家同中国关系的整体变数，更属无稽之谈。需要指出，在当今世界里，几乎没有哪个正常国家会颠覆性改变对华关系，它尤其不可能成为大范围的选择。有些西方媒体的分析属于"意淫"，它们很愿意从一个具体事情中发现"中国要完了"的征兆。

中国的"一带一路"战略因为契合很多国家的实际需求而广受欢迎，中国对双赢和共赢的追求是我们"走出去"的法宝，也是西方舆论怎么骂也骂不倒的原则。

中国企业在海外大规模投资的经验毕竟不足，不断总结经验、尽可能规避风险没有止境。由于出发点很正，注重面向实际，中国的起步已是成功的。各种条件都决定了中国将在这方面越做越好，这是西方舆论扭转不了的大势。

西方舆论，特别是美英舆论往往长袖善舞，颇具攻击能力，但它们最终忽悠不了世界，倒是把西方自己忽悠了。由于西方现在"太能说"，造成一些西方人他们干得"也最棒"的错觉。西媒经常宣扬中国海外投资的方式在世界各地"不受欢迎"，它们不断寻找幸灾乐祸的理由，抚慰自己的危机感。

西方现在"最自信"的人像是媒体精英们，而中国社会的自信更多集中在了那些做事人的身上。很难单说这是中国的长处或者短处。还是让我们取长补短吧。让我们把精力同时投向如何解决问题，和如何让自己不被西方舆论说糊涂了。

（环球时报 2015-02-04 第 3531 期第 14 版｜国际论坛）

英刁难俄媒，新闻自由向国家利益折腰

俄罗斯外交部 13 日要求伦敦就查封"今日俄罗斯"国际新闻通讯社在英国的账户做出解释。"今日俄罗斯"经合并重组，已是俄对外宣传的旗舰，在西方产生相当大的影响。据多家媒体猜测，"今日俄罗斯"总裁基谢廖夫因为对西方言辞激烈被列入英国的制裁名单，这次查封账号与此有关。

"今日俄罗斯"方面表示，这是欧洲国家反俄信息战的一部分，它表明英国政府对与俄在信息领域竞争感到恐惧。

英国和欧美的主流媒体或对此事沉默，或者轻描淡写。可以想见，如果这件事反过来，英国路透社或者 BBC 在俄的账户被查封，致使它们在俄开展工作陷入困境，西方媒体会因此搞出多么大的动静。

这件事让很多旁观者相信，英国及西方世界对新闻自由的支持是有

条件的,那就是它不能与国家利益发生冲突。英国的媒体力量十分强大,在西方国家里也是佼佼者,但伦敦似乎容不下俄罗斯媒体在它的地盘上建立前哨,"今日俄罗斯"的竞争让它感觉到不自在。

按说强大意味着包容和开放,欢迎竞争甚至挑战。但英国此举打破了人们的这一印象,英国人在"舆论安全"方面表现出蛮高的警惕性。

国家利益是当今世界最不可逾越的公共边界之一,看来很多"普世价值"也要面对它折腰。西方只有在进攻的时候才会谴责被攻击国家对国家利益边界的坚守,当它稍微遭到反击时,感受和态度就会截然不同。

"今日俄罗斯"并非实力雄厚的新闻航母,它的人员规模只有区区几千人。但它的报道风格十分泼辣,与普京及俄罗斯的国家性格一脉相承,因而受到西方舆论的特别关注。这多少有点像半岛电视台,靠观点犀利打出一片天地。英国拿"今日俄罗斯"下手,也反证了后者"剑走偏锋"的成功。

这个世界看来的确在上演看不见硝烟的"舆论战争"。各国内部的媒体常常持有不同政治立场,服务于不同利益集团,但当某个冲突出现在国家之间时,一国的媒体又会迅速结成统一战线,形成大体上一致对外的阵形。国家利益像一只无形的手,指挥着媒体冲锋陷阵。这是大多数时候的情况,也是与"普世价值"比起来"更加普世"的情形。

然而今天的中国舆论场似乎有点例外。一些中国媒体人士如今羞于谈论"国家利益",而认为一旦能超越中西摩擦、加入以西方"普世"价值和利益为中心的意识形态阵营是值得骄傲的。他们不认为中西之间的国家利益竞争很重要,觉得不为中国的国家利益承担责任是道德上更洒脱的表现。

然而现实是冷酷的。国家仍是国际竞争的基础性单位,西方大国对国家利益的追求从来没有淡化。重要的是，它们的国家利益杠杆实现了很大程度的隐形，从而以软实力的方式调动了第三世界国家一些知识分子的好恶。

还是等着看英国方面如何在新闻自由和英国的国家利益之间自圆其说吧，伦敦的辩词也许能让我们受到新的启发。

（环球时报 2015-07-15 第 3657 期第 14 版 | 国际论坛）

《悉尼先驱晨报》，你是想裸奔抓眼球吗

澳大利亚《悉尼先驱晨报》3月3日的一篇文章宣称"伊斯兰国、俄罗斯、中国都是法西斯国家"，第一眼望去，我们怀疑自己的眼睛看错了，但是没错，它就是这么写的。

这篇文章的作者是该报国际版编辑皮特·海切尔，因此它不是一篇稀里糊涂登出去的来稿。《悉尼先驱晨报》作为澳大利亚主流媒体，这样做很过分。

多名接受《环球时报》采访的中国学者表示，这是他们第一次看到有人将"伊斯兰国"、俄罗斯、中国并列在一起并贴上"法西斯"标签。并且他们都断言这不是澳大利亚政府的观点，也代表不了澳大利亚主流社会，这是《悉尼先驱晨报》原因有待了解的一次"裸奔"式出轨。

他们都说，根本没必要与这篇文章争辩中国为什么不是法西斯，因为这个世界上根本没有正常人这样看。还有人指出文章作者像是生活在恐龙时代。

有人分析，《悉尼先驱晨报》大概想通过极端声音吸引眼球，这是唯

一能够让人想到的"合理"解释。在西方一些人的眼里,"中国强大而离经叛道",给中国编织奇怪的罪名有时就像给自己打广告,可以瞬间吸引大量目光。

当然,这样干的人通常是在西方用正常途径无法吸引注意力的那一伙。他们的水平一般,视极度偏见为与众不同。比如写这篇文章的皮特·海切尔主要抨击了中国的南海政策,此人显然对南海的情况知之甚少,对中国主张的来龙去脉、对南海纠纷细节的了解都囫囵吞枣。

《悉尼先驱晨报》刊登如此文章,在整个西方世界恐怕是第一次。这是一次堕落,相对于中澳刚刚确立的全面战略伙伴关系,它是可耻的逆流。请该报不要用"新闻自由"来做辩解,这样说都会脏了"新闻自由"这个词。

一家澳大利亚主流媒体允许如此极端的国际编辑胡作非为,这超出了我们对澳大利亚主流新闻界操守的想象。我们不知道这究竟是澳媒体偶尔发作的"正常歇斯底里",还是个别编辑出于种种偶然原因获得了表现其"大脑不正常"的机会。

我们知道澳大利亚曾关押过大英帝国的大量囚犯,当澳大利亚社会里少数人出现正常文明难以解释的怪异表现时,这是否来自于某种阴差阳错的基因遗传呢?我们不得而知。

中国社会尊重澳大利亚,但澳主流社会不时有一小撮人让我们想到"流氓""变态"这些词,他们的言行让我们大跌眼镜。

最后我们想对中国读者说,别因为一篇文章而记恨澳大利亚这个美丽的国家。但中国新闻界可以记下《悉尼先驱晨报》,在它是否是严肃报纸的问题上,从此打个问号。

(环球时报 2015-03-04 第 3549 期第 15 版 | 国际论坛)

再别让韩媒为我们讲中朝边境命案了

吉林省和龙市官方昨天对外通报,本月24日该市龙城镇发生一起命案,3人死亡,案件正处于侦破之中。这一通报与前一天韩国媒体"朝鲜逃兵越界杀害3名中国人"的报道对上了号,但和龙市没有证实杀人者一定是朝鲜逃兵。

据了解,杀人者作案后在逃,因此中国警方无法确定其身份。媒体报道可以用信息源的描述做补充,假设作案者的身份。因此官方公布的细节通常比媒体报道的少,这一点可以理解。

然而中朝边界24日发生新的重大命案,这一基本事实一开始就很清楚。由于在过去8个月中至少发生过两起朝鲜士兵越界偷窃抢劫并致我边民死亡事件,新的命案必将受到舆论高度关注,这种判断当地政府想必很容易做出。之前的命案由韩国媒体率先爆出,中国媒体转引后造成巨大反响,这种反响不仅仅因为有朝鲜士兵越界杀人,还因为当地政府不及时通报案情,我们要通过韩媒知道中朝边界发生了什么,公众对此深感失望。

这次新命案发生,其对于舆论的敏感性一目了然,如果它再由韩媒报道出来,将意味着政府公信力的更大损失。令人遗憾的是,这一幕真的又发生了。当地两个派出所28日接听媒体电话时均表示对事情"不知情",这有两种可能:一是他们真的对辖区和附近发生重大命案一无所知。二是这些派出所有意不向媒体通报此事。无论哪种情况,显然都不应该。

中朝边界一再出命案，朝鲜人越界作案是主要案发原因之一，沿中朝边界的中国各地方政府应当形成机制化的处理程序了。这当中很重要的一条原则是要及时依法公开信息，尊重中朝边境地区公众和全国人民的知情权。

一些地方机构认为中朝关系高度敏感，对通报涉嫌与朝鲜人有关的重大案件有顾虑，从而在遇事时的第一反应往往是要"保密"，尽量缩小知情范围，能不对外公开则不公开。这对一些基层官员来说已经成为习惯，一些人甚至认为这样做是守纪律，负责任，而不去想一旦事情被外媒"挖出来"再传回国内，将对官方的声誉和形象造成什么样的不良影响。

中国各地这些年反复出被舆论认为是"政府瞒报"的事件，这一标签所造成的轰动有时会超过事件本身。这样的教训一茬接一茬，几乎没有官员因此受到处分。

我们强烈希望这样的局面能够被终止。该对外通报的事情不通报，由此积聚的舆论风险往往比依法正常通报那些事情要高得多。关于这一点各地官员应形成深刻认识，国家也应制定推动基层政府在这个问题上彻底转变思路的政策。

《政府信息公开条例》已经施行多年，在全面推进依法治国的今天，政府严格依法公开信息是破解一些难题的必由之路。中朝边界发生命案的一部分"敏感"是人为形成的，它们在大多数时候就是普通刑事案件，不应受到特殊化对待。出了问题就公布，该怎么处理就怎么处理，所谓"敏感"就会逐渐淡去。

（环球时报 2015-04-30 第 3596 期第 15 版 | 国际论坛）

骂计生者比当年批马寅初还疯狂

国家卫计委近日表示,当前主要任务是要继续组织实施好单独二孩政策,也要积极做好进一步调整完善生育政策的研究论证工作。一些媒体解读认为,计生委所说的"进一步调整完善"指的是全面放开二孩政策,而不少人相信,中国全面放开二孩生育是大势所趋。

一段时间以来,舆论围绕计生的讨论很多,抱怨也很多。而国家政策调整保持着稳扎稳打的节奏,我们认为这是有必要的。

中国人口政策到了需要调整之时,而调整也的确在发生。舆论不断指出问题,政府的政策调整随之跟进,社会意见和行动之间并没有出现断裂。

有少数人对计划生育这一过去几十年的国策做"反攻倒算"式的批评,这是一种极端声音。这种声音在互联网上有时形成汇合,像是有点声势,但这是一种假象。中国社会并不存在对计划生育政策的真实痛恨。

几十年的计划生育政策执行中,各地不时有不规范的强制性个案被报道出来,它们受到批评和谴责,但那些事件大多在改善官员工作作风的层面消化了,对全社会来说,它们并没有被记到整个计划生育的账上。

世易时移,中国的人口计划需要与时俱进,即使将来全面放开二孩,甚至允许三孩,也不代表过去40年中国计划生育搞错了。一些人因为现在的人口结构出现了一点问题就全盘否定国家计生走过的路,这是随便拿过去撒气、缺少历史涵养的表现。

世上的事有一利则有一弊,计划生育如此庞大的社会政策更是如此,关键要看它利大还是弊大。中国从20世纪70年代末开始计划生育,累积少生了几亿人。想想看,今天的中国有可能是18亿人,甚至20亿人,而我们今天实际13亿多人。中国没有其他差别会比这两个数字之间的差别更大、更深刻。

我们今天提前进入了老龄化社会，人口红利少了。但假如在今天的经济发展水平甚至更低水平上拥有18亿人口，这个国家将会遇到的问题不知要糟糕多少倍。常听人谈印度的"人口红利"，挺让人羡慕，但所谓"人口红利"只有在经济学上才是正面意义的，当它分散成一个个具体的人生时，它的实际表现往往是极度贫困、劳动者缺少权利、社会极端的两极分化等。

现在有少数人批评计生政策，动辄说中国可以养育二十几亿人口，这种声音比当年对马寅初人口学的批判还要疯狂。我们可以让经济发展少一点人口动力，但我们不希望中国变成有二十几亿人口的国家。世界上有老龄化问题的国家有的是，那样的社会有多可怕可以看见，但二十几亿人口的国家会是什么样难以想象。那很可能是一个超级的"蚁族国家"，谁也别试图哄骗我们那样的中国有多美好。

中国已经是超级人口大国，计划生育需要针对现实问题进行调整，避免出现经济发展难以承受的断崖式劳动力减少。相信国家对人口动向的监测和统计是缜密、全面的，社会的具体意见会在国家层面得到汇集整理，国家的人口政策会在这些意见的碰撞中实现稳健。

危言耸听的人口意见注定是会被"削峰"的，想生多少就生多少，甚至国家对多生者给予奖励，这样的鼓励生育政策短时间内肯定不会在中国出现。去中国农村基层看一看，了解一下更广范围的生育情况，就知道这是为什么了。

（环球时报 2015-07-15 第3657期 第15版 | 国际论坛）